天下文化

BELIEVE IN READING

拒絕有毒的社會評判，活出真實的自己

擺脫羞愧的練習

戴文・普萊斯——著
林潔盈——譯

Unlearning Shame

How We Can Reject Self-Blame Culture and Reclaim Our Power

DEVON PRICE

獻給海瑟——

謝謝你在我努力假裝自己沒事時適時接住了我，試著了解真實的我。

因為你的分享與忠誠的友誼，讓我卸下將自己與世界隔離的屏障，

與你的書信往來，也讓我成為熱愛寫作的人。

目次

前言

我的羞愧性格

每當有好事發生在我身上，或是我得要提出自身需求時，我就會立刻陷入恐慌與羞愧之中。

二〇一四年，在博士班畢業後的那個週末，我與當時的男友尼克一同前往德州奧斯汀。那次本該是趟充滿酒精、美景與音樂的歡慶之旅，尼克甚至已經預約好一間我們平時根本吃不起的昂貴餐廳。然而，在整趟旅程中，我卻完全開心不起來。每當他驕傲的告訴別人我拿到博士學位時，我都會盡可能表現得更低調謙遜，想盡辦法轉移別人對我的注意力，儘快結束每一次談論我個人成就的對話。

晚餐時，我哭著吃完每道菜，心中掛記著上萬元的高昂餐費，勉強喝下一杯又一杯酒，希望藉此撫慰自己的情緒。後來我喝醉了，但羞愧感依然如此強烈，我在市中心漫無目的邊走邊哭，不知所措的尼克則默默跟在我身後。我無法解釋自己的行為，甚至連話都說不出來，只希望能夠蜷縮在某個角落，靜靜等死。

發生什麼事？我到底怎麼了？我為何無法自豪剛取得的成就，彷彿覺得我不配擁有任何發生在自己身上的好事？

我十幾歲時就希望未來能獲得博士學位，相信學術成就能為我帶來安全感與社會認可。我的研究生生涯大多是在孤獨中度過，渴望在世上找到一個可以讓我被愛、被接納的地方，卻又不時懷疑這樣的地方是否存在。儘管我完成學業後就獲得一份工作，也得到一段持續多年且相互支持的關係，但我發現在內心深處，我依舊是那個既尷尬又不快樂的我，依舊苦惱找不到讓自己感到舒適的地方。有生以來，我始終在努力追求成就與認可，以為這樣就能讓自己值得被愛。但如今，我的外在目標都已實現，內心卻反而更加空虛。

我依然厭惡自己。事實就是如此，當我不再擁有一些值得奮鬥、可能改變人生的明確目標，我的存在顯得更加毫無意義。我無法想像長遠的職涯發展，也無法想像與尼克一起變老。前途看來只會虛無渺茫，我覺得自己所做的任何事都毫無意義，而且也永遠不會有意義，因為無論我做什麼，都無法讓我成為想像中的自己。

兩年後，當我終於正視自己的跨性別傾向時，這種強烈的自我憎惡與絕望感又再次浮現。當我向我的跨性別女性友人莎拉坦承自己的性別認同時，最初的感覺像是沐浴在溫暖、快樂的自我接納中，邁出新的一步讓我激動不已，我終於可以想像自己要成為什麼樣的人！然而，一想到接下來要面對的事，這些積極正面的情緒就立刻煙消雲散。我得開始要求別人用新的名字和人稱代詞來稱呼我，每當他們搞錯時，我就得頂著社會壓力，站出來為自己說話，讓整個情況瞬間陷入尷尬。

我還想改變髮型、換掉所有衣服，也許還會接受手術，但在我眼裡，這一切都是不可原諒的奢侈行為。我很想趕快接受男性化荷爾蒙療法，但這會讓我長出更多體毛，身型變得更壯實，臉上長滿痘痘。多年來我所建立的職業形象可能就此分崩離析，一直讓我倍感壓力的真實自我更將直接展露於眾人面前。

最糟糕的是，當我成為一名男性，我的直男伴侶不可能繼續跟我在一起，我再也不會是家人眼中那個友善聰穎、自在漂亮的女孩。我的身分轉變還可能成為令人不自在的干擾因素。在陌生人眼中，我不斷變化的身體已經足以引起側目，即使是那些我所愛的人，也可能因為我在身邊而感到尷尬。我過去建立起的體面生活，將會瞬間變得支離破碎。

在某種意義上，我覺得自己彷彿是在親手「殺掉」男友與家人所愛的那個女孩，而這一切都起源於我對「自己到底是誰」的某種病態錯覺。我恨自己需要「性別轉換」這樣奇怪又麻煩的東西，因此盡可能祕密行事：我去法院更改名字與性別，但接下來幾個月並沒有告訴任何人；我知道自己在尋求他人認可之前，必須先強迫自己做出改變，否則永遠跨不過那道檻；我開始私下服用睪固酮，每天早上躲進我和尼克共用的臥室衣櫥裡，在身上塗抹昂斯妥凝膠；週三晚上，我會偷偷溜去當地LGBT社群中心的一個性別酷兒（genderqueer）互助小組，每次走進去我都會渾身發抖，深怕被認識的人看到。當我終於試圖向尼克和家人出櫃時，我只是不斷拐彎抹角、道歉與哭泣。最後，我不得不透過簡訊來表達，因為我依舊說不出口。我渴望擺脫讓我做出這些怪異舉止的變態欲望。

在性別轉換幾年後，有段時間我甚至嘗試放棄，希望變回過去人們眼中既可愛又容易相處的異性戀女孩。[1]當時正值新冠肺炎大流行期間，我的情緒跌入低谷，我與所有跨性別友人及過去建立的社群關係都隔絕開來。我身邊只有尼克，這個陪伴我將近十年的伴侶，但隨著我的性別轉換緩慢進展，他變得愈來愈冷漠疏離。我曾希望讓自己變得更女性化，讓尼克再次愛上我，讓我那保守的母親不再對我保持距離。我試著告訴自己，所有問題都是我的錯，我必須放棄成為一個我不該成為的人。

然而，這樣想一點用也沒有，這些強烈的感受全是羞愧感所羅織的謊言。自我厭惡與隱藏自我，只會限制我的成長與幸福。儘管我相信身為跨性別者的痛苦是自己選擇的結果，但這一切其實根植於強大的社會系統運作，例如順性別主義（cissexism）、資本主義與異性戀本位等。我是這些系統的受害者，但我無力反抗。

我一直覺得自己欲望太多、情感太豐富，所以我必須勤奮、善良且盡可能低調，來彌補自身缺陷。每當我做對什麼事或獲得正面關注時，總會不禁想起我認識與所愛的人，覺得他們比我更應該得到這些。我的許多朋友飽受創傷後壓力症候群、貧窮、種族歧視、恐同與性別歧視所苦，生活周遭到處都是我沒有盡全力去幫助解決的社會問題。無論我再怎麼努力去照顧他人、為世界帶來美好，或是讓自己成為一個更好、更討人喜歡的人，我總覺得自己的行動永遠都是杯水車薪，只能眼睜睜看著問題像雪球般愈滾愈大。

我之所以有這種感覺的原因有很多。在一九九〇年代，我還是個未出櫃的酷兒孩童，那時的我目睹愛滋病患如何被貼上「噁心」、「行為不檢點」的標籤，並因為他們的疾病而受到指責。我在防制毒品濫用教育計畫（D.A.R.E.）中學到的是，吸毒者和犯罪者都罪有應得，因為他們缺乏「堅決說不」的意志力。公益廣告與教科書告訴我，環境會被破壞都是因為人們亂丟垃圾與浪費水資源。當各州在我青少年時期陸續推翻禁止同性婚姻法案，我就讀的高中卻試圖阻止我表達抗議的聲音，這時我意識到自己完全無法指望獲得任何政府機構的保護。當保守的家人對我所關注的酷兒權利無動於衷時，我感到非常沮喪，這讓我徹底明白這輩子無法依賴任何人，我只能自己照顧自己。

我一次又一次被灌輸這樣的思想：如果希望擁有一個有價值、有意義的人生，就必須依靠堅強的意志力、追求完美的決心及強烈的個人責任感。然而事實上，再多的努力與美德也不足以讓我感覺自己具有價值。這筆帳永遠不會對我有利，因為個人責任感根本無法抵銷社會系統所帶來的破壞性效果。

正如許多人一樣，我也深受「**系統性羞愧**」（Systemic Shame）所苦，這是一種強烈的自我厭惡信念，讓我相信自己遭遇的一切都是咎由自取，唯有依靠個人的善良與恆毅力才能解決這些問題。

羞愧是一種相當正常，但會令人不舒服的情緒。哲學家對它的運作機制似乎深感興趣，所以我們可以輕易在文化及歷史背景中，看到許多關於羞愧的細膩描述，包括感到羞愧時的內在感受及相應的外在表現。簡單來說，羞愧是一種感覺，我們不僅覺得自己做了錯事，甚至覺得自己本質上就是壞的、具有某些非常糟糕的核心特質，以至於必須將自己隱藏起來。感到羞愧的人通常缺乏動力，會盡量避免接觸他人、覺得自己無能為力，他們就像憂鬱或嚴重倦怠者一樣缺乏活力及專注力，因此往往需要更多時間與社會支持，才能慢慢重建起值得被愛的自我價值感。

羞愧可能會對我們造成很大的傷害，但「系統性羞愧」所帶來的巨大傷害，往往比我們做出殘忍或有害的事所帶來的悔恨還更深刻，這是因為「系統性羞愧」不只是一種情緒，還是一個關乎誰值得獲得幫助、誰應該為所受傷害負責的信念系統。羞愧讓我們覺得自己本質上就是壞的，這已經是一種很可怕的感覺；而「系統性羞愧」則告訴我們，整個群體都是壞的。它讓我們透過選擇與身分認同，時時刻刻向他人表明，自己屬於值得救贖或天生邪惡的群體。

當我們經歷一般的羞愧時，可以透過重新審視自身行為、彌補過失、投入自我成長來加以修復。然而，「系統性羞愧」就像是日復一日被重新撕裂的傷口，無論我們是否嘗試改變，無論我們多麼渴望能愛那個真實的自己，它都依然存在。無論我們投入多少努力、多麼認真體現德行，「系統性羞愧」始終盤旋在我們的文化之中，告訴我們自己是懶惰、自私、噁心、不值得信任的人，讓我們覺得生活中遭遇的一切問題，全都是咎由自取。

當一個邊緣人必須為自己所受到的壓迫負起所有責任，「系統性羞愧」將帶來一種不知所措的絕望感。當我們責怪自己未能採取「足夠」的行動，來對抗跨性別恐懼、種族歧視、勞工剝削、全球氣候變化或流行性疾病等不公正的現象時，「系統性羞愧」也會讓我們付出沉重的情感代價。當我們認為必須靠個人行動來改善根深柢固的不平等問題，改變購買與消費行為來彰顯我們的美德，並且不該接受任何幫助時，就意味著我們正在遭受「系統性羞愧」的折磨。「系統性羞愧」幾乎無所不在。每當我們講到對彼此的虧欠，或是提到真正創造一個更美好、更具社會正義的世界可能是什麼樣子，都可以感覺到「系統性羞愧」的影子。

「系統性羞愧」是一種揮之不去的情感創傷，一種關於世界如何運作的心理認知，同時也是一種會讓我們心煩意亂、快樂不起來的破壞性意識形態。「系統性羞愧」與清教徒的「道德是簡單且絕對」信念密切相關，也與美國人長久以來簡單又粗暴的認為「每個人都應該成為獨立個體」的價值觀緊密連結。早已根植於我們的文化與歷史之中，出現在政治辯論、政府公告、廣告、教科書、我們被要求參加的研討會與培訓、我們喜歡的電影及電影討論中，甚至出現在我們如何判斷自己與朋友行為的方式中。

「系統性羞愧」主張，每個人唯有透過持續努力付出，並始終做出「正確的」決定，才能帶來有意義的改變。它告訴我們，身心障礙者不能把自身不利條件當成落居人後的「藉口」，貧窮者應該發憤圖強，靠自己逆轉命運。它告訴女性，只要學會勇於表達自我並勇往直前，就能克服工作場所的性別歧視；它還告訴黑人，只要注意修飾自己的語氣，就能避免職涯中的種族歧視。[2]當一名黑人女性覺得很難同時遵循以上兩個相互矛盾的建議時，「系統性羞愧」就會把問題歸咎於她不夠堅強，或者轉而指責她太過偏激。

「系統性羞愧」讓我們相信，全球流行病是自私的人造成的，並不是因為企業的跋扈與政府的疏失。它大力鼓吹大規模槍枝暴力事件源自壞人或精神異常者的隨機行為，與白人至上主義或其他仇恨運動的興起無關。它還告訴我們，我們必須嚴守某些個人習慣與某種消費方式，因為我們所採取的每一個行動都帶有強烈的道德色彩，世界的命運取決於我們所做的每一個決定。無論我們多麼關注他人與社會問題，它依舊會讓我們相信，我們並未落實這些價值觀、沒有投入足夠資源、做得始終不夠多，或是仍然不夠努力。

「系統性羞愧」讓我們陷入困境，就像我經常感覺到被困住一樣，我討厭自己，只能拚命工作以贏得生存的權利，而且從不相信有人會真的支持或關心我。我知道我不是唯一一個這麼想的人。這種思考方式會阻礙人際之間的有效對話，讓我們無法聚焦於想要達成的社會變革，並一同思考該如何從系統層面促成這樣的變革。

以下幾種跡象，顯示你可能正受到「系統性羞愧」所困擾：

1. 你總是透過那些對你不認可的人的視角，來嚴格審視自己。
2. 你會花很多時間反覆思考過去的決定，即使是那些不太重要的決定。你會對那些決定感到懊悔，認為當時如果能做出「正確的」選擇，事情的走向可能會有所不同。
3. 唯有在獨處時，你才能感到放鬆、真正做自己。不過即使在這樣的狀態下，你依然不允許自己有某些想法與感受。
4. 你隨時都保持警覺，擔心旁人會根據你的身分、外貌、甚至是過去經歷，而對你產生刻板印象，並小心的監控自己的行為，以免讓這些刻板印象成為事實。

5. 你強迫性的不斷接收世界各地令人感到不安的負面新聞，但你並沒有因此感受到知識所帶來的力量，反而因此感到內疚與恐慌。
6. 你很難想像未來的你能感到滿足，無法肯定你的人生具有價值。
7. 你覺得自己背負著沉重的義務，但你所做的一切似乎全都徒勞無功。
8. 你很難相信有人會真正欣賞及關心那個「真實」的你。
9. 你對自己的預設態度，是不信任與厭惡。
10. 你試著獨立完成所有事情，並認為一旦放慢腳步或接受幫助就等同於失敗。

無論從哪個方面來看，「系統性羞愧」都是非常普遍的問題。從氣候變遷到性別歧視，從醫學上的肥胖恐懼症到全球流行病，幾乎所有社會議題都觸及「系統性羞愧」。一個人遭受的苦難愈多，社會的經濟體系與公家機關就愈想讓我們相信，這一切都是咎由自取。但我幾乎可以向你保證，即使你不覺得自己受到壓迫，這種意識型態也會對你的生活造成影響，因為我們所有人的生活都無法避免受到資本主義與環境退化等力量帶來的傷害。「系統性羞愧」讓我們無法意識到，自己與生活在這個星球的大多數生物一樣，都在為這些問題苦苦掙扎。「系統性羞愧」讓我們無法團結起來，要求現有系統變得更好，或是一起努力建立起替代系統，而是讓我們生活在恐懼與自我厭惡之中，拉開人與人之間的距離。

無處不在的道德焦慮

幾年前，我和友人蓋瑞一起出門採買，他是個充滿社會責任感與焦慮感的人。當時，我們正在為蓋瑞家即將舉行的聚會做準備，一路上，他一直在為自己的各種行為道歉，並急忙提出解釋。蓋瑞告訴我，我們之所以去全食超市，是因為那是距離最近的商店，步行過去比開車去兩英里外的奧樂齊超市來得環保。儘管如此，他仍然告訴我，去一家與資本主義密切相關的連鎖超市購物，讓他感到非常內疚，尤其全食超市隸屬亞馬遜集團，而亞馬遜集團因為虐待員工而惡名遠播。

蓋瑞還說他在背包裡裝滿環保購物袋，但他擔心我們可能會需要多買幾個一次性塑膠袋。在蔬果區，他拿起一盒切好的西瓜，向我解釋他因為關節炎，無法帶一整顆西瓜回家，更別說切開它。然後，他又拿起一包可生物降解的拋棄式餐叉，表示當他症狀發作、沒法洗碗時，可能會需要用上這些東西。我很想幫蓋瑞處理讓他非常痛苦的家務，但我不可能定期去離家三英里遠的公寓。我沒有車，搭公車又容易暈車，加上每週行程已經讓我難以負荷。我們對此似乎都無能為力，一股沉重的氣氛深深籠罩著在貨架間移動的我們。

我的存在似乎讓蓋瑞感到被監視，彷彿我一直在評判他的選擇，這讓我感覺很不舒服。與此同時，我也對蓋瑞這種手足無措、充滿羞愧感的表現感到沮喪，並開始對自己的決定與無法幫忙感到不安。蓋瑞是否覺得我不該去星巴克購買一次性使用的杯裝咖啡？我沒辦法幫到他，是否讓他覺得我是個很糟糕的朋友？當他停在那邊仔細研究兩瓶看起來一模一樣的氣泡礦泉水，試圖弄清楚哪一瓶不是可口可樂公司的產品時，我真想對他大喊：「這是沒有意義的，蓋瑞，我們選哪瓶根本不重要！」他所堅持履行的道德責任讓我倍感壓力，如果可以不要執著於這些議題，或許可以讓我們此刻感覺到的尷尬處境有所改善。

蓋瑞過分關注每個決定會造成的結果，試圖藉此應對氣候變遷的迫切威脅。他就像NBC情境喜劇影集《良善之地》（*The Good Place*）中神經質又充滿道德矛盾的哲學家奇迪·阿納貢耶（Chidi Anagonye），關注自己的一舉一動對世界產生的深遠影響。然而，像蓋瑞這樣小心謹慎、博覽群書的人，試圖在超市裡實踐自身信念時，往往會發現，沒有任何一個選項能夠完全符合他的標準。在影集中，奇迪是個優柔寡斷的廢物，永遠無法做出一個他心目中合乎道德的決定，甚至無法順利選擇自己該喝什麼。從動物權利的觀點來看，杏仁奶優於牛奶，但杏仁奶仍然會造成環境破壞，因為杏樹的生長需要大量的水；生產米漿的耗水量低於杏仁奶，但是溫室氣體排放量高出許多。到底買什麼才是「對的」？這個問題並沒有標準答案，何況每個選項都具有破壞性，因為它們全是由關心業績勝於關心環境的無良企業所生產。

在影集中，奇迪終於了解他之所以被打入「罪惡之地」，並不是因為他選擇喝杏仁奶，而是因為他的優柔寡斷不僅折磨身邊每個人，而且根本毫無用處。他沒去醫院探望母親，只是因為無法決定母親手術當天該先去探望她，還是先履行幫房東姪子設定手機的承諾。他對各種議題感到苦惱，而且無法分辨事情的輕重緩急，因而錯誤的將所有精力投注在瑣事上。

影集中的奇迪和現實中的蓋瑞，都是透過仔細檢查每一項決定是否合乎道德，來因應「系統性羞愧」所帶來的痛苦。我則和他們相反，往往是用冷漠和麻木來保護自己。十多年前，我在社群平台Tumblr上看到一句話：「資本主義下沒有道德消費。」這句話很快就成為羞愧者與絕望者的口號。我有時也會用這句話（以及它所表達的絕望）來保護自己，避免自己因為製造的垃圾或消費方式而感到羞愧。我告訴自己：全食超市確實製造大量垃圾並剝削員工，但街角雜貨店老闆同樣也剝削員工。資本主義下沒有道德消費，既然沒有理想的選項，所以我不如直接放棄好了。這顯然不是解決問題之道，甚至反映出我從未傾聽自己內心的不適。

蓋瑞在超市中面臨的強烈內在衝突，迫使我重新回到現實。他讓我意識到，我們面前的每一件物品，從種植、收穫、包裝、運輸到上架的過程，有數十個真實的人經手，而且這些人都被困在自己幾乎完全無力影響的系統之中。當然，這是我早就知道的事，但是「資本主義下沒有道德消費」之類的陳腔濫調，似乎正使我開始淡忘這些事實。在我們四周，有許多消費者不僅希望生活得有意義，還能用消費行為為世界帶來正向的改變，這些消費行為是透過工作者的努力而得以實現，但工作者們同樣無法控制雇主的行動與環保實踐。放眼所及，到處都是竭盡所能的工作者，但他們卻發現，無論付出多少努力，都無力改變自己所處的系統。這種人類共同經歷的苦難，幾乎讓我的內心無法承受。

就在我和蓋瑞一起去購物前不久，一則批評全食超市用塑膠容器販售新鮮剝皮橘子的推文，在短時間內被瘋傳。[3]人們不禁想問，為什麼要去掉水果天然、可生物降解的外皮，並用一次性塑膠重新包裝？怎麼會有這麼懶惰又浪費的人會去買這種東西？就是因為有這種自私自利的顧客，太平洋上才會到處飄滿垃圾。

全食超市、亞馬遜等公司確實因為過度包裝而浪費大量的紙與塑膠[4]，批評這種做法確實也有所幫助。[5]然而，如果將咎責矛頭指向購買產品的個別消費者，就會忽略真正的罪魁禍首。不幸的是，「系統性羞愧」往往會把我們帶往這個方向，讓我們發現一個普遍問題之下的微小例證，使我們把某些人視為造成問題的罪魁禍首，並對這些糟糕、懶惰的個人大加撻伐。

一個人會去購買用厚重塑膠容器包裝的食品，原因可能有很多。身體不便者（例如蓋瑞）往往會依賴個別包裝的現成食品，因為沒有人能幫他們準備餐食；缺乏育兒支援的忙碌父母往往需要包裝更簡便安全的食物，以免在攜帶過程中不慎汙染袋子裡的乾淨尿片；此外，預先包裝好的食品也能幫助大家庭的掌廚者，簡化烹飪大量餐食的過程。

在一個更好的理想世界裡，蓋瑞相信身邊有人幫忙他切西瓜或洗碗，父母也不用獨立完成所有的餐食準備。但在現實中，這種幫助通常是不存在的，每個人都如此忙碌與孤立，而且大多數人都沒什麼錢，我們往往缺乏足夠精力和資源，為所愛的人提供他們應得的幫助。正因為如此，我們之中有許多人被迫在「勉強去做看似最符合道德的事」和「僅僅度過眼前充滿挑戰性的一天」之間做出抉擇。

全食超市只會藉由下述方式獲利：能讓身心障礙者生活更便利的產品往往被標上高價，身心障礙權益促進者有時稱之為「瘸子稅」[6]；標榜來源符合道德與永續原則的產品價格同樣貴得驚人，而且很少真正符合其品牌宣傳。到頭來，許多消費者不得不透過消費來彌補社會支援的不足，最終還會為自己的消費行為感到羞愧。

無論到哪裡，我們都會接收到鼓勵我們採取負責任行為的訊息，並且要我們藉由做出正確的個人選擇來解決系統性問題。廣告告訴我們要永續消費，卻同時向我們推銷不必要的劣質商品。共乘應用程式要我們多花幾塊錢乘坐節能汽車，卻掩蓋生產這些汽車的公司對環境造成的巨大破壞。[7]舊金山、芝加哥與洛杉磯等城市對使用塑膠購物袋的人徵稅，轉過頭來又給亞馬遜這樣的超級汙染者提供大規模減稅。[8]

弱勢群體的悲歌

當我們考慮個人對世界的影響時，許多人都感到無比羞愧，而這不僅僅局限於環保問題。當我沒有向地方互助基金捐出我覺得「足夠」的金額時，我會為自己的吝嗇與自私感到羞愧，因而忘記數十年來，政府對社區資源的資助一直在大幅減少[9]；當我的體毛變多、臀部變寬，因而在街上被投以詫異眼光時，我會因為讓自己變得如此「怪異」而感到羞愧，儘管真正的問題出在幾世紀以來順性別主義的性別規範；當我聽到朋友在職場遭受歧視，或是因為生理或心理問題而失去工作時，我會因為沒能為他們在社會上發聲而感到羞愧。儘管如此，我依舊一廂情願的相信，只要透過「正確的」的行為方式，就可以改善不公義現象、擺脫自己受到的壓迫，甚至讓世界變得更好。然而，現實並非如此。

在「系統性羞愧」的影響下，我將太多注意力放在周圍人們所犯下的錯誤，而不是聚焦於真正促成不公義的法律與經濟誘因。我的耶穌會雇主拒絕支付與變性相關的醫療費用，全國各地都在禁止為跨性別者提供荷爾蒙替代療法，但我卻花上更多時間去怨懟那位永遠搞不清楚該用什麼人稱代詞來稱呼我的可憐同事。我住的社區接連好幾個街區都沒有公共垃圾桶，但我卻對鄰居隨地亂丟啤酒罐的行為嗤之以鼻。當我極度缺乏自我反思時，根本無法對人產生太多同理。

「系統性羞愧」會影響到每一個邊緣人與弱勢者的生活。當我使用「邊緣人」或

「弱勢者」這樣的詞彙時，腦中浮現的是一個相當廣泛的群體。如果你挑選這本書來讀，可能意味著你也正飽受無法掌控的經濟與環境因素影響。勞動力剝削、生活成本上漲、全球流行病與氣候變遷無不影響著你我的生活，你可能相信自己不太可能透過什麼行動來抵擋這些威脅。當你正在為帳單苦苦掙扎，卻發現自己因為沒有精力做飯而經常叫外送時，腦海中可能會浮現一個充滿羞愧感的聲音，說你之所以又窮又餓，都是因為你太不負責任。你可能會認為，自己面臨的挑戰並不如他人所面臨的挑戰來得合理，但正是這種孤立無援的感覺，將你和地球上大多數人連結在一起。

儘管我們都夢想生活在一個公正的世界裡，希望世界上不同群體的成員都能彼此關愛，並關愛共同賴以維生的地球，但「系統性羞愧」往往會模糊我們關注的焦點，讓我們過分關注一些微小的選擇、小額消費與日常習慣的道德性：看這部電影就代表擁護女權運動嗎？買這種放牧牛肉對環境好嗎？我應該在個人簡歷中列出我的人稱代詞嗎？我做得夠不夠？我的朋友們做得夠不夠呢？「系統性羞愧」試圖讓我們以為必須維持這種焦慮感。當大家都深陷之中，理應負責解決這些問題的權力機構卻安然置身事外。

美國的法律與立國精神都建立在個人可以並應該選擇自身命運的理念上。當弱勢群體遭受苦難，或是自由與資源遭到剝奪時，我們會一次又一次聽到：這些人應該為所發生的一切負責，如果他們更努力，就可以避免這些事情發生。

例如，在奴隸制度廢除幾年後，政治漫畫將剛獲得自由的美國黑人描繪成懶惰的騙子，一心尋求施捨，只想獲得補償。[10]幾個世紀來，被奴役的非洲人被迫離鄉背井，失去自由、名字和家族歷史，他們的孩子被迫在田裡勞動卻沒有報酬，但對其他人來說，這些彷彿都無關緊要。反對補償者聲稱，問題出在黑人沒有投入「足夠」的努力，讓自己在經濟上與教育上與白人平起平坐。

一個多世紀以後，仰賴社會福利或食品券生存的單親媽媽被雷根政府描述成不負責任的「福利女王」，這種論述再次將需要幫助者視為尋求施捨的投機分子。有些人甚至認為，這些貧困婦女不值得支持，是因為她們可能曾進行不安全性行為、吸食毒品，或是不夠努力去尋找高收入工作。[11]

時至今日，任何靠殘障津貼生活的人，都可能被指控偽造病情，濫用社會福利。輪椅使用者若被拍下稍微活動一下腳或調整一下姿勢的影片，都會在社群媒體上瘋傳，受到成千上萬網友的羞辱，認為他們並不是真的「需要」助行器或是病情不夠嚴重。[12]假殘疾人的故事在媒體上屢見不鮮，從《法網遊龍》（*Law & Order*）到《名偵探皮卡丘》（*Detective Pikachu*），許多電視節目與電影中都有它的蹤跡。[13]當一個身心障礙者的角色出現在銀幕上，劇情發展有可能是被人揭穿他長久以來都在裝病，而不是被描繪成一個具有人性複雜面的身心障礙人士。

邊緣人很早就知道，我們的一舉一動都會被放大檢討，以證明我們「不夠努力」或不可信任。研究顯示，許多身心障礙者都被灌輸一種觀念，就是無論疾病讓他們多虛弱（或有多麼被社會排斥），某種程度上要歸咎於他們不夠努力管理自身健康，不夠積極看待自己的疾病。當身心障礙者為自身困境感到自責時，也不太會去結識其他身心障礙者，或是與處境相同者組成互助團體。[14]社會強加給我們的自我憎惡造成孤立，而孤立只會繼續加深我們的羞愧感。

我們的文化是否為受「系統性羞愧」所苦的人提供任何解方？努力工作、自我犧牲、追求個人成就，差不多就是這些。新聞在報導一個買不起車的人表現「驚人自律」，每天步行二十一英里去上班[15]，或是一個癱瘓的運動員「克服」身體障礙，贏得一場高難度比賽時，[16]經常都會以「激勵人心」來歌頌這些罕見而極端的成就，卻只會讓更多苦苦掙扎的人面臨更高的標準。[17]這些報導不問窮人或身心障礙者為何必須出類拔萃才繼續活下去，只是不斷宣揚一個人只要夠努力，一切皆有可能；事實上，並不是每個人都有條件登峰造極。

當然，除了身心障礙者外，其他群體同樣會讓社會強加於群體身分上的羞愧感加以內化。數十年來有幾百項實證研究顯示，許多黑人都深受美國人內化在心中的種族歧視所苦。[18]幾個世紀以來，黑人一直被灌輸一些訊息，這些訊息將他們描繪成懶惰蟲，並將他們所面臨的不平等歸咎於他們自身。不幸的是，在承受如此強烈外部仇恨的狀態下，他們幾乎很難不把一部分負面情緒內化。當黑人開始相信自己在媒體上看到的負面形象時，他們更容易出現憂鬱、焦慮、酒精與藥物濫用、社交孤立、自尊低落、高血壓、心血管疾病，甚至是胰島素阻抗。種族歧視內化所帶來的羞愧感不僅會造成痛苦，還會侵蝕一個人的生活品質，甚至大幅縮短其壽命。

近期一項關於黑人青年因犯態度的研究發現，雖然大多數青少年都承認，白人至上主義對他們的生活產生強烈負面影響，但承認種族歧視並無法抑制他們對研究人員所謂「自我譴責」的深刻感受。[19]黑人青少年因犯在面對結構性種族歧視時感到無能為力，但與此同時，他們又會為此感到自責。這就是「系統性羞愧」對人們的影響，它讓人們感到不知所措，試圖讓人們相信，自己之所以淪落至此，全是因為沒有努力做出正確的選擇。

研究顯示，當一個負面刻板印象被加諸在個人或所屬群體時，即使他意識到這種刻板印象是不公平的，依然會為此付出沉重的心理代價。[20]愛滋汙名烙印研究者菲爾·哈欽森（Phil Hutchinson）與拉格舒里·達里萬（Rageshri Dhairyawan）注意到，即使愛滋病患者知道汙名烙印是不正確的，這些偏見依然會削弱他們對自己的觀感。如果人們拒絕與你握手、生活周遭很少有人願意與你共餐，那麼即使你清楚愛滋病毒不會透過皮膚或唾液傳播，或是你的病毒量已經低到檢測不到，情況依舊一樣糟糕。在別人眼中，你就是個有汙點和缺陷的人，因為你沒有保護好自己，所以理應受到指責。菲爾與拉格舒里將羞愧感描述為「接受他人對自己的判斷（或道德觀感）」，[21]即使一個人知道自己不應該遭受如此對待，被他人視為「骯髒」或「危險」的巨大痛苦依然揮之不去。

在討論刻板印象與「系統性羞愧」對人的影響時，我們很難不去對比邊緣群體與相對優勢群體的生活，前者幾乎持續不斷受到攻擊，而後者受「系統性羞愧」的影響則較不明顯。對於那些因膚色或性向而被直接針對的群體而言，「系統性羞愧」的強度與影響無疑會更極端；然而，一般人同樣會因為「系統性羞愧」而經歷不同程度的孤立、自我懷疑與社會譴責，所以，唯有當多數人都意識到「系統性羞愧」對自己的影響，這種大規模社會病症才可能開始逐漸好轉。

一位難以兼顧工作與育兒責任並為此感到羞愧的白人婦女，以及她所雇用來協助家務的相對弱勢婦女，她們都處於系統性壓迫之下：同樣承受社會對女性的刻板印象，認為女性就應該肩負養育子女及家務責任；同樣感到精疲力竭與過勞，還可能領取較低的工資（儘管程度上有所不同）；同樣被迫面對郊區生活孤立與不便的問題；同樣必須在照顧子女階段，放棄原有的社會生活。[22]儘管兩名婦女的生活與擁有的社會權力截然不同，前者擁有的權力顯然高過後者，但如果我們將富裕白人婦女視為特權階級，完全無視於她所經歷的絕望，就會錯過這個社會難題的真正關鍵之處，認為白人婦女那「還不夠糟」的痛苦根本算不上什麼，稱不上是「系統性羞愧」的受害者。要建立起社會真正的團結，我們必須承認每個人經歷的掙扎都是真實且合理的，即使有些人面臨的痛苦是由多重壓迫交織而成，有些人在感到痛苦時卻還掌握著讓他人更痛苦的力量。

拜「系統性羞愧」所賜，無論一個人擁有多少特權或多麼被邊緣化（這兩種處境可能同時存在我們每一個人身上），我們仍然會被認為因為自己不夠努力，才無法克服眼前困境。舉例來說，當身心障礙者抱怨無障礙設施不足，四肢健全者則視其為不必要或討拍；而跨性別者對醫療照護的需求，也往往被「性別批判者」視為不必要的浪費。有關「系統性羞愧」的對話必須以多重邊緣群體的需求為中心，才能幫助我們更加理解彼此共同的脆弱性。這並不是說其他人的掙扎不重要，但唯有確實體認彼此的苦難來自同樣的根源，我們才能一起為共同的問題打造解決方法。

以前面提到的郊區白人婦女為例，當她意識到生活之所以艱難，並不是因為她是個「壞媽媽」或「壞員工」，而是因為歷史遺留的過度期待與性別歧視問題，她就可能會開始關注自身需求與她雇用的照護人員之間是有所關聯的。她也許會開始質疑自己的生活步調，意識到自己同時扮演完美母親與可靠專業人士的努力，可能會傷害到自己的孩子及受雇於她的女性雇員。

當然，這樣的領悟並不總是會發生。對房間裡最富有、最有權勢的人表示同情，往往不太可能是我們對話的起點或終點。但重要的是要了解到，兩位女性在某個議題上同樣屬於被壓迫階級。潔西卡．傅利曼（Jessica Friedman）在《有幫助的事：關於產後憂鬱》（*Things That Helped: On Postpartum Depression*）中寫道：「母職為一個政治問題」。[23]而弱勢與受壓迫群體只有在意識到自己的問題屬於政治問題，才能跨出邁向正義的步伐。

唯有當人們能意識到自己是系統性壓迫的對象，而不是單單透過個人視角理解自己的生活和選擇，才有可能建立起群體歸屬感，挺身為群體爭取更合理的對待方式。在美國大多數選舉中，富裕白人女性大多會將選票投給保守派政客，但許多政客卻會制定傷害所有女性（與所有其他性別少數群體）的社會政策。然而，這類女性選民往往認為，自己的決定是為了保護個人財富與特權，就像早期白人女性參政者更關心個人投票權和財產權，而不是增進黑人、有色人種及貧困婦女權益。如果當時這些女性不是透過追求個人權力與財富來逃避性別歧視問題，而是試著創造能讓所有性別少數群體都享有身體自主、政治代表權，以及能夠公平獲取資源的世界，那麼今天的情況很可能會大不相同。

擺脫負向循環

我之所以決定寫下這本書，是因為我迫切想知道與「系統性羞愧」共存的解方。無止境追求完美對我毫無幫助，將問題視為個人失敗只會讓我感到悲慘孤獨。每次拚命爭取生存權利的抗爭，都讓我更加空虛，因為這只會讓我和別人的距離愈來愈遠。

儘管現在的我已經在接納自己上有很大的進步，但我仍在探究被我忽略的羞愧感來源，有時還是會被我「應該」是誰的消極信念所限制，對他人眼中的我是什麼模樣感到恐懼。我想要擺脫這種負向循環。我不想繼續帶著執著與憎惡看待自己，而是期盼我能帶著興趣與信任向外發展。

為了進一步理解「系統性羞愧」，以及我們能如何從中痊癒，我開始回顧心理學相關文獻，研究羞愧感的文化歷史，並與許多治療師、社運人士交換意見。我採訪一些正在努力治癒自身「系統性羞愧」的邊緣人，盡力研讀這些議題，並尋找有效解決方案的相關資料。從這些資料中，我建立起理解「系統性羞愧」運作的框架，剖析它從何而來，以及為什麼我們會對這種現象習以為常。儘管羞愧感不斷慫恿我們去責怪自己與他人，社會系統依舊把它當成社會隔離與控制的工具，但已經有大量證據顯示，這種做法沒有用。由於各種心理、文化甚至生理因素，羞愧感向來不是激發行為改變的有效動力，這意味著我們並非無法擺脫「系統性羞愧」的束縛。

事實證明，雖然「系統性羞愧」普遍存在，但我們不是一定要將結構性問題歸咎於自己。在面對氣候變遷、收入不平等、種族歧視、跨性別暴力及全球流行病時，我們不必感到冷漠與沮喪。我們可以相信，眼前的生活是有意義的，我們能夠建立起緊密連結的社群，幫助我們實現自我價值，讓世界變得更美好。根據我的研究與訪談，我開發出許多工具，旨在幫助人們了解，「一個相互關聯且有意義的世界」應該是什麼模樣。在本書的第二部，我們將聚焦在個人、人際及總體面向，探討如何從「系統性羞愧」中療癒的過程。

但在正式探討如何克服「系統性羞愧」前，我們需要先了解它的運作方式，以及我們的文化是如何開始沉浸其中。為什麼我們如此堅持讓個人為結構性不公義負責？為什麼許多人幾乎無時無刻感到內疚與無助？讓我們先來看看，「系統性羞愧」是如何讓我們受到它的宰制。

第一部

系統性羞愧

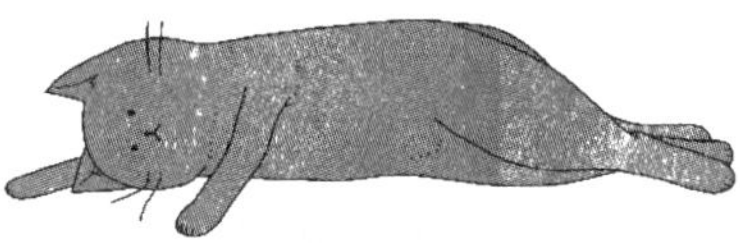

第一章

了解系統性羞愧

艾倫是單親媽媽，獨自帶著十幾歲的女兒珍娜住在波士頓郊區。過去五年間，艾倫一直在一家為青少年提供心理健康服務的組織工作，負責撰寫補助計畫。她還自發利用所剩不多的空閒時間，替該組織的部落格及社群媒體撰寫文章。每天晚上，她通常會再三檢查申請書格式是否有誤，或是趁休息時在組織官方ＩＧ上發文，直到深夜才躺上床，隔天一早六點起床，以便送女兒上學和參加會議。

她含淚告訴我：「我之所以會這樣做，是因為不想再看見另一個孩子失敗。」她指的是女兒珍娜自我傷害的經歷。

艾倫離婚一年半以後，女兒以割傷和燒傷的方式自我傷害。最先發現珍娜身上傷痕的是一位鄰居，艾倫至今仍然不清楚女兒是何時開始這樣做。接下來的幾年間，這對母女的生活被預約治療、心理評估、心理健康靜修、家庭會議與醫師看診所填滿，艾倫始終因為沒有及早發現女兒的狀況而感到羞愧。於是，她以投入非營利組織工作的方式，來應對這種羞愧感。

「我必須竭盡所能幫助其他孩子免於抑鬱和痛苦。我在組織服務的每一個當事人身上都看到珍娜的影子，但他們得到的家人支持甚至比珍娜還少。」艾倫告訴我。

長時間投入工作和志願服務的艾倫，並沒有因此拉近與珍娜之間的距離。事實上，艾倫的工作壓力只會讓珍娜更加疏遠她。艾倫表示，每當發現珍娜再度傷害自己，她就會陷入自責的漩渦，而珍娜的情況卻愈來愈糟。埋首工作是艾倫逃避羞愧感的唯一方式，但事實證明，這樣不僅無法讓其他孩子不去傷害自己，更無法彌補艾倫自認為對女兒造成的傷害。

「這是個無止境的循環，我試圖逃避對既成事實的糟糕感受，但這只會讓情況變得更糟糕。」艾倫最後告訴我，她決定要為這個循環畫下句點。她不想繼續因為害怕痛苦而避免直視珍娜的傷痕，她不想繼續為彌補過去而毀掉現在的人生。最重要的是，她希望自己和女兒都能放下羞愧，哪怕只有一瞬間也好，讓她們可以重新回到過往的親密連結。

羞愧感與尋找發洩對象

二〇二二年初，TikTok上出現大量有關一名男性的影片，網友們稱他為「西榆迦勒」（West Elm Caleb）。幾位紐約女性在平台上分享與一位迷人男士的交往經歷，這位男士會為她們製作個人化播放清單，對她們投注大量的讚美與關注，但在發生關係後，對方卻立刻消失，從此音訊全無。在評論區比對細節後，這些女性很快意識到，她們全都被同一個男人欺騙，並搜尋到這個名叫迦勒的男人，目前在西榆公司任職。

一場社群媒體討伐行動就此展開。一些網友持續搜尋出迦勒的地址，並直接聯繫西榆公司的老闆，好讓迦勒被解雇。迦勒的個人照片和LinkedIn資料被公開在社群媒體上，供人們任意瀏覽轉載。有千支影片在發布時被加上「#西榆迦勒」的標籤，希望讓這位仁兄為自己的不光彩行爲付出代價，許多影片仔細分析他的行動與訊息中情緒勒索的跡象，並為女性提供如何識別這種「愛情轟炸」操控者的技巧。[1]不到一個月時間，「#西榆迦勒」標籤的瀏覽量已經超過八千五百萬次。

多數網友認為，「西榆迦勒」最糟糕的行為是向一名女性發送未經允許拍攝的裸照，但根據曾與他約會者的女性描述，他的其他行為聽起來就是交友軟體上常見的典型渣男作風：迦勒給多名女性發送完全相同的音樂播放清單，並告訴每位女性，這是他特別為她精心製作；他宣稱自己很少使用交友軟體，但這些約會對象就是交友軟體大量配對的結果；他對目標對象表現出真誠與關注，卻在發生關係後立即人間蒸發。這些渣男行徑通常會在酒吧裡被人翻白眼或在派對上受到嘲諷，但在TikTok用戶眼中，迦勒已經從一個普通渣男，變成一個對他人愛情詐騙的罪惡化身。[2]

網路文化評論者兼影片創作者「莎拉．Z」在分析這則網路傳奇故事時表示，她推測TikTok使用者之所以會對迦勒窮追猛打，是因為迦勒已經成為交友軟體中性別歧視、物化他人、惡意欺騙等重大社會問題的象徵。[3]她表示：「迦勒被塑造成一個符號，成為這類男人的代表。也許你無法從愛情騙子身上得到任何悔意，但你可以盡情羞辱這個名叫迦勒的傢伙。」

綜合網友描述，「西榆迦勒」是位身材高大、符合傳統審美標準的白人男性，在傢俱設計領域擁有一份優渥的工作，就所屬族群與社會地位來看，他顯然不是會經歷「系統性羞愧」的典型群體。然而，現在他必須為一個遠遠超過個人行為的社會問題負起責任，飽受公眾私下與公開的責難。從受騙女性及網路肉搜者的反應，不難看出性別歧視與「系統性羞愧」所帶來的深遠影響。

另一方面，在迦勒玩弄的大量年輕女性中，有部分女性是有色人種。率先在社群媒體上公開揭發他的是舒米米（Mimi Shou），她特別提醒其他亞裔女性要提防這個人。[4]「西榆迦勒事件」的討論者大多為女性，她們提到自己過去也曾遇過其他「迦勒」，並期待透過社群的力量，「保護」其他女性免受男性傷害。

當你反覆經歷不公平對待，或者曾受到性別歧視等其他系統性壓迫時，能夠找到一個可以象徵這一切的合適攻擊對象，自然會感到大快人心。這麼一來，無論你的痛苦多麼巨大且難以形容，傾刻之間都將變得十分具體。心理學研究顯示，大多數人都有一種強烈的傾向，希望將抽象概念（例如「物化」或「性別歧視」）轉化為更容易理解且更具體的形式。[5]

社會心理學的「構念階層理論」（Construal Level Theory）指出，當我們面對同樣的價值觀，從長遠宏觀的抽象角度來思考（稱為抽象構念），以及從眼前實際的具體情況來思考（稱為具體構念），兩者之間存在著巨大的心理差異。相關研究顯示，當你將一個模糊抽象的目標（例如「反性別歧視」），轉化為一個更具體、小範圍的解決方案（例如「在線上參加內隱性別歧視測驗」），將會更吸引人並讓人寬心。[6]聚焦於個人行為時，會讓人覺得嚴重的系統性問題變得更容易控制。[7]採取行動能增進你的自我效能感，這種效應在充滿抽象的無力感時往往會更加強烈，即使相關行動影響力不大或於事無補，你仍會感到自己更具有力量及掌控性。

透過構念階層理論的視角，我們就不難理解那些女性為何出現如此強烈的情緒。個別女性無法獨自對抗欺騙與玩弄她們感情的男性文化，但透過集體羞辱其中一個混蛋，她們可以感覺自己正在做些事來阻止這種惡劣行為。在交友軟體上被難堪的拋棄雖然算不上「虐待」，但研究顯示，受虐者常會從幫助其他倖存者或防止未來虐待事件發生的過程中獲得療癒。[8]因此，如果你長期遭受物化與輕視，就容易傾向將自身創傷投射到「西榆迦勒」的那些前女友身上，並將自己視為她們或更廣泛女性群體中的一員。即便如此，正如莎拉在影片指出：「女性群體並沒有從這一切當中受益。」攻擊一名男性、讓他被解雇，並無法改變既有文化，同時也無法給予女性經濟權力或社會支持，使她們有能力擺脫最可能虐待她們的人（通常是她們的男性親屬、一起生活的男性伴侶或職場的男性上司）。[9]在這些貼文狂潮中，真正獲利的只有TikTok與平台廣告商。

我常會發現，自己和在網路上攻擊「西榆迦勒」的人有著相似的行為。身為跨性別男同志，美國社會普遍存在的同性戀與跨性別恐懼現象深深傷害了我。當我試圖透過責怪保守的母親和其他親戚，來處理胸中那股讓我快要窒息的恐懼，彷彿他們是這場反跨性別運動的推動者，而不是身處其中卻不自知的參與者。我母親一直聲稱自己對酷兒群體抱持包容態度，也表示自己投票給共和黨不過是基於經濟因素，然而她的政治選擇卻讓她一次又一次站在攻擊我所屬群體的強權那一方。那些支持共和黨的家族成員也是如此，他們大多對我還算禮貌，但在他們眼中，支持那些讓我和所愛之人生活變得更糟的政客是可以接受的，甚至是理想的選擇。

在痛苦與憤怒的折磨下，我曾經對家人破口大罵，也曾寫下充滿憤怒的信件和文章，並在沒有嘗試展開真誠對話的情況下，把它們公諸於世。我哭著打電話給母親，對她咆哮一個多小時，當時的我認為，如果她還有一點羞愧感，就應該意識到自己的行為是錯的，而且會對我造成負面影響。在某種程度上，我渴望不再感受到一個破碎的自我，逃離一個完全不適合我的世界，永遠不用再經歷必須隱藏真實身分的痛苦。我無法改變整個美國社會，所以我將矛頭對準我最親近的人，用羞辱母親和家人的方式，以減輕內心那份龐大的「系統性羞愧感」。

但問題是，如果迦勒這類自私者是性別歧視、交友軟體的冷漠特質等更大系統的產物，追求單一個體的責任並無法從根源解決問題。如果母親及其他家人的政治立場是受到幾十年來媒體誤導與網路仇恨運動的影響，那麼斥責他們的無知又能改變什麼？我多年來失敗的嘗試，就是最好的證明。

事實上，過度將焦點放在個人身上，會使我們更難深刻思考為何相同的破壞性行為會在不同人身上反覆出現。但我們往往很難看透這一點，因為羞愧已經深深嵌入我們的文化底蘊。對他人進行道德譴責似乎變得理所當然，當自己因身分認同而經歷強烈的「系統性羞愧」時，怪罪他人、讓他人對自身行為感到羞愧似乎也很公平。有時，我只是想讓他人跟我一樣感到受傷。當你覺得世界已經不可能變得更好，唯一想做的，就是把別人也拖下水。

儘管我在理智上知道羞辱母親沒有意義，多年來我依舊無法停止對她的憤怒。但經驗告訴我，當我對母親表達我的受傷感受，解釋她的行為如何造成我們之間的距離時，她更有可能對我感同身受並改變行為。尤其是當我承認彼此確實有同樣的政治考量時，這種做法特別有效：我們都覺得，在當前政治體系中，並沒有人可以為我們發聲；我們都看到，大多數人的經濟前景都面臨崩潰；我們都關心地球，都關心如何終結種族歧視與性別歧視；我們都覺得那些幾乎不受約束、任意侵害他人的政治力量讓人感到不安。

我和母親對這些問題的解決方案缺乏共識，但是我們確實有許多共同的價值觀。近年來，我不斷嘗試說服她，與其選出一個會傷害我的保守派，還不如乾脆不去投票。最後她接受這個觀點，發誓今後不再投票。這是我從未想過的進展，我們透過真誠坦率的對話達成這個協議。然而，多數時刻我依舊沉浸在憤怒（對她的行為）與自我厭惡（對自己的身分認同）之中，總是難以用能修補彼此之間裂痕的方式，與她建立連結。

「系統性羞愧」對人們造成的影響深遠，它說服我們應該對系統性問題負責，它讓我們對那些「不夠努力」負起責任的人充滿負面情緒，使得我們很難建立起彼此之間的緊密連結。也就是說，它鼓勵我們將遭受痛苦的責任完全歸咎於自己和他人，而不是將目光投向真正導致我們陷入困境的系統性問題。

在本章中，我們將定義什麼是系統性羞愧，並深入理解它在這個世界的運作方式。我們先前說過，「系統性羞愧」是要個人自行承擔源自社會的壓力與責備，但在「西榆迦勒」和我家的例子中，「系統性羞愧」並不止於內心的痛苦，它還會向外輻射，影響我們與他人的關係，甚至影響我們對全體人類的看法。

系統性羞愧的三個層次

「系統性羞愧」是一種痛苦的社會情緒，也是一套關於如何在世界促成改變的信念。由於「系統性羞愧」影響深遠，又讓人感受深刻，它可以在三個不同層面上影響我們：

1. **個人系統性羞愧**：對自己的身分認同、局限性或所認定的失敗感到自責。個人系統性羞愧會讓我們隱藏自己。我們害怕被評判而遠離他人，不相信有人會完全接受我們，因而衍生出人際系統性羞愧。
2. **人際系統性羞愧**：認為他人不值得信任，大多數人基本上都是不道德、懶惰且自私的。人際系統性羞愧會讓我們苛刻評判他人的行為，這也正是我們害怕被評判的方式。因為我們不願意向他人敞開心扉，我們逐漸變得過度獨立，只專注在自我保護與自身安全之上。這種社會孤立與個人主義讓我們更難接受他人的幫助，也更難與更廣泛的社群合作，從系統層面解決社會不公的問題。
3. **總體系統性羞愧**：一種相信人類內心充滿自私、冷漠與邪惡的信念，認為人類遭遇的一切苦難不過是咎由自取，使我們被疏離與無助感所籠罩，不再相信人生有什麼有意義且值得追求的目標。我們會變得憤世嫉俗，進而喪失改善自己和群體、以及他人建立緊密連結的動力。總體系統性羞愧試圖讓我們相信，世界上所有問題都源自於個人的錯誤行為，忽視問題背後的系統性因素，阻礙我們設想有助於讓眾人擺脫當前痛苦的可能方案。

總體系統性羞愧：
「人類是自取滅亡」
人際系統性羞愧：
「我無法信任他人」
個人系統性羞愧：
「我很糟糕」

我們可以將「系統性羞愧」的三個層次看成一個同心圓，就像滾雪球一般，剛開始是以個人系統性羞愧為核心，然後逐漸向外擴展（見前頁圖）。

接下來，我們將分析這三個層次的羞愧感，解釋它們如何在我們的內心世界中萌芽發展，了解它們如何逐漸擴及外在世界並不斷增強放大，最終帶來災難性的社會與政治後果。這些微小的拒絕與評判在我們心中慢慢積累，當我們發現它們的存在或意識到它們其實具有針對性時，往往早已發展成一種內化的世界觀。即使我們日後逐漸擺脫部分個人系統性羞愧，但人際與總體系統性羞愧依舊在我們內心陰魂不散，使我們繼續覺得同溫層外的人全都不可信任、社會運作方式依舊不會改變。因此，儘管「系統性羞愧」起源於幼年時期的個人內在經驗，但若要擺脫它為我們帶來的傷害，永遠不可能由個人一己之力獨立完成。

第一層：個人系統性羞愧

「系統性羞愧」源自個人自責與自我厭惡的情緒。如果我們害怕自己本質上是個自私、軟弱或不道德的人，就會隱藏真實的感受與需求，盡可能展現符合社會期待的一面。然而，愈是試圖掩蓋真實的自己，我們就愈無法體驗真正的愛與接納。

個人系統性羞愧始於兒童時期，為邊緣化或刻板印象所苦的孩子很早就學會自我懷疑；即使是沒有受到差別對待的孩子，也會吸收到無數有害訊息，例如必須如何打扮、如何表現、具備哪些能力，甚至付出多少努力與多少犧牲，才能證明你值得被愛。

以我為例，早在意識到自己是跨性別者與自閉症患者之前，我就注意到我父母都很抑鬱且不太與人來往。我的父親不會主動結識新朋友，也不會藉由新嗜好來拓展自己的生活。他完全信任我，甚至把我當成唯一的知己與傾訴對象。我很小的時候就發現，為父母提供情感上的支持，是獲得家人關愛與安全感的途徑，所以我總是盡量壓抑自己的憂慮和眼淚，不讓已經夠令人憂心的家庭氛圍蒙上陰影。當父親哭泣時，我感覺世界彷彿停止轉動，我必須立即採取行動，為他提供安慰並用心傾聽，好弄清楚我可以提供什麼樣的幫助；但當我哭泣時，每個人都只會對我生氣。直到今天，每當我忍不住而悲傷哭泣時，我都會為自己的「自私」感到羞愧。

其實許多孩子都經歷過類似的童年。正如心理治療師琳賽．吉普森（Lindsay Gibson）在《假性孤兒》（*Adult Children of Emotionally Immature Parents*）中描述的那樣，情感不成熟父母養育的子女長大成人後，往往會過度自我貶抑，對自己的情緒與需求極度不信任，以至於完全無法向他人透露自己的內心世界。誠如琳賽所強調的，情感不成熟的父母即便沒有虐待孩子，其行為依舊可能對孩子造成毀滅性影響。這些父母往往並未被教導如何因應情緒及設定合適的心理界線，所以極度缺乏心理支持，唯一能找到的傾訴對象，只有自己的孩子。

我父母的孤獨其實源自系統性問題。他們都有一些隱性殘疾，經常處於疲憊與痛苦狀態，卻必須以「正常人」的姿態在這個世界上生活。他們被困在令人筋疲力竭又毫無所成的工作之中，經常為錢發愁，感覺人生早已陷入絕境。我們住在克里夫蘭郊區，這座城市正迅速惡化，工作與人口持續流失，這讓他們更難找到機會。他們內心承載著巨大創傷卻從未尋求協助，只得將壓力發洩和轉嫁到孩子身上。

我的父母是生活在城市郊區的白人，有一間房、兩輛車、兩個小孩和兩隻寵物。儘管擁有這些優勢，他們依舊飽受統性問題所苦，像是缺乏工作機會、十分有限的教育和托育選擇、無法獲得高品質治療，以及十幾年來一直沒能解決的家庭問題。身為孩子的我被迫承受這一切，但當時我真的以為這些問題都是我造成的。類似情境也發生在其他兒童身上，例如：不適應學校生活而受到懲罰的孩子、看到母親瘋狂節食而過度在意自己身形的孩子、出身貧困家庭而忍不住一直與有錢人家比較的孩子等等。

「系統性羞愧」是一種將所有問題歸咎於個人不良行為的意識形態，所以凡是在無法控制力量下苦苦掙扎的個體，都很難不受影響及扭曲。

人類從很小就非常擅長揣摩潛在的社會規則，學習這些規則可以保護他們不被照顧者拒絕或拋棄。對於剛出生的寶寶來說，「順從」是一件攸關生死的大事，必須設法與自己賴以生存的力量建立連結。這就是為什麼兒童通常在十八到二十四個月大就已經習得性別刻板印象[10]，並在兩歲左右習得種族刻板印象[11]，到三歲時就能清楚意識到自己何時違反社會對性別或種族的期待，並會適時表現出羞愧感。[12]

孩子似乎天生就發現並採納周圍文化，即使這些態度是殘酷且不公平的。人類社會遵循著大量我們未曾直接向孩子解釋的規則，其中有許多規則我們甚至從未意識到，因為它們已經成為我們的第二天性。例如：我們從兒童很小的時候就用性別區分他們，讓他們使用不同的洗手間、穿著具有性別特徵的服裝，甚至要求他們排成男女交錯的隊形，但我們通常不會告訴孩子為何要這樣做。其實我們很可能根本沒想過這個問題，對孩子進行性別區分就像呼吸那樣自然，是一種隨處可見的潛在社會規則。

跨越性別界線的孩子往往會受到大人的批評與差別對待，而不是包容與接納。難怪許多學齡兒童喜歡扮演性別警察的角色，羞辱女性化的男孩，或是排擠男性化的女孩，用實際行動維護那些彷彿神聖而不可侵犯的社會規則。

正如心理學家羅倫斯·赫西菲爾德（Lawrence Hirschfeld）在《種族、種族主義與成長中的兒童》（*Handbook of Race, Racism, and the Developing Child*）一書中所言，孩子最終要發展出偏見態度，不一定非得在一個偏執的環境中長大。就像移民父母生下的孩子會學到他們成長地的口音、而不是父母的口音，反種族主義者、女權主義父母養大的孩子，仍然會學習到周圍文化中的種族歧視、性別歧視、跨性別恐懼與其他偏見。這讓人很難逃離「系統性羞愧」的魔掌。

我的好友凱莉是名脂肪解放主義者（fat liberationist），她曾經花費多年時間擺脫減肥文化的影響，治癒自己對肥胖的恐懼。凱莉努力讓兩個孩子了解，每個人的體型是胖是瘦都不會影響他是否值得被愛與尊重，她還透過攝影與視覺藝術的方式來肯定肥胖者。然而，這一切的努力，依舊沒能阻止社會風氣對孩子的影響。有一天，正在打電玩的大女兒告訴凱莉，她絕對不會把自己的電玩角色設定成胖子的形象。女兒一邊調整螢幕上的角色外型，一邊對凱莉說道：「我不喜歡胖胖的角色。媽咪，你胖胖的看起來很好，但我不想變胖，當胖子很糟糕。」凱莉告訴我：「如果是一個成年人對我說這種話，我肯定會氣瘋。」但凱莉並沒有對女兒生氣，而是詢問女兒為什麼會這樣想？為什麼會覺得身材肥胖很糟糕？

「我女兒說，如果她是個胖子，她會很傷心，因為人們對待胖子的態度糟糕很多。」凱莉告訴我：「我找不到適當的說法來回應她。我試著告訴我的孩子，不管是胖子或瘦子，肯定別人的體型，就是尊重他人的方式……雖然如此，我家老大四歲時，就已經開始認為肥胖體型比較糟糕。」羞愧感會對孩子們的感受及行為產生戲劇性影響。例如研究人員反覆觀察到，學齡前女孩在被提醒「男生比較擅長數學」的刻板印象時，往往會感到焦慮並影響算術表現。[13]

成年人同樣會受到這種效應的影響，而且與個人實際數學能力無關，即使是喜愛數學的女性，在面對性別刻板印象時表現同樣會出現下滑。同樣的，黑人兒童也會受到種族刻板印象影響，干擾他們在智力測驗中的得分。[14]

這就是所謂的「刻板印象威脅效應」（stereotype threat effect），當一個人意識到所屬群體被貼上的刻板印象，並因而特別在意自身表現時，其表現就會受到影響，尤其是測驗愈重要、象徵意義愈大，對失敗的恐懼就會造成愈大的傷害。[15]研究人員已經對這個效應進行廣泛的研究，結果發現，任何經歷負面刻板印象的群體都可能受到這種效應的影響。例如，當女性面對她們長期以來被排除在科學及數學專業之外的事實時[16]；當拉丁裔群體在面對他們需要比同齡白人男性花更長時間，才能完成學業的成見時[17]；當成長於低社經地位家庭的人面對求職面試等高壓情境時[18]，都會出現刻板印象威脅效應。許多文獻顯示，即使當事人已經意識到加諸在他們身上的刻板印象是不公平的，刻板印象威脅效應仍然會影響他們的行為與自我認知。

研究顯示，黑人少女往往會透過努力追求完美主義與成就，來應對性別歧視與種族主義的刻板印象。[19]這是個人試圖處理「系統性羞愧」的常見方式，當社會試圖讓我們認為自己的身分認同不值得尊重，或是我們從根本上就是壞人時，我們往往會矯枉過正，盡可能透過令人印象深刻的表現來贏得眾人接納。

黑人女性是美國受教育程度最高、在創業領域增長最快的群體。[20]儘管如此，她們同樣也是薪資最低的群體之一，在相同工作中的收入遠低於白人男性、白人女性與黑人男性。[21]這個現象能夠清楚說明，個人的努力並無法輕易解決內化的羞愧感或壓迫。「系統性羞愧」告訴邊緣群體，他們必須做出偉大事業，必須無比堅強可靠，才能克服自己的社會地位。但在現實中，個人努力或自我肯定往往未必能夠帶來多少改變。

我們如何知道自己是否正經歷個人系統性羞愧？這裡有一份簡短的問卷，幫助你思考「系統性羞愧」在自己生活中的表現

練習①——你是否有個人系統性羞愧？

閱讀以下各點，勾選與你的經歷相符合的陳述。

1.	我經常會對自己感到強烈的負面情緒。	☐
2.	當我在別人身上發現比自己良好的特質時，我會感到自我厭惡或尷尬。	☐
3.	我從不覺得自己能成為真正的好人。	☐
4.	我似乎無法為自己達成的任何成就感到自豪。	☐
5.	我不斷告訴自己不能再次把事情搞砸，一定要做得比上次更好。	☐
6.	我什麼都得自己來，因為沒有人可以幫我。	☐
7.	我總是擔心別人如何看待我的行為。	☐

第二層：人際系統性羞愧

個人系統性羞愧很容易就會發展成人際系統性羞愧，這是位於中間的第二層。一旦你內化對自己的一些負面看法與態度，將同樣的批判觀點援引到其他人身上，就可能會變成一種本能反應。

當我們不期望被愛或認為自己不值得被愛時，與他人拉開距離是合乎情理的做法。一個人愈是厭惡自己，就愈不可能主動尋求幫助。就這一點來說，公共衛生與心理健康領域的汙名化例子，也許最適合用來說明這種狀況。莎拉・克萊門特（Sarah Clement）與同事對一百四十多份已發表研究進行系統性回顧，發現當一個人對自身精神疾病感到羞愧，並在某種程度上將自身症狀歸咎於自己時，這樣的心態將阻止他們尋求治療或支持。[22]類似的研究發現也出現在藥物成癮者與家暴受害者身上，阻止他們向外尋求協助。[23、24]

「系統性羞愧」是一種粗暴的個人主義世界觀，認為個人只有藉由努力的工作（並受苦），我們的生活才會變得更好。如果有人向我們問候或提供協助，「系統性羞愧」會將這些行為視為對我們的打擾或侮辱。

我的訪談對象康納告訴我，上小學時，他和家人曾一度無家可歸。有好幾個月的時間，他們一家三口擠在離老家幾英里遠的一座國家公園內，每天在帳篷裡生活。當教會的教友發現這種情形，詢問康納是否需要食物或洗澡的地方時，康納的父親憤怒不已，堅持表示他們以後不會再參加教會禮拜。

康納告訴我：「父親是第二代移民，背負著必須自給自足的包袱。如果我從別人那裡領取食物，父親會認為那是一種莫大的羞辱。」幸好，這一家人後來幸運擺脫無家可歸的窘境，然而康納的父母親卻成為狂熱的保守派。康納告訴我，他的父母過去一直有右派傾向，但因為擁有這段窘迫的處境，每當他們談起遊民問題與福利制度時，往往會將這些人與制度視為國家的恥辱。

「我的父母覺得，如果他們能默默從帳篷生活一步步爬上來，完全不用因為依靠他人而傷害自尊，那麼其他人也應該能做得到。」康納認為，他的父母並沒有意識到，社會中有千百萬人同樣有著無家可歸的痛苦經歷，而是將重點放在從心理上把自己與其他遊民區分開來。他們為自己過去的境況感到羞愧，覺得這件事情讓人難以啟齒，因此無法面對任何讓他們想起自己曾跌落谷底的其他人。

當我們羞辱和批判自己時，我們也變得更容易去假設其他人同樣不值得信任。如果我在公園裡看到一名家長對他焦躁的孩子視而不見，我可能會認為他疏於管教，卻不會去想他前一天晚上工作到多晚，也不會去思考他能得到的支持有多匱乏。如果我的高中老友在網路上張貼一張她在新冠大流行期間舉辦小型聚會的照片，我可能會在心裡埋怨，她真該為新冠病毒的傳播負責，因為把矛頭指向她，比思考地方政府與聯邦政府如何失責而未能保護民眾，更能為我帶來滿足感。人際系統性羞愧讓我們很容易把人們的懶惰、馬虎或冷漠視為問題的根源，而不是將問題視為結構性失誤重複出現的後果。

在人際系統性羞愧的驅使下，我們往往會責備和羞辱那些與自己有相同身分認同或創傷經驗的人，因為他們反映出我們長久以來所憎惡的自身特質。二〇二二年春天，成千上萬網友就是這麼做的。當時，演員強尼·戴普（Johnny Depp）控告前妻安柏·赫德（Amber Heard）誹謗，因為安柏聲稱自己受到強尼的性暴力。[25]這讓許多家庭暴力受害者蜂擁而至，在網路上觀看強尼的辯護影片，並在評論區與直播聊天中聲稱，安柏「玷汙了世界各地的受害者」。[26]

不幸的是，這種情況並不罕見。許多婦女與暴力受害者都相信，這個世界是公平的，只要做出正確的選擇，未來就能免於受到暴力對待。[27]在成長過程中，大多數人都被灌輸這樣的思考方式。例如，許多學校的性別暴力防治計畫，都把重點放在教潛在受害者如何採取行動來保護自己，而不是關注校方能採取哪些措施來減少人們遭受人身侵犯的可能性。[28]

如果你也是因為受虐而飽受「系統性羞愧」困擾的女性，而且希望找到一個方法將自己和安柏區分開來，你可能會對安柏的許多個人缺點緊抓不放。在這對情侶吵架的錄音中會聽見，安柏嘲笑強尼，當著他的面大笑，還說自己曾經打過他。安柏吸食毒品，在感到自己被拋棄時，會醋意大發、情緒崩潰。她不是個討人喜歡的受害者。不幸的是，許多倖存者會對這些不完美的特質吹毛求疵。研究顯示，在關注性侵案件的細節時，許多婦女反而會同情犯罪者，而非受害者，因為認同受害者容易造成自己的負面情緒波動。[29]

人際系統性羞愧讓我們產生一種病態、扭曲的怨恨，讓我們學會用摧殘自己的方式來摧殘他人。我們憎恨任何軟弱或不完美的跡象，這些跡象提醒我們，我們無法時時刻刻週到行事，保護自己免受所有傷害。下面的簡短問卷可以幫助你自我檢查，了解自己是否曾經歷過人際系統性羞愧。

練習②——你是否有人際系統性羞愧？

閱讀以下各點，勾選與個人經歷相符合的陳述。

1.	當有人問候我，或是問我「好不好」時，會讓我感到憤怒、尷尬或激起防備心。	☐
2.	我無法相信其他人能把事情做好，凡事靠自己還是比較妥當。	☐
3.	我討厭和與同種族、性別、階級、性取向或其他身分認同的人共事，這樣會讓我們落入他人眼中的刻版印象。	☐
4.	我覺得身邊的人都不知道我正在經歷些什麼。	☐
5.	我很害怕別人對我和像我一樣的人的刻板印象成真。	☐
6.	大多數人似乎一再犯下同樣的錯誤，卻沒能從中汲取教訓。	☐
7.	與他人共處會讓我感到窒息。獨處才能讓我感到自在，不會受他人評判。	☐

第三層・總體系統性羞愧

總體系統性羞愧讓我們相信，這個世上到處都是「壞人」，共同努力或建設更好的社會是遙不可及的夢想。它將我們在其他兩個層次的「系統性羞愧」上所看到的不信任、對受害者的指責及孤立，應用在更廣泛的範圍，也就是整體社會。

當人們透過個人選擇的視角來討論氣候變遷與全球流行病等議題時，我們會發現與總體系統性羞愧有關。我們往往被訓練成以這種方式來看待這些議題：許多大型企業與政府說服我們，將焦點放在個人習慣，而不是實際上導致氣溫上升與致命病毒傳播的法規與經濟獎勵方案。

知名漫畫作家謝爾比・洛曼（Shelby Lorman）在〈一位前流行病羞辱者的自白〉（Confessions of a Former Pandemic Shamer）一文中，描述她最初如何藉由指責那些冒著傳播新冠病毒巨大風險的人，來紓解全球流行病為自己帶來的沉重壓力。她記得自己在二〇二〇年春天，每天不斷滑著朋友在社群媒體上的貼文，從中尋找朋友所做出錯誤的風險決策與不負責任的行為，並大肆譴責這些貼文。

謝爾比在文中寫道：「在新冠疫情大流行的頭幾個月，我就像影集《陽光費城》（*It's Always Sunny*）中的查理，在一整面牆上貼滿嫌疑犯的照片，畫上表示關聯性的紅線，來評估朋友之中誰值得我信任、誰在我心中的排名下降了。」[30]

謝爾比會在社群媒體上發文，斥責那些舉辦小型社交聚會或沒有佩戴合適口罩的人。當她熱情分享有關緩解新冠疫情的有用資訊時，仍然會用嚴厲的批判語氣表達：「你之所以會感染病毒，原因就在這裡。你就是那個破口！」對她和她的許多朋友來說，站在「道德至高點」說話會讓人感到滿足。然而隨著時間的推移，政府與企業不斷做出更多將眾人的生命置於危險的決定，這讓她開始懷疑，這種個人主義的防疫方法是否還有意義。

謝爾比寫道：「我覺得自己在周圍發生的事，與更小、更本質的罪惡之間不停切換，那些罪惡是我覺得自己可以控制或理解的罪惡。」

這種巧妙的切換，有助於解釋總體系統性羞愧如何讓我們既焦慮又冷漠。總體系統性羞愧認為，世上所有問題都是由個人所造成，「人類才是真正的病毒」[31]，或是相信人類應該在氣候災難中滅亡的結論，在邏輯上並不是太大的跳躍。這種說法聽起來可能很極端，不過令人震驚的是，在這些議題的對話中，經常出現這種說法。社會科學家與環保人士多年來一直對生態法西斯主義的興起發出警告。生態法西斯主義認為，為了拯救地球，需要（而且應該）讓大量人類死亡。[32]尤其在人類面臨危機時期，例如新冠大流行初期，這些主張在新聞媒體與網路上往往更加流行，[33]他們認為，如果我們周圍的苦難是由壞人做出愚蠢或邪惡的決定所造成，那麼人類本來就應該受到道德清算。

還記得本章開頭提到的艾倫嗎？她因為女兒傷害自己而感到羞愧，當時的她想透過獨自承擔起拯救所有自傷兒童的責任，來面對自己巨大的羞愧感，結果反而讓自己陷入極度抑鬱之中。她滿腦子都是對女兒的愧疚，還有全世界所有缺乏心理健康支持、她卻無能為力協助的孩子，這些想法不時痛苦的折磨著她。她的家庭悲劇成為一個更大社會弊病的象徵，一個她永遠無法修正改善的弊病。想到一個方法好擺脫悲傷與自我厭惡似乎是不可能的，因為這個世界的痛苦太大了。

「諷刺的是，這種處境讓我變得和珍娜一樣沮喪。以為沒有人可為這些孩子提供適當的幫助，尤其是我；以為這世上再也沒有光明。」艾倫說。

如果我們相信個人行動是改變世界的唯一途徑，可是現在採取行動卻為時已晚，那麼腦海中就可能會出現非常陰暗的想法。總體系統性羞愧就是一種憤世嫉俗、絕望的感受，它可能會讓人失去希望，甚至想要了結生命。下面的簡短問卷可以幫助你自我檢查，了解自己是否曾經受到總體系統性羞愧的影響。

練習③——你是否有總體系統性羞愧？

閱讀以下各點，勾選與個人經歷相符合的陳述。

1.	目前世上最重要的問題之一在於，大多數人並不關心這個世界。	☐
2.	我很難想像自己能過上真正有意義的生活。	☐
3.	如果我想變成一個「好人」，似乎不可能履行我需要承擔的所有義務。	☐
4.	我對大多數人沒有好感。	☐
5.	我不覺得自己屬於任何有意義的社群。	☐
6.	我不知道我的生命有什麼意義，也不知道自己真正在意的是什麼。	☐
7.	有時候我會想，人類活該遭受這些可怕的事情。	☐

人生大可不必如此

讀到這裡，或許會讓人感到有些悲觀。所以我想特別花點時間強調，儘管「系統性羞愧」的影響非常廣泛，甚至已經對我們造成非常深刻的傷害，但我們的人生其實大可不必如此。

在大部分人類歷史與文化中，人們並不像如今的我們這樣處理社會問題或思考羞愧感。針對我們所經歷的每一個「系統性羞愧」層次，總有許多同樣強大且能產生積極力量的情緒，可供我們學習和運用。

下表根據系統性羞愧的三個層次，整理出一些可以替代羞愧感的健康情緒選擇：

系統性羞愧的層次	健康的情緒選擇
個人系統性羞愧 （憎恨自我，害怕評判）	徹底的自我接納、同情心、保持中立、喜悅、快樂
人際系統性羞愧 （對他人的不信任與孤立）	脆弱、信任、認同、好奇心、自豪感
總體系統性羞愧 （對人類未來的焦慮與絕望）	謙遜、保持希望、共同哀悼、共同慶祝、合作、找到自己的目標

直到最近幾個世紀，「系統性羞愧」才成為全世界情感痛苦的根源，它牢牢占據我們的政治論述不過才短短幾十年時間。即使在今天，依然有可能在成為邊緣化群體一員時（例如關心氣候變遷或種族歧視等結構性問題時），不至於落入自我厭惡、社會孤立以及對人類未來感到悲觀的境地。在近期人類歷史中，曾經出現一些深具影響力的社會運動，它們不依賴羞辱個人的選擇，因而取得更大成功。世界各地也存在許多健康且充滿活力的社群，它們支持邊緣化群體，全然接納他們的不完美與複雜性，而不是要求每個人都必須達到某種不可能實現的理想標準。在本書的後半部分，我們將從這些團體與運動中吸取經驗教訓。

在下一章中，我們將探討「系統性羞愧」的起源，以及它是如何在我們的社會中建立起如此深厚的根基。

第二章

系統性羞愧的起源

交通事故的責任歸屬

一九二〇年代初期，一場新的公共危機悄然浮現。許多消費者初次購買汽車，卻完全沒有受過安全駕駛訓練，因為一直到一九三五年左右，美國大多數州才引進駕駛執照管理制度。此外，許多道路在建設之初是為馬車與行人所設計，並未考量到汽車。

當愈來愈多毫無準備的駕駛在狹窄的道路上行駛，事故與死亡人數也隨著駕駛人數快速增加而大幅上升。根據研究指出，一九一〇年到一九一五年的汽車事故死亡人數，從約一千六百人遽增到六千八百人；一九二〇年時，這個數字更是倍增至一萬兩千一百五十五人。歷史學家彼得．諾頓（Peter Norton）的研究則顯示，受害者多為行人，而且其中有許多是兒童和老人。[1]

在汽車興起前，人們習慣走在馬路中間，常會聚在路邊聊天和交易貨物，許多孩子甚至在街道旁玩耍奔跑。[2]汽車的出現徹底改變這一切。短短幾年間，道路從類似公園的多功能公共空間，轉變為只供龐大機器快速奔馳的禁地。

起初，美國民眾將交通事故的激增歸咎於汽車產業。在諷刺漫畫中，描繪汽車輾過一堆堆屍體的場景，或是出現死神從汽車水箱罩冒出來，奪走婦孺生命的畫面。[3]一九二四年十一月二十三日，《紐約時報》的一篇報導中寫道：「戰爭的恐怖似乎不如和平的恐怖那樣駭人。汽車是一種比機關槍更具破壞性的機械裝置，魯莽駕駛者造成的死亡人數比砲兵還要多，待在街上比待在戰壕裡更不安全。」[4]

這類訊息明顯不利於汽車銷售業務，以及因汽車普及而大規模開發郊區土地的開發商。因此，全美各地汽車製造商開始積極遊說政府，淡化汽車在行人死亡危機中的角色，並努力將被撞的責任歸咎於行人。他們主張：問題癥結並不是汽車文化迅速擴張，也不是城市缺乏寬廣道路與人行道，更不是汽車產業及駕駛幾乎完全不受監管[5]，真正的問題出在行人「擅自穿越馬路」！

有趣的是，「擅自穿越馬路」這個概念，是由汽車產業發明出來的。[6]

一九二〇年代，汽車產業開始積極拜會全美各地的立法者，向他們提供交通法規範例，主張擅自穿越馬路是一種犯罪行為，應該受到懲罰，並將擅自穿越馬路者視為交通傷亡事件的罪魁禍首。[7]

彼得．諾頓認為：「在汽車剛問世的年代，避開行人是駕駛該做的事，而不要求行人要避開汽車。」[8]但在這些法令通過後，駕駛與行人的法律地位發生逆轉。如今的行人在法律上有義務「做正確的事」，也就是留意汽車。在一九二〇至一九三〇年代，政府在安全宣導海報中，將違規穿越馬路者描繪成莽撞無知的小丑。一九二五年，美國汽車協會對一名擅自穿越馬路的兒童進行公開模擬審判，數百名底特律學童看著那名兒童被當眾羞辱，並因其罪行而被判擦黑板作為懲罰。[9]

社會系統失能的責任，實際上被轉移到受傷最深的人身上。在接下來的歲月裡，企業與美國政府努力讓吸菸、未繫安全帶、未接種疫苗、購買槍枝等行為，都受到與擅自穿越馬路同樣的待遇，而且通常都能有效達成目的。由於種種歷史與文化因素，美國文化更容易接受「系統性羞愧」指責受害者的邏輯，關於這一點，實在令人嘖嘖稱奇。

羞愧感的歷史

英文的「shame」（羞愧）一詞源自原始印歐語系詞根「skem」，有「遮蓋或隱藏」之意。[10]在不同文化與時代中，對羞愧者的描述經常是別過頭、遮住臉，或轉身跑開等動作。[11]在本書中，我將羞愧定義為：一種想要隱藏起來，與周遭社會分離的狀態。

在古希臘、古羅馬、中國儒家到中世紀歐洲的著作中，羞愧是指意識到自己或自己的行為被社會蔑視，而覺得自己很糟糕的內在感受。羞愧與社會地位密切相關。[12]從歷史上看，孩童、奴隸、社會階級或種姓階層較低者，更容易讓人覺得應該感到羞愧。[13]感到羞愧的人往往會展現屬於低社會階級的行為表現，例如駝背、閃避他人目光、衣著樸素等。此外，欠債也會讓人感到羞愧，債務人的地位比債權人低下。[14]

社會汙名（social stigma）與羞愧感極其相關。英文的「stigma」（恥辱、汙名化）一詞，最初意指罪犯皮膚上的標記或烙印，永久標示他們的罪行。[15]汙名化是將一個人標記為違反規則且應受羞辱的具體行動。類似的公開羞辱形式，包括中世紀時期讓小偷戴上腳鐐，在城鎮廣場示眾，或是十六、十七世紀期間的英格蘭，會給粗魯或「愛罵人」的婦女戴上讓人痛苦的口枷。[16]認為跨越社會界線者理應受到公開標記與懲罰，這種觀念由來已久。

歷史上，許多哲學家認為羞愧感對於控制不良行為至關重要。孔子著作中有大量篇幅在討論應該如何培養人們的羞恥心，以幫助他們遵守社會規範。[17]亞里斯多德認為，儘管羞愧感會讓人痛苦，但能幫助人們控制幼稚或不道德的衝動。我們可以在人類歷史中反覆看到一種觀點：人類本質上是種不道德的動物，所以必須透過羞愧感來遏制非常糟糕的欲望。例如，西格蒙德．弗洛伊德（Sigmund Freud）認為人類內心都有一個狂野衝動的本我，它必須受到遵守規則、充滿羞愧感的超我所約束。儘管「羞愧感是必要的」這種信念在許多人類社會中已經存在很長一段時間，但隨著基督教的興起[18]及農業與工業收入不平等現象的加劇[19]，這種信念變得更加突出。一般來說，最倚賴羞愧感的文化，往往是最不平等、階級最森嚴的文化。

社會為何希望人們感到羞愧？

歷史學家彼得．史登（Peter Stearns）在《羞愧簡史》（*Shame: A Brief History*）中指出，各種文化都從共同生活、狩獵採集食物，逐漸轉向農業、累積私有財產，以及更加孤立與不平等的生活，在這個過程中，公開羞辱變得更加普遍。[20]一般來說，在一個高度互相依存的平等社會中，被視為應該感到羞愧的行為相對較少。然而，一旦人群開始分裂成小群體並出現階級差異，羞愧感就被當成維持社會秩序及約束個體行為的工具。最終，羞愧感被系統化，融入文化核心價值、教義與法律之中。

史登還發現，在較為平等的狩獵與採集社會中，比較不會對性和裸體感到羞愧，也較少會公開懲罰「不夠努力」的社會成員。當歐洲殖民者開始入侵北美地區時，注意到原住民文化並不會像歐洲基督徒那樣實行公開羞辱，這一點讓他們既沮喪又困惑，並將此視為原住民道德低下的證據。[21]而原住民哲學家則將歐洲文化的嚴苛評判與不平等，視為不人道的行為。[22]

史登認為，羞辱是農業社會中「無所不在」的現象。[23]與集體採集食物的文化相比，在種植食物的文化中，拿羞辱作為社會控制的工具化傾向更為明顯。[24]這是因為採集與狩獵是集結眾人之力的活動，單一個體在任何一天的成功機率都很低，工作「最努力」的獵人也未必能捕殺到最大的獵物，有時甚至會空手而歸。在狩獵與採集社會中，唯有眾人同心協力，將每個人辛勤勞動（與運氣）的成果集中起來，才能讓每位成員繼續生存下去。[25]

在大多數農業社會中，人們對努力工作與羞愧的看法相當不同。許多人類學研究發現其中一個可能原因，是農夫維繫生存所需的工作時間遠超過採集者。[26]農業社會面臨飢荒與營養不良的風險比狩獵採集社會高得多，嬰兒死亡率同樣也高得多。[27]同時，食物耕種者的子女數目往往比採集狩獵者多，部分原因是他們將孩子視為免費勞動力來源。[28]狩獵與採集活動不太需要階級區分，但在農耕活動中，佃農與地主間往往存在明顯的地位差別。因此，在人類轉向農業的過程中，我們看到一些不平等的種子正在生根發芽。

在較為平等的狩獵採集社會中，人們比較沒有隱私，也不太需要囤積財富（換句話說，需要保護或保密的東西比較少），自然較不需要用羞愧來影響人們的行為。人類學家丹尼爾·史密斯（Daniel Smith）與同事在《自然》（*Nature*）期刊發表的一篇論文中寫道，許多狩獵採集社會會利用說故事的方式來傳承重要價值觀，鼓勵成員協同合作，而不是透過公開羞辱的方式，樹立正確的行為榜樣。[29]當社會中的每一個人都互相認識，眾人定期聚集在一起分享食物與慶祝時，傳播社會規範就會容易得多。[30]

羞愧感文化的標誌	平等主義文化的標誌
彼此競爭	合作
極端的財富不均等	適度或可忽略的財富不均等
私有財產	共享公共資源
彼此孤立	相互連結
否定、隱藏	認同、接納
嚴格的行為標準	許多行為方式都被視為「正常」
違反規則者被視為 「壞人」或「病人」	規則經常受到質疑與重新評估
透過官僚與法律維繫群體「秩序」	透過論辯與社會教育維繫群體規範
否定多樣性	包容與接受差異
對性抱持否定態度	對性抱持積極或中性態度
苦難是道德的，快樂是罪惡的	共同分享快樂，彼此撫慰悲傷

相較於狩獵採集社會，農業與工業社會的規模更大、更分散，因此社會規範很難像過去那樣自然傳播。取而代之則是以強制手段傳播社會價值，例如監禁、放逐、汙名化與羞辱等方式。在中世紀歐洲，監獄與療養院的出現，是為了懲罰欠債不還、擾亂治安、拒絕工作或傷害他人的人。時至今日，違反社會規則意味著你會被隱藏起來，而不是得到所屬社群的照顧與關懷。[31]大約在同一時期，「精神失常」的概念開始出現。[32]欠債者、罪犯與精神病患被關押在完全相同的設施中，並被視為患有相同的道德疾病。「有些人天生有病，必須與社群隔離」的想法變得愈來愈盛行。

在此同時，中世紀時期的基督教也變得更加重視羞愧感。雖然早期的基督徒相信所有人都同樣蒙受恩典，但是中世紀的基督教教義開始大量利用羞愧感來鞏固社會階級制度，並約束人們的行為。[33]從聖奧古斯丁到馬丁路德，歷代基督教領袖一再宣揚羞愧感在尋求救贖與遵循社會規則上的必要性。[34]與此同時，公開羞辱儀式與各種懲罰大行其道，「羞愧」一詞在書籍及宣傳小冊上的出現頻率，比前幾個世紀多出三到六倍。[35]

根據史登的研究，財富不均等程度較高的文化，更可能透過羞愧感來控制女性的性生活，因為一個人擁有的財富愈多，就愈想控制誰能繼承這些財富。這或許就是中世紀社會日益執著於保護女性貞操，並積極安排理想婚配及繼承人的原因所在。[36]此時，許多新的法律制度也應運而生，用於規範財產所有權、稅款、公民身分與階級地位等。我們可以看到羞愧感與官僚主義是如此緊密交織，並被用來維護日益分化的社會秩序。

階級與羞愧文化在中世紀席捲歐洲後，就再也沒有消失過。在法律與教會體系中，羞愧感繼續扮演及發揮核心作用，並成為解釋貧窮、成癮、疾病等社會弊病根源的主要方式。最後，這種世界觀隨著清教徒的崛起達到頂峰，清教徒相信羞愧感的道德力量，這樣的信念後來也成為美國文化的支柱。

美國文化中的羞愧感

北美殖民地的清教徒在宗教思想上較為極端，他們認為個人責任高於一切，將嚴格自律與自我否定視為最高美德，並相信羞愧感能促使人們在各個生活領域中（從性行為、養育子女到職業道德）正確行事。[37]從清教徒信仰的教義與實踐中，我們看到美國「系統性羞愧」的源頭。

清教徒生活在孤立的社區中，他們會放逐任何被認定為軟弱或懶惰的人，如果你無法「正確」行事、不能克盡本分，那麼基本上你就只能靠自己。儘管早期基督教宣揚社群發展與相互支持的重要性，但十七世紀的清教徒卻採取完全相反的價值體系，認為獨立是好人的標誌，需要支持是墮落的徵象。正如經濟史學家理查．陶尼（R. H. Tawney）所言，清教徒認為「貧窮並非值得同情與救濟的不幸境遇，而是應受譴責的道德缺失」。[38]他們還認為，個人在道德上有義務盡可能累積更多財富，接受施捨會讓人變得軟弱。

清教徒看待羞愧感的方式非常奇特，即使種種證據顯示這種方法行不通，他們仍繼續堅持這樣做是對的。當時的清教徒社群過度執著於獨立，因而常常處於困難與饑餓之中，導致嬰兒死亡率很高，[39]而且普遍貧窮且營養不良[40]。清教徒在養育子女時，會希望孩子表現得像個小大人，甚至要求孩子採取與成年人相同的坐姿，縱使孩子受限於還在發育的身體而無法做到，依舊會受到懲罰、訓斥與羞辱。[41]更令人吃驚的是，人們經常把羞愧感當作社會控制的工具，當發現這個工具無效時，得出的結論卻是需要培養更多的羞愧感。

美國文化建立在清教徒的理念之上，相信努力工作是衡量個人是否優秀的標準。[42]

從法律、立國精神到所接觸的多數媒體，都在告訴美國人：只要投注大量意志力與努力，人人都能擁有成功人生。這種意識形態的存在，導致我們很難探討那些阻礙成功的系統性障礙，例如種族歧視、體能歧視、智能歧視或父權體制。

時至今日，支持清教徒信仰的美國人遠遠多於其他國家。[43]我們更傾向於相信這個世界基本上是公平的，美國的法律與經濟制度是公正的。[44]相較於其他國家，美國人對性的看法更為保守，如果有人不小心懷孕或染上性病，美國人更傾向於認為是他們「不負責任」。[45]許多美國人還認為，性侵受害者、受虐者與無家可歸的遊民都是自作自受。[46]

美國人就像清教徒前輩一樣，在扶養子女時會採取更嚴厲的懲罰方式，體罰和口頭訓斥的比例都比其他國家高。[47]逮補和監禁的人口比例也遠高於大多數國家，在所有美國家庭中，約有四五%的人的直系親屬曾經入獄；這個數字在黑人家庭中則躍升至六三%。[48]儘管數十年來的心理學研究顯示，體罰與監禁並無法改變人的行為，也無法讓他變得更好[49]，反而只會讓人更受到創傷、缺乏支持與感到羞愧[50]，但許多美國人依舊相信這是最有效的解決方法。羞愧感是美國（及其殖民地）宗教歷史與文化的重要組成部分，已經深入滲透到法律、經濟、教育與司法體系之中。

幾十年來，心理學家一直在研究清教主義對美國人價值觀的影響，並開發出一個經過充分驗證的清教徒態度衡量標準，稱為「新教工作倫理量表」。[51]這個量表最初編製於一九七〇年代，至今仍深受研究人員歡迎，因為它能有效預測一個人的社會價值觀與政治態度。新教工作倫理量表分數高者比較看不起那些領取失業救濟與社會福利金的人[52]，而且對自己的工作非常投入[53]。他們認為，被定罪者應該服更長的刑期[54]，而且政府不應干預關於偏見或結構性不平等的問題[55]。一般來說，量表分數高者認為世界是公平的，努力工作是過上有意義生活的關鍵，花時間在休閒娛樂活動或是需要他人幫助，都會讓人變得既軟弱又不道德。

新教工作倫理量表共有十九個項目，共分為四個子量表，分別評估一個人對勤奮工作、獨立、休閒與自律的態度，可以幫助你反思自己將清教徒價值觀內化的程度。

練習④——新教工作倫理量表

改編自Mirels & Garret (1971)

（請閱讀下列各點，然後選擇一個你認為最能代表你同意程度的數字。）

獨立	非常同意	同意	中立	不同意	非常不同意
・低息貸款往往只是無節制消費的入場券。	5	4	3	2	1
・我認為，白手起家的人可能比生來富有的人更有道德。	5	4	3	2	1
・我認為，輕易得來的金錢通常也會輕易被花掉。	5	4	3	2	1
・大多數人只要努力工作，都能過上好日子。	5	4	3	2	1

勤奮工作	非常同意	同意	中立	不同意	非常不同意
・我認為，大多數在工作中失敗的人，都是因為不夠努力。	5	4	3	2	1
・工作時盡力而為，讓我感到非常滿足。	5	4	3	2	1
・勤奮工作幾乎總是成功的保證。	5	4	3	2	1
・一般來說，任何願意且能夠努力工作的人，成功的機會很高。	5	4	3	2	1
・大多數不成功的人就只是懶惰而已。	5	4	3	2	1
・厭惡勤奮工作，通常反映出一個人性格上的弱點。	5	4	3	2	1

休閒	非常同意	同意	中立	不同意	非常不同意
・如果我們有更多閒暇時間，生活就會變得比較沒有意義。	5	4	3	2	1
・大多數人花太多時間在沒有效益的娛樂上。	5	4	3	2	1
・長時間不工作會讓我感到不安。	5	4	3	2	1
・在我的國家，人們太注重休閒娛樂，卻很少考慮要更努力工作。	5	4	3	2	1

自律	非常同意	同意	中立	不同意	非常不同意
・我常常覺得，如果自己能犧牲某些樂趣，就能更成功。	5	4	3	2	1
・苦難讓生命更有意義。	5	4	3	2	1
・能夠懷抱熱忱對待不愉快任務的人，就是能夠取得成功的人。	5	4	3	2	1
・最困難的挑戰往往是最有意義的。	5	4	3	2	1

解讀你的結果

新教工作倫理量表的總分從18到90分不等，參加者的平均得分約為61分。[56]你在特定子量表列出的4分和5分愈多，代表你對該價值觀的認同度就愈高。

在閱讀這個量表時，可以連帶回顧一下自己的成長經歷，想想師長當時是如何教導你這些價值觀。即使你主觀意識上並不同意其中部分價值觀，但你可能會發現，這些敘述直覺上看起來都十分正確，尤其是當你對自己或他人感到失望時。接下來，我們將反思它們如何影響我們對各種社會議題的看法，但現在，請先記得有這些陳述和價值觀就好，當我們繼續回顧美國歷史時，你就會發現對個人責任與獨立的執著，竟是如此頻繁出現。

系統性羞愧：市場與道德的交會點

基於根深柢固的清教歷史，美國人一直傾向將公共危機視為個人問題。舉例來說，在美國建國後一百年間，政府對於誰可以自稱「醫師」是完全沒有規範的[57]，當時的美國政府對醫學院也沒有任何監督[58]，選擇信譽良好的醫師是病人自己的責任[59]。當時大多數美國人根本請不起醫師，這個問題當然也不被認為是政府應該解決的事。個人消費者擁有權力去決定什麼是合理的醫療服務，但得唯有具備相當財力者才能獲得治療。

公共衛生學家丹尼爾．博尚（Daniel Beauchamp）認為美國在處理社會危機時，採用的是一種他稱為「市場正義」的框架。[60]在市場正義框架下，財富是個人在世界上唯一擁有的真正權力，運用這種權力的唯一方法，則是行使消費者選擇的自由：「用你的美元投票」，而不是在投票所投票。根據市場正義的邏輯，政府不該介入保護弱勢群體，也不該向富人徵稅或監管大型產業以造福更廣大的群體。社會上的每一個問題，都應該由個人負責任的行事，並善用自己的金錢來解決。

丹尼爾表示，「社會正義」則與「市場正義」恰恰相反。社會正義框架所關注的，是那些永遠無法透過個人選擇來有效減少的風險。例如，一座大型發電廠會讓鄰近區域瀰漫著危險煙霧。如果你住在發電廠附近，你無法選擇不吸入有毒空氣，即使有些人有能力選擇搬離，但多數人依舊只能繼續在當地生活。空氣汙染會顯著影響這整個地區，使醫院人滿為患，也讓許多人無法順利去工作。

丹尼爾認為在這種情況下，人們最終會意識到，空氣汙染是一個需要集體性、系統性解決方案的問題，單靠個人意志力是不夠的。社區成員可能會動員起來向發電廠抗議，或是對電力公司提起訴訟，為因此罹患疾病或導致殘疾的居民爭取賠償。在足夠的公眾壓力下，政府才會介入並要求發電廠加裝空氣過濾設備。透過這個集體行動，汙染問題就被強制從「市場正義」議題轉變為「社會正義」議題。

不幸的是，在大多數公共衛生問題上，是否遭受風險往往還涉及個人選擇因素，這讓尋找集體解決方案與推動社會正義變得更困難。讓我們以美國空氣汙染的另一個主要來源，也就是菸害為例。菸草業製造香菸、大打香菸廣告，並在香菸中添加致命的化學物質。從一九一八年到一九七〇年代，美國聯邦政府免費配給香菸給士兵，造成數百萬美國人尼古丁上癮。[61]儘管有這些外在的系統性原因，但每一位吸菸者都是主動選擇將菸草煙霧吸入體內，因此他們也需要為這個決定的後果負責。

市場正義	社會正義
健康是個人的責任	健康是社會的責任
資源取得取決於個人的支付能力	應該為所有人提供必要資源
政府監管	政府監管是必要的
道德行為取決於個人意志力	道德行為取決於社會福祉
人們只需對自己負責	所有人的行為都會相互影響
一個人之所以受苦， 是因為缺乏金錢錢或意志力	一個人之所以受苦， 是因為社會辜負他們

改寫自 Beauchamp (1976)。

丹尼爾寫道：「市場正義將『工廠汙染大氣造成的危害』與『菸酒產業造成的危害』做出區隔，因為在後者的情況下，受到危害者被認為是『自願』從事相關行為。」[62]他在一九七〇年代開始撰寫有關市場正義的文章，當時大型菸草公司正面臨美國政府愈來愈嚴格的審查。多項證據顯示吸菸與癌症之間的關聯，讓菸草產業亟欲躲避為了社會正義而加強監管和罰款所帶來的後果。於是，菸草公司借助市場正義的觀點，主張吸菸是一種個人自願的選擇，並開始系統性羞辱消費者，宣稱消費者應該在道德層面上為個人選擇負責。

風險承擔

一九六五年，美國國會通過「聯邦菸品標示及廣告法案」（Federal Cigarette Labeling and Advertising Act），要求所有菸草消費產品包裝上都必須加上吸菸風險的警示標籤。這項法案在聯邦政府終於禁止菸草公司宣稱香菸有益健康的一年後生效。這些政策變革都經歷相當漫長的推動過程。早在一九五〇年代初，醫學專家和菸草公司高階主管就已經知道吸菸會導致肺癌。[63]然而多年來，菸草產業投入數百萬美元掩蓋這個事實，遊說醫師支持吸菸無害、曲解相關健康風險數據，還標榜特定香菸品牌比其他品牌更「安全」。直到一九六〇年代，這種行為才終於被明文禁止。

由於無法繼續否認吸菸的危害，菸草產業轉而強調個人選擇自由。[64]他們聲稱吸菸的風險早就已眾所周知（儘管他們多年來一直試圖遮掩這一點），而且想戒菸者也可以輕易取得相關資源（包括菸草公司自行設立的戒菸熱線）。[65]既然消費者擁有足夠的資訊與資源，菸草公司就開始主張應該保障每個人「承擔自身決定所帶來風險」的自由。當時的香菸廣告將吸菸與自由、男子氣概、堅強獨立等形象結合在一起，例如「萬寶路牛仔」（Marlboro Man）就呈現出不受控制與拘束的堅毅牛仔形象。[66]

隨著吸菸的健康風險被進一步證實，全美各地陸續通過更多嚴格的反吸菸法規。在一九八〇年代與一九九〇年代，吸菸者開始控告菸草公司，認為這些企業一定程度上導致他們患病。為了應付這場公關災難，菸草產業回顧美國歷史，並從一九二〇年代汽車產業發明「擅自穿越馬路」概念的案例中汲取經驗。

菸草公司逐漸將宣傳焦點從「歌頌選擇自由」轉向「抽菸者應該為自己的疾病負責」。[67]一九九二年最高法院審理的「西伯隆尼控訴利吉特集團案」（Cipollone v. Liggett Group, Inc.）中，辯護律師羅伯特．諾斯里普（Robert Northripp）聲稱，菸草公司不該對終生吸菸者羅絲．西伯隆尼（Rose Cipollone）的死亡負責，因為她很清楚抽菸存在風險，畢竟她每天抽的菸上面有「更安全」的字樣。《紐約時報》引述他的說法：

「我們的立場是，一個人若像西伯隆尼一樣聰明、博學且獨立，而且像她一樣知道吸菸會導致肺癌，卻依然享受吞雲吐霧的快樂，那麼抽菸就是她個人的選擇，我們不應該在她身後妄加猜測批評。」[68]

這種「抽菸是個人責任」的言論，甚至一度被用在孩子身上。一九九六年，美國雷諾菸草控股公司（R. J. Reynolds Tobacco Company）董事長查爾斯・哈珀（Charles Harper）曾對一名反吸菸運動人士表示：「我不認為該限制任何人吸菸的權利。如果孩子們不想待在有菸味的房間裡……他們可以自己離開。」[69]

最終菸草產業一再經歷敗訴，並迎來嚴格的監管。但他們提出的個人責任說，使許多法案被拖延數年到數十年之久，並成功混淆美國民眾對肺癌及其他健康問題責任的認知。民意調查顯示，愈來愈多受訪者認為吸菸者是不受歡迎且不負責任的人，而不是掠奪性產業的受害者。[70]在一些研究中，即使是已經戒菸者，獲得的評價依然比不吸菸者更差，他們曾經選擇使用致癌物質，似乎在他們身上留下無法抹滅的社會汙點。此外，有許多吸菸者表示，與吸菸相關的汙名化會讓戒菸變得更加困難（例如因為害怕受到批判，而不敢向醫師坦承真實的吸菸情況）。[71]

菸草產業將疾病歸咎於個人選擇的策略非常成功，並對社會產生很大的影響。其他產業很快就注意到這一點，一九九〇年代開始，各種產業都開始採取類似策略，開始將他們造成的問題責任推卸到消費者身上，並透過羞辱消費者來掩蓋自身行為。

系統性羞愧的蓬勃發展

一九九〇年代，美國民眾愈來愈關切高反式脂肪食物及高含糖零食飲料對健康的影響。一九九五年，公共衛生研究人員創造「食物沙漠」（food desert）一詞，讓大眾注意到低收入人口居住區域往往距離雜貨店較遠，且較少食用新鮮農產品。[72]於是食品產業仿效汽車與菸草公司的策略，將責任歸咎於個人，認為那些不負責任且貪吃的消費者才應該對這些問題負責。

食品與飲料產業開始宣稱，反式脂肪和糖會造成健康危害是「基本常識」[73]，簡直和菸草產業多年前「眾所周知」的說法如出一轍。他們主張，既然每位消費者都可以透過營養標示了解食品成分與特性，政府就沒有必要進行干預，更無須改變食品的生產方式。

雀巢等肉品與乳製品業者共同遊說聯邦政府，促使政府修改「健康飲食金字塔」以推廣其產品。[74]愈來愈多食品被包裝成「不含脂肪」、「適合節食」和「均衡早餐的一部分」，這將助長一個概念，那就是「一個人的健康，取決於他所自由選擇的食物」。[75]衛教宣導與新聞節目鼓勵民眾健康飲食，為孩子購買正確的食品。在《瑞奇·

雷克脫口秀》（*Ricki Lake*）、《莫瑞．波維奇脫口秀》（*The Maury Povich Show*）等節目中，肥胖者和貧困者因為飲食及穿著方式而受到貶抑，肥胖兒童的父母被視為虐待者而受到公開羞辱。[76]

一九九〇年代的我還是個孩子，我清楚記得《莫瑞．波維奇脫口秀》的一個片段，一名減重外科醫師大聲責罵幾個個頭較大的嬰兒父母（幾乎都是黑人），表示這些孩子未來將面臨機率更高的心臟問題、呼吸困難與早逝等風險，這都是這些父母的錯。醫師的斥責讓幾名母親和嬰兒當場哭泣，多數觀眾則流露出厭惡的神情。

這些訊息傳達的重點都很明顯：這些人之所以有心臟疾病或高血糖等問題，都是因為他們既懶散又貪吃，他們得要感到羞愧才會調整飲食習慣，讓自己吃得更健康。不幸的是，這些言論剛好與許多醫師對窮人、肥胖者或黑人患者的看法非常吻合：這些人漫不經心、不負責任、也不遵守醫囑，如果他們不改正自己的行為，就活該承受任何負面的健康後果。[77]

遺憾的是，許多研究發現，至今仍有許多醫師和民眾抱持這樣的看法。[78]即使關於食品與飲料產業監管的討論已取得進展，醫學上肥胖恐懼症的影響亦遭到公開批評，但是民眾對肥胖、黑人與貧窮的負面成見並未獲得改善，承受這些負面偏見者的健康狀況也未見好轉。肥胖、黑人與貧困患者在獲得醫療照護上仍然存在巨大差異，同時很大程度受限於所面臨的「系統性羞愧」，導致他們較不積極從事運動或尋求預防性健康照護。如果社會在你的一生中反覆不斷告訴你：「你既懶惰又粗心，你會生病都是你自己的錯」（而且幾乎不可能克服這種「懶惰」並改善健康狀況），最終你很可能真的會相信這種說法。[79]

化石燃料產業在一九九〇年代也曾採用「系統性羞愧」的手法，將使用汽油對環境造成的破壞歸咎於駕駛個人。[80]例如，埃克森美孚等公司經過仔細研究後，選擇模仿大型菸草公司的策略，這些石油公司在廣告中鼓勵消費者少開車，追蹤自己的碳足跡，購買更環保的產品。[81]化石燃料公司推廣的理念是：消費者只要購買合適的「綠色」產品（例如節能烘乾機或可重複使用的環保購物袋），就可以抵銷他們已經造成的環境損害。換句話說，這些公司提倡用更多消費行為，來化解消費者因為過去的消費行為而產生的羞愧感。[82]

不幸的是，心理學研究顯示，許多消費者接受這種邏輯，開始相信所謂的「負足跡效應」（negative footprint effect）：一個人可以透過購買「好」產品，來抵銷過去購買「壞」產品所衍生的道德責任。當然，這種想法實際上並不正確。在很多情況下，購買全新節能電器或環保購物袋對環境造成的影響，遠遠比繼續使用現有物品造成的影響還大。然而，在一個人們被教導「用錢投票」，消費行為被賦予道德和象徵價值的經濟體系中，購買「好」產品似乎是積極改變現狀的唯一途徑。如此一來，「系統性羞愧」不只是企業推卸責任的良方，還成為化石燃料公司謀利的工具。他們讓人們對地球的未來充滿焦慮與自責，促使人們蜂擁至商店中透過購買商品來「贖罪」。

一九九〇年代末，「系統性羞愧」已經成為處理各種不平等與危機的主要方法。邁入千禧年之際，它又迎來一個更加黑暗的發展，隨著大規模槍擊事件在全美各地頻繁發生，槍枝遊說團體開始將責任歸咎於個人行為（通常是有心理健康問題的人），藉此來為他們的產業辯護。[83]

一九九九年科倫拜校園槍擊事件發生後，反對槍枝管制者選擇將焦點集中在槍手艾瑞克·哈里斯（Eric Harris）與狄倫·克萊博德（Dylan Klebold）沉迷的電子遊戲與音樂品味，以及他們服用的抗抑鬱藥物處方，聲稱這些都是兩個男孩具邪惡反社會人格特質的證據。在新聞媒體爭相報導下，美國民眾開始熱烈討論穿著風衣、聽瑪麗蓮·曼森（Marilyn Manson）音樂，以及服用氟伏沙明（fluvoxamine）的青少年，可能存在極高風險。

我還記得，當時有些同齡人因為類似的穿著風格或興趣愛好而遭到霸凌，他們被懷疑是「軍衣黑手黨」成員，連老師都對他們投以懷疑的目光。他們之中有許多人是害羞笨拙的自閉症患者，就像我一樣，他們不應該被這樣對待，更無法從嚴重汙名化和無所不在的審視中獲益。媒體在對槍手的生活習慣與心理健康狀態進行細緻剖析之際，兩人的白人至上主義立場（在暴力態度方面，這顯然比遊戲對他們的影響更大）卻幾乎被完全掩蓋。

將槍擊事件歸咎於「邪惡個體」和「精神疾病」，很快就成為美國全國步槍協會的拿手好戲。二〇一二年十二月，桑迪胡克小學槍擊事件發生後，全國步槍協會主席韋恩．拉皮耶（Wayne LaPierre）表示，「妄想殺人犯」應受到譴責，並呼籲政府建立全國性的精神疾病患者清冊[84]，為本已飽受不公平待遇的群體進一步增添更巨大的汙名化和羞辱。槍枝遊說者還將二〇一二年發生在科羅拉多州電影院的大規模槍擊事件[85]，以及國會議員嘉貝麗．吉福茲（Gabrielle Giffords）刺殺未遂案[86]歸咎於精神疾病。

二〇一四年，艾略特．羅傑（Elliot Rodger）在加州伊斯拉維斯塔開槍射殺六個人，新聞媒體將其中一個作案原因歸咎於他患有自閉症。[87]二〇二三年納希維爾校園槍擊事件中，自閉症（以及變性）再次成為眾矢之的。[88]二〇二二年在德州猶瓦爾迪小學槍擊事件發生後舉行的全國步槍協會會議中，擁槍派人士再次強調邪惡個體與精神疾病才是真正罪魁禍首。[89]透過將大規模槍擊案歸咎於精神疾病，而非源自絕望、仇恨及太容易取得槍枝等因素，全國步槍協會成功撇清自己對這種持續性危機的責任。他們將精神疾病、殘疾與暴力行為聯繫起來，使邊緣處境者遭受更嚴重的孤立、疏離與汙名化。

系統性羞愧帶來的創傷

我是一名自閉症患者，多年來一直因為與他人不同而感到羞愧。在研究過程中，我曾經仔細探討心理健康汙名化對神經多樣性人士的影響。因此，當社會將患有精神疾病者與障礙人士視為大規模槍擊事件的源頭，常令我感到難以言喻的心碎。

從實證研究中可以知道，患有心理疾病的人更有可能成為暴力的受害者，而非暴力的施加者。[90]精神疾病患者遭受盜竊、性侵、毆打與警察暴力的比例極高，有將近半數的精神疾病患者在一生中至少經歷過一次這類暴力行為。[91]相較而言，在所有暴力犯罪事件中，只有三%是由被診斷出有心理問題的人所犯下的。[92]

當我不得不明確指出這些數據時總會感到荒謬，因為將整個邊緣群體被貼上危險的標籤，這顯然會讓他們更容易受到不公平的對待。神經多樣性群體遭遇剝削、貧困、無家可歸與家庭虐待的比例很高，[93]而且許多人反對透過政府福利資源，來幫助他們避免遭受這樣的對待。[94]身為少數群體，他們常被視為抱怨者、騙子和危險的怪人，當非障礙人士看到他們時，往往會本能性的感到厭惡。[95]

公眾對精神疾病患者懷抱著「危險」、「不誠實」和「邪惡」的刻板印象，這會對他們的人生軌跡造成巨大影響。在播客節目《全部回覆》（*Reply All*）中，記者斯魯蒂·皮納馬內尼（Sruthi Pinnamaneni）描述精神疾病汙名化如何導致一名患有自閉症的謀殺嫌疑人保羅·莫多夫斯基（Paul Modrowski））遭受終身監禁。審理本案的法官山姆·阿米蘭特（Sam Amirante）在接受採訪時坦承，他之所以判保羅終身監禁，是因為他覺得這名自閉症患者「看起來像是謀殺犯」。在整個審判過程中，保羅一直避免和他人目光接觸。在法庭上幾個特別令人緊張的時刻，他只是靜靜坐著凝視前方。[96]法官認為，這表示保羅是毫無悔意的冷血殺手。但事實上，這些都是自閉症患者常見的行為，尤其是那些不知所措或生命迫切受到威脅的自閉症患者。

無論一個人的身分或社會地位如何，都很可能在「系統性羞愧」的教導下，相信社會問題都是由於個人行為不當所導致，並因此認為：最佳解決方案是要鍛鍊強大意志力，利用羞愧感迫使自己和他人做出更好的決定。然而，正如下一章所介紹的，研究數據已明確證實，羞愧感是無效的。

識別你的系統性羞愧根源

在本章中，我們已經討論過「系統性羞愧」在歷史與文化上的根源。現在我想進一步鼓勵大家探索「系統性羞愧」的根源，以及可能讓你將各種社會問題歸咎於自己或其他個人的各種社會與文化力量。

前面曾提到過，我在年幼時就接收到「酷兒群體都是些變態」、「自閉症的人都很討厭」之類的訊息。這些態度困擾著我接下來的人生，讓我豎立起尖銳的自我保護屏障，讓我與他人保持距離。如果你經歷過種族歧視、性別歧視、身心障礙歧視、肥胖歧視、跨性別歧視或其他不公正對待，你很可能同樣已經將許多「你應該感到羞愧」的訊息內化。即使你屬於擁有較多特權的優勢群體，依然是在一個提倡以羞愧感作為解決方法的文化與經濟體系中長大。

為了更深入思考你的「系統性羞愧」根源，請完成下面的探索活動。

練習⑤——調查你的系統性羞愧來源

「系統性羞愧」從何而來？
什麼會讓你感到「系統性羞愧」？
請完成下列自我反思活動。

❶ 你小時候是否被教導特定群體是貪婪自私的？是哪些群體呢？

❷ 你小時候是否被教導特定群體是危險、不可預測或可怕的？是哪些群體呢？

❸ 你小時候是否被教導特定群體不可信賴或都是些騙子？是哪些群體呢？

❹ 你是否與上述群體有任何共同之處？如果有的話，是什麼呢？

❺ 在成長過程中，你是否曾經感覺別人將你視為貪婪、可怕、懶惰或騙子？請嘗試描述一個觸發這種感覺的經歷。

❻ 在成長過程中，大人們是如何告訴你成癮、貧窮、暴力犯罪等社會問題的成因？

❼ 在成長過程中，你是否曾經被大人或其他孩子當眾羞辱？當時被強加在你身上的不公平標準是什麼？

接下來，我們將進一步了解這種文化制約，並探討能夠幫助人們消除這些破壞性訊息影響的工具。若要擺脫「系統性羞愧」，我們必須真心相信自己應該放下自我厭惡與自我批判。因此，在第三、四章中，我們將回顧大量科學證據，揭示羞愧感為什麼永遠無法幫助人們成長、改變或對抗系統性問題，並說明「系統性羞愧」信仰體系背後的根本性缺陷。

第三章

系統性羞愧的價值觀

我們在上一章已經回顧「系統性羞愧」的起源，以及它對我們可能帶來的深遠影響。本章我們將深入探討「系統性羞愧」在過去歷史中秉持的核心價值觀，以進一步了解它的運作方式，以及它為何會破壞人們對於社會議題的對話，同時傷害我們的自我概念。

「系統性羞愧」不僅是一種令人沮喪的自責感，也是一種看待世界的觀點，這種世界觀關乎改變如何發生，以及何種生活方式才具有意義或符合道德。「系統性羞愧」將完美主義、個人主義、消費主義、財富與個人責任等價值觀置於一切之上，真正的目的是為了維持現狀，而不是打破現狀。這種現象反覆灌輸人們一個觀點：只有完全認同這些價值觀，才能成為一個有道德的人，然而這個概念卻會讓我們感到孤立與焦慮，並在想像過著另一種更豐富、與他人更緊密連結的生活方式時陷入困境。

接下來，我們就來探討「系統性羞愧」的核心價值觀，以及它為我們帶來的諸多矛盾與雙重束縛。我們也會透過一些自我反省工具，幫助我們更深入理解「系統性羞愧」在我們的日常生活與思維中扮演的角色，了解它為我們帶來多少損失。

完美主義

二〇二〇年十二月，流行歌手兼長笛手麗珠（Lizzo）在網路上發表貼文，表示要進行為期十天的「冰沙排毒」療程，卻因此遭到許多網民公開批評。[1]麗珠的粉絲指責她的節食之舉「背叛」了解放脂肪運動，[2]而她公開推廣一種具有潛在危險的減重方法，更是引發爭議。[3]幾天後，麗珠對此做出澄清，表示她實際上並不是為了減重或是向粉絲宣傳節食，但她也不認為自己是一名解放脂肪運動行動主義者。

這不是麗珠首次遭受群眾批評。之前沒多久，她發布一段做運動的影片，也因此不得不向成千上萬的沮喪粉絲保證，她並不是在嘗試減重。在麗珠的歌手生涯中，幾乎一直因為「美化」肥胖而遭受公眾審查，只因為她是個未曾公開表示自我厭惡的大尺碼名人。[4]

二〇二三年八月一日，麗珠的三名前舞者提起訴訟，指控這位表演者營造一個充滿敵意和性暗示的工作環境，還對他們的身體發表批評性言論，這些爭議進一步揭露出將麗珠的身分及體型與其個人信念畫上等號的問題。

作為一名大尺碼女性，並不代表麗珠必須絕對信奉或完全實踐脂肪解放信念，然而，由於她的身份，人們理所當然的假設她就是這些理念的完美代言人，即使這些信念已經完全超越她的個人想法。如果麗珠表現出自信，對肥胖恐懼的人就會羞辱她，認為她在宣揚肥胖。就如《減肥達人》（*The Biggest Loser*）節目主持人吉莉安．麥可斯（Jillian Michaels）就曾發表她對麗珠的看法，宣稱「堵塞的動脈一點也不美」[5]。

儘管如此，當麗珠發表自己在運動或吃蔬果的訊息時，一部分粉絲卻直言不諱，責備她是自我接納的失敗者。如果她直言回應，粉絲會對此失望，表示她並不是他們心目中表裡合一的完美象徵。在眾人眼中，麗珠不該有能力傷害別人，也不可以自作主張改變體態。她被迫成為遭受社會恐懼肥胖、性別歧視與厭惡黑人女性等偏見的代言人，還必須成為應該如何處理這些問題的典範。

「系統性羞愧」將邊緣人所做的每一個選擇都政治化，直到邊緣群體成為公眾批判的對象，所有一舉一動都被放大檢視，並被賦予道德價值。在某種程度上，它將每個人的選擇都政治化，這就是每當我們在店裡購物，或是拿著鋁罐在垃圾桶前徘徊時都會心生愧疚的原因。但由於「系統性羞愧」本質上將邊緣群體的生活與身體政治化，因此對於邊緣人來說，他的每一個選擇幾乎無法避免被社會批判。根據「系統性羞愧」的邏輯，一個人愈是邊緣化，眾人對他的道德要求壓力也愈大，他的存在象徵著該群體所經歷的一切不公正，而且他必須對自己所受的壓迫負起全責。

「系統性羞愧」往往會評判邊緣群體的行為，而這在相對更具特權的群體中，這些行為是完全不受質疑、也不讓人感到羞愧的。削瘦的白人名人經常公開討論他們的健身計畫與飢餓式節食。當他們提到體重增加幾磅或自信心受到打擊時，雜誌與評論區都會讚美他們的「勇敢」。

然而，如果換做是一名黑人女性，她馬上就成為公共衛生與身體自愛運動的背叛者。[6]就像之前提到的麗珠，因為身為大尺碼黑人女性，就被許多人認定為完美代言人，還得比其他人更具有道德感。

在類似的思路下，我也經常發現現實生活中的跨性別女性，時常被要求達到令人難以置信的超完美標準。二〇一〇年代初，當時我還處在探索性別認同的階段，並在

Tumblr部落格上結識許多跨性別人士。往後十年間，我關注的每一位跨性別女性（包括非公眾人物或政治人物）接二連三被指控犯下某種性犯罪，而這些指控通常都沒有確切證據。她們之所以會受到指控，只因為她們的存在成為仇恨者眼中跨性別「墮落」的象徵。

在我們的文化中，咄咄逼人與性欲旺盛的形象一直被不公平的加諸在跨性別女性身上。數十年來，媒體一直將跨性別女性描繪成為了掠奪兒童與順性別女性，而把自己假裝成女性的危險「男人」。由於這些汙名化與「系統性羞愧」，跨性別女性的一舉一動都被拆解開來，以尋找危險或變態的證據。

正如作家安娜．瓦倫斯（Ana Valens）的觀察指出，幾乎每個在網路上廣為人知的跨性別女性，最終都會被這種性別歧視與強烈跨性別恐懼的體系所灼傷，拿起火炬的人甚至包含跨性別者。[7]許多跨性別者對跨性別同類的要求比對順性別人士的要求還要高，因為我們希望跨性別人士能夠妥切「代表」這個群體，為我們贏得更多集體尊重。然而，這種要求完美的做法無法為我們贏得平等或安全，因為無論你如何努力工作或自我審查，身為邊緣人的生活就是會被政治化。

根據研究顯示，「系統性羞愧」的雙重標準很早就開始影響邊緣群體的生活。

二〇二一年發表於《認知與情感》(*Cognition and Emotion*)期刊的文章提及,在成年人眼中,黑人兒童比同齡白人兒童看起來更年長,這種誤解伴隨著更多的義務。[8]相形之下,人們期望黑人兒童表現得更成熟,也認為他們需要的養育、保護或引導比同齡白人兒童更少。[9]我們的社會確實要求黑人小孩在獲得資源更少的情況下,取得更大的成就。當黑人兒童無法達到這些不切實際的期望時會受到羞辱,有時甚至會受到暴力懲罰。

該研究還發現,成年人認為黑人兒童比白人兒童更常憤怒,即使在沒有表現出憤怒情緒的情況下,黑人兒童只要面無表情,就會被認為是有敵意的跡象;也就是說,黑人兒童如果想要受到中立看待,就必須面帶微笑並散發出虛假的快樂。其他資料則顯示,老師期望黑人兒童表現得更順從、更友善,只要他們稍有越界,就更有可能受到懲罰。[10]上述這些現象有可能早在學前教育就開始了。

奧德拉.努魯(Audra Nuru)與柯琳.阿倫特(Colleen Arendt)在一項探討全國女權主義團體成員交談方式的研究中發現,黑人女權人士會不斷被周遭白人女性糾正「語氣」。[11]當黑人婦女指出群體內的種族歧視時,白人婦女會告訴她們要有耐心、保持「冷靜」,並告訴她們講話語氣要更溫和一點。研究者也發現,對黑人婦女而言,人們很容易認定她們表現出「憤怒」的情緒；相反的，白人女性表現得尖酸刻薄或難相處時，較不會受到反彈，但當黑人女性表現出任何緊張的跡象，她的行為就會被視為充滿敵意。

「系統性羞愧」會讓我們用嚴厲的方式批判邊緣群體的行為，設法在他們的行為舉止中尋找更多錯誤。白人告訴自己，只要黑人能（以一種不帶批評的口吻）解釋他們需要什麼，我們就能採取更多行動來打擊種族歧視。如果我們能從黑人的回答中找到任何瑕疵，我們也有活生生的藉口質疑他們的話。就是這種對「完美」的執著，讓我們得以維持現狀。

下面的練習旨在幫助你思考你所面臨的雙重標準，以及「系統性羞愧」要求你達成不公平的完美標準。請記住，一個人被邊緣化的方式有很多，即使現在的你擁有一些特權，依然有些挑戰可能適用於你。

練習⑥——反思雙重標準

以下是一些邊緣群體經常遵循的雙重標準。請勾選出與你產生共鳴的陳述，並記錄下這種雙重標準對你可能產生的影響。

□ 別人可以發表意見，但我的聲音從來沒有人會聽見。

這種雙重標準對你有何影響：

□ 別人的情緒會受到重視，但我分享感受時，旁人會覺得我反應過度或不該反應。

這種雙重標準對你有何影響：

□ 無論我承擔多少工作，總會有人因為我做得不夠多而生氣。

這種雙重標準對你有何影響：

□ 當別人犯錯時，有人會出手協助。當我犯錯時，我會受到指責。

這種雙重標準對你有何影響：

□ 別人可以放鬆做自己，我卻總是擔心別人會怎麼看我，以免做錯事。

這種雙重標準對你有何影響：

如果你曾經歷種族歧視、階級歧視、肥胖恐懼、同性戀恐懼或其他偏見，你可能早已習慣生活在這樣的雙重標準之下。即使現在的你相對而言享有一些特權，你可能也曾經歷被期待要比別人承擔更多責任、表現得更完美的壓力。如果公司主管要求你趕工或精簡部門員額，身為員工的你仍舊被迫必須承擔起所有工作職責。同樣的，當聯邦政府削減快篩試劑或疫苗追加劑的預算時，如果想要降低染疫風險，你就必須自行吸收帳單。

個人主義

「系統性羞愧」主張，個人是促成世界改變的唯一動力。按照這樣的世界觀，社會壓力永遠不是解釋不良行為的充分理由，也不存在經濟誘因或法律限制來幫助我們理解任何社會弊病。至於暴力犯罪之所以存在，是因為世上充滿許多卑劣又不守規矩的人，竊盜行為並不是因為貧窮或匱乏而出現，而是因為個人的貪婪。指出造成這些問題的社會結構性因素，可能會被人指責為「缺乏道德良知」或為不可寬恕的行為找理由。這相當有助於解釋，為什麼在我們意識到一個需要被處理的社會重大危機時，

「系統性羞愧」會促使我們尋找一個看似可以接受的目標，藉此推卸責任。我們往往憑直覺認為，羞辱一個更大社會問題的個別象徵，是實現有意義變革的唯一途徑。

如果你喜歡閱讀心理學或心理勵志自助書，你肯定讀過艾美．柯蒂（Amy Cuddy）的作品。她在二〇一二年的TED演講在網路上爆紅，觀看人數超過六千五百萬人次。艾美分享自己在一場車禍中腦部受創，經歷許多掙扎。[12]例如她在大學與研究所的學習上舉步維艱，失去許多認知能力，她不確定自己是否還具有成功所需的條件。但當她的指導教授之一、心理學家蘇珊．費斯克（Susan Fiske）找她進行一次振奮人心的鼓勵性談話後，一切發生了變化！教授告訴她，無論感到多麼焦慮，只要有演講的機會，就一定要答應，而且要假裝很有自信，直到終於真正感覺很有自信那天為止。艾美遵循教授的建議，並因此獲得回報，最終為她帶來靈感，開始研究她所謂的「權力姿勢」（power posing，意指以一種主導或有自信的站姿來獲得自信的好處）。

在TED演講中，艾美談到她的研究，表示當人們在面對求職面試等有壓力的場合之前，先試著擺出權力姿勢，如此一來，自信心會上升，生理壓力反應降低，表現也會獲得改善。她認為權力姿勢對於女性與有色人種特別有益，因為這些人都常在高壓情況下被人低估。艾美的演講堪稱是一種典範：既有個人經驗，也有科學實證，還提供一個直接可行的解決方案，真是激勵人心！她提出的權力姿勢為性別歧視、種族歧視與殘疾問題提供實際可行的解決方案：只要站得更有自信，表現得像個享有特權的白人，你就能體現成功所需的勇氣。

我曾經在社會心理學課堂上播放這個演講，因為我覺得這個演講深具說服力。但是，艾美的研究有個很大的問題：其他科學家幾乎無法再現她的任何研究成果。[13]隨著艾美的知名度水漲船高，愈來愈多學者開始質疑她的研究方法（尤其是統計分析）。[14]最後，一位和她合作的研究者公開承認，他們使用許多在該領域被認為是有待澄清的研究方法，才得到那些令人驚嘆、能在TED演講中使用的成果。[15]

這些「有待澄清的研究行為」（Questionable Research Practices，簡稱QRPs）包括：重複測試相同的潛在效果，但只採用能呈現「有效」的數據；收集更多數據並反覆測試分析，直到出現理想的效果；無法提出研究方法的關鍵要素；在沒有重點的「撒網式搜索」中進行分析，放入與取出變數，直到出現任何顯著且可發表的效果為止。使用這些研究方法在道德上並不像公然造假數據那麼嚴重，但確實會損害研究成果的有效性。而且，採用這種有疑義的研究方法，也會讓人更加質疑研究中所有的科學文獻探討。

這個案例促使社會心理學面臨一場再現性危機。許多曾受到大眾媒體報導，或是在出版書籍中提到的知名心理學效應，其實並無法被後續科學家再現，各種數據造假者、拙劣的科學家與學者紛紛被公開揭露。這讓艾美瞬間從主流媒體的寵兒，變成時下受歡迎、但卻經常犯錯的心理學家代言人。科學期刊與主流媒體的文章都嚴厲抨擊艾美和她的工作。她甚至還收到騷擾訊息與死亡威脅。同事開始與她保持距離。有些網友甚至揣測，艾美之所以捏造研究成果，主因是那場車禍造成的永久性腦部損傷，讓她根本就做不好科學研究。[16]艾美後來在一次會議上坦承：「我喜歡社會心理學，但是我在這個領域不再感到自在。我覺得自己不屬於這裡，沒有人和我同一陣線。」[17]

我記得剛開始看到艾美名聲掃地，我心中好像有一種正義得到伸張的病態觀感。可是很快的，這場再現性危機讓我感到沮喪，對自己的研究領域與工作也失去信心，因為我進行的一項研究也未能被其他科學家再現。看到一個人被遞上指責的接力棒，我竟然感到如釋重負。艾美憑藉著漂亮的研究成果與不嚴謹的研究方法受人矚目，這讓我想起我也曾暗自嫉妒過那些擁有高產量的知名職業心理學家，並在心中告訴自己其實我的能力比他們好得多了。艾美也讓我想起那個緊張又笨拙，不得不掩飾自己在學術界只能勉強應付過去的自己。看到她背負起說謊者與冒名頂替者的羞愧，這讓我感覺很好，但這是我不想感受到的羞愧。

不過，這樣的解釋還是存在許多問題。柯蒂並沒有故意撒謊或編造任何數據，事實上，她採納的有待澄清研究方法甚至還被人認為是正常的。根據二〇一二年的一項研究調查發現，有六六．五％的社會心理學家承認，自己曾在職業生涯中使用過有待澄清的研究方法。[18]事實上，早在我當研究生時期，我的一位指導教授就曾教我如何運用統計分析程式，對一組新數據進行「撒網式考察」（fishing expedition）；在許多實驗室裡，這些方法都被毫無爭議的使用與教導。我研一時就聽過一本著名期刊的主編，曾在一場全國會議上公開支持這些有待澄清的研究方法。我想說的是，這是系統性的問題，而且已經深深嵌入社會心理學學門的支柱中。然而，一旦社會大眾開始針對這些問題大肆批評，所有責任就瞬間被歸咎於某個「壞」心理學家。

一旦遭受批評，艾美就得配合每一次再現研究成果的嘗試及調查。她公開回應有關研究方法與統計分析的問題，並以專業透明的態度，應對那些對她提出質疑的研究者。但這還不夠。隨之而來的還有毫不保留的「系統性羞愧」。正如蘇珊．多米努斯（Susan Dominus）在《紐約時報》的一篇人物側寫中提到：「作為一名年輕的社會心理學家，艾美．柯蒂按照遊戲規則行事，並大獲全勝。然後，規則突然改變了。」[19]

「系統性羞愧」把人們的「不良」行為當作是在真空中發生的，忽略了可能推動我們做出不道德行為的誘因與規範。但是，如果我們真的想要改變這些規範與誘因結構，就得承擔起讓這種行為發生的共同責任。如果社會心理學家真的想減少使用有待澄清的研究方法，就不能只是攻擊那些參與其中的人，而是必須尋找造成這種現象的根源。[20]社會心理學家長期捏造研究成果的情形，是基於許多結構性因素。

許多科學家依賴有待澄清研究方法的一個原因是，學術研究者面臨必須發表更多研究成果的巨大壓力。如果你不發表研究成果，獲得教授職位（或獲得終生教職）的機會就會下降到幾乎為零。而且，大部分學術期刊只會發表有意義的結果，也就是研究人員成功發現他們預期的效果（或至少是他們聲稱事先預測到的效果）。擁有良好論文發表紀錄的人會獲得更多研究經費，有更多研究生助理為他們提供免費勞動力，在會議和媒體上也會獲得更多關注。如果你的研究成果具有知名度，還會獲得更多有償演講與書籍出版的機會。因此，科學家有強烈的動機讓自己盡可能獲得「成功」的研究成果，假裝那些令人驚訝的研究結果一直都在他們的預期之中，並掩蓋自己曾多次試圖印證研究效果，最後卻總是以失敗告終的事實。

防止艾美．柯蒂事件再次發生的唯一方法，就是停止獎勵像她那樣行事的人，並鼓勵我們真正希望在科學家身上看到的行為。這可能意味著要改革教授升等制度，將研究品質或合作能力視為晉升標準，而不是根據論文發表的數量。我們還需要獎勵沒有做出顯著性研究結果的研究人員，因為對於科學來說，未能替一個假設找到支持，與找到支持一樣有價值。我們應該為資淺的研究人員，尤其是有色人種、女性與身心障礙學者提供持續的資助，這樣他們才能投入時間，建立起強大的研究計畫。如果我們的科學家在養成時期能有時間和方法來建立多樣化的研究計畫，他們就不必追求快速、草率的研究結果。

有了這些由上而下的解決方案，我們就有可能終結使用有待澄清研究方法帶來的危機。然而，「系統性羞愧」卻用內訌與衝突讓我們分心，尤其會針對最有可能成為象徵性代罪羔羊的邊緣群體。由這點來看，艾美這位腦部曾經受創的女性會成為有待澄清研究方法的代言人並非偶然。約翰．巴爾（John Bargh）等更年長、地位更穩固的男性社會心理學家，他們的研究也像艾美一樣曾遭人質疑，但他們所面臨的公眾審查和專業譴責聲浪卻安靜許多。當我們感到羞愧，或是因為陷入困境而感到沮喪時，我們經常會去尋找另一個譴責對象，藉此卸責。這裡有一個練習，讓你思考在面對影響生活的問題時，是如何找到指責對象，又是如何歸咎責任的。

練習⑦——象徵性投射與自我覺察

你如何投射內心的羞愧感？請思考下列問題。

❶ 想一想，當你因為他人的行為而感到氣憤，是不是因為對方讓你聯想起生活中所面臨更嚴重的問題？

❷ 請列出讓你感到沮喪的人，以及對方讓你沮喪的原因。

❸ 你與這個人具有什麼共同點？試著列出你們共同擁有的個人特徵或生活狀況。

❹ 你覺得這個人為什麼會有這樣的行為？

❺ 你是否擔心別人認為你和這個人很像？為什麼？

當我反覆斟酌練習中的這些問題時，我注意到自己常常把自己面臨的更大壓力源歸咎於身邊的人。就像我會因為共和黨立法者的行為，而對我那保守的母親生氣；我也會為將職業前途置於科學誠信之上的同事感到丟臉。然而，當我花點時間「退一步思考」就會發現，我真正需要的東西，遠比懲罰一個惹我心煩的人還要複雜得多。我需要健康照護與身體自主權。我需要一個不讓自己感到骯髒與不誠實的方法去支付房租。也許惹我生氣的那個人同樣也需要這些東西。反思這些事情，會讓我變得更有同理心，儘管我依然感到受傷或失望。它也迫使我把關注焦點放在辜負我們的系統上，而不是聚焦在被我認定為失敗者的人身上。

消費主義

「我一直購買雙性戀旗幟顏色的飾品和衣服，買到停不下來。不斷向人宣傳我有雙性戀傾向，令我感到精疲力竭，但我總覺得自己的表現得還不夠酷兒。」我的朋友卡莉斯說。

卡莉斯是一名雙性戀者，她與一名男性維持著健康幸福的長期關係。但是當她和伴侶一同出現在公共場合時，她卻經常感到疏離。她發現自己渴望得到酷兒群體的認可，希望自己的性取向能被他人完全認可。她認為唯一能肯定自己身分認同的方式，就是透過購買酷兒風格的物品來妝點自己。

「雖然這是一件小事，但我真的很想與其他酷兒分享微笑、眼神交流與點頭示意。我盡力了，就算他們覺得我看起來像異性戀，因而避免與我目光接觸，我也不會責怪他們。」卡莉斯說。

由於社會系統性的同性戀與跨性別恐懼，個別酷兒之間往往相當孤立。生活在一個經常被抹殺身分或被描繪成令人噁心的掠奪者，酷兒們很難找到彼此，也很難公開表達自己的身分認同。這時，「系統性羞愧」轉而為我們提供消費與打造個人品牌的機會，藉此作為擺脫孤獨與被視而不見的心理補償。它說服我們，我們需要的不是擁抱其他LGBTQ群體，或是與其他酷兒交流或建立屬於自己的社群，更不是擁有我們渴望的性和關係；它試圖告訴我們，我們需要的是藉由購買適當的物品，以適當的方式打造自我風格，就能讓自己取得權力，為自己的身分認同感到自豪。

卡莉斯告訴我：「我花太多錢在資本主義的驕傲機器上，只因為我渴望讓別人知道我是誰。」她知道這不是解決問題的辦法，但在缺乏社群支持的情況下，消費成為她唯一的選擇。

我和卡莉斯有過類似的感受。當我和直男談戀愛時，我不允許自己展露出真實的模樣，因為我知道這樣會把對方趕走，所以躲進幻想的國度中實現我的身分認同。我花很多時間在網路上以同性戀男性的身分打電玩，也喜愛許多同人小說的故事主角，例如NBC影集《雙面人魔》（*Hannibal*）中的漢尼拔和威爾。我配戴有著跨性別旗幟顏色的性別代詞圓形胸章和手鍊，試圖用這些物品來彰顯自己。只要外套上的胸章不見了，或是手鍊在洗衣機裡被洗到褪色，我就會覺得自己好像赤裸裸的，於是衝到最近的酷兒書店或商店，買下我能找到的所有裝備來替換。

然而，這樣做並不能減輕我的孤獨與羞愧感，這些物品當然也無法緩解我明明知道自己是男人，卻得用女性身分生活的痛苦。我渴望走出家門，走進屬於酷兒的安全空間，與其他酷兒和跨性別人士交朋友。我需要與酷兒同伴共度寶貴時光，談論我們的夢想，哀悼我們的失去，處理我們的衝突，緩解我們心中那股難以言喻的破碎感。變性之後，我對自己的身體感到自在，不再覺得自己的身體是個不完整的容器，只能靠外在飾品來裝飾自己，證明自己的同志身分。一旦我開始以男同志的身分在世界上行走，在酒吧與釣場結識其他男同志，與人做愛、跳舞，被當作屬於那裡的人，我發現跨性別旗幟與性別代詞別針對我不再有任何意義。當我邁向自己真正想要的生活，就不必用身外之物來代表我是誰。

我曾與一些酷兒聊過發展身分認同的經驗。他們告訴我在尚未出櫃前，他們都曾有過強烈的消費衝動，藉著購買物品來展現他們的身分認同。尤其是那些被困在偏遠地區或是生在恐同家庭和擁有伴侶的人，象徵性酷兒身分是他們唯一能獲得的慰藉。可惜的是，消費永遠無法填補我們心中的空缺，我們真正需要的是與他人建立連結。

「系統性羞愧」往往鼓勵人們消費那些能彰顯自己身分認同和信念的物品。當人們對於女性權利和生殖健康的攻擊愈形加劇時，女權主義者就會購買亮粉色貓耳帽（pussy hat），或是使用印有「男人的眼淚」字樣的馬克杯。唐納德・川普（Donald Trump）當選後，立意良善的激進派（progressives）人士開始在外套上別上別針，並在社群媒體上轉發貼文，藉此向陌生人傳達：在各地發生仇視邊緣化族群事件時，自己是一個「安全之地」。[21]而當與種族歧視有關的警察暴力新聞大量占據媒體版面時，反種族歧視者就會穿戴印有「黑人的命也是命」（Black Lives Matter，簡稱ＢＬＭ）標語的上衣與護腕，表明自己的信念及立場。

然而，根據心理學研究顯示，這種象徵性舉動並不一定是無害的社交行為，在某些情況下，這些行為反而會減少人們事後採取有意義行動的意願。心理學家稱這種現象為「道德許可效應」（the moral licensing effect），意指當一個人邁出象徵性的一步，向其他人表明自己具有高尚的道德認同，就可能認為自己已經滿足成為「好人」（或看起來像好人）的內心需求。[22]既然他們已經證明自己的良善，就彷彿擁有一張道德「許可證」，可以撒謊、欺騙，或是坐等仇視犯罪而無需干預。[23]當我們把「我們是誰」與「我們的消費」畫上等號時，就不會再從「我們能做什麼」的角度去思考價值觀與道德觀。

心理學家發現，道德許可效應會降低人們採取友善環境行動的意願[24]，也會減少支持反種族歧視或女性主義的行為。[25]「系統性羞愧」告訴我們，我們可以花錢買到道德認同，但是當我們只把目光聚焦在個人品牌，往往會失去為更大目標奮鬥的動力。不幸的是，我們常常覺得消費是表達個人信念的唯一選擇。

當一家公司希望打造出具前瞻性的友善環境品牌形象時，他們通常會在收銀台旁販賣可重複使用的棉質環保購物袋，或乾脆免費贈送環保購物袋給消費者。對於消費者來說，攜帶環保購物袋象徵自己具有環保意識，若我們忘記攜帶購物袋，有時甚至會感到內疚。然而，我們可能都畫錯重點了！根據《紐約時報》報導，生產一個棉質購物袋需要消耗大量資源，我們必須每天連續使用同一個棉質購物袋五十四年，才能證明使用它的正當性。[26]

記者葛蕾絲．庫克（Grace Cook）指出，早在二〇〇七年，英國設計師安雅．希德瑪芝（Anya Hindmarch）就設計出一款棉質手提包，並在手提包兩側印上「我不是塑膠袋」的字樣。[27]這件商品大受英國小型超市顧客的歡迎，甚至掀起一股排隊搶購熱潮，許多人隨身攜帶這款包包，並把它當作隨身配件與身分象徵。後來有研究指出，生產棉質手提袋會破壞環境，這位設計師又順勢推出另一款由回收塑膠製作的手提袋，而這款袋子上的字樣變成「我是塑膠袋」。拜「系統性羞愧」與負足跡效用所賜，超市現在可以利用消費者對於購買棉質手提袋的罪惡感，再次向他們出售塑膠袋了。

作為消費者，永遠都有五花八門、令人嘆為觀止的環保永續商品可供選擇，但從長久看來，似乎沒有任何一個選擇能帶來實際的改變。相反的，這些商品反而能讓我們暫時擺脫「我們做得還不夠」的愧疚感。「系統性羞愧」鼓勵我們認同自己的購買行為，並將消費行為視為向世界表達個人信念的主要方式，真正獲利的則是最該為生態退化負責的企業。透過下面的練習，我們可以思考自己與消費之間的關係，以及「系統性羞愧」是如何塑造我們的習慣。

練習⑧——反思消費行為

❶ 你是否曾因為購買一些日用品而招來非議？那些物品是什麼？為什麼？

❷ 你是否曾支持一些企業，後來卻為此感到內疚或羞愧？為什麼？

❸ 承上題，為什麼你很難不購買這些企業的商品？

❹ 你是否曾因為喜歡某些電視節目、電影或音樂家而感到羞愧？

❺ 你是否為了避免受到他人評判，因而刻意隱藏某些消費習慣？那些消費習慣為何？你採取的隱藏措施是什麼？

❻ 你是否曾利用你的購買行為或消費習慣，來傳達你的身分認同或信念？如果是，你是怎麼做的？

當我們將焦點放在自己的購買行為與消費習慣是否合乎道德時，這樣的出發點都是好的，畢竟大多數人都希望自己能對世界產生正向影響。這是良性的衝動。沒有人會希望自己的生活毫無意義。但是，「系統性羞愧」藉由讓我們相信購買力是我們社會影響力的主要來源，讓我們在每天面對成千上萬的微小決定時感到不知所措，並為此深感內疚，讓我們無法聚焦在更重要的問題，共同思考可能的解決方案。

財富至上

女權主義網站Jezebel前編輯珂亞．貝克（Koa Beck）在《白人女性主義》（*White Feminism*）一書中，描述婦女解放運動為何經常被「個人自主、個人財富、永久自我成長與控制權」等渴望所破壞。[28]珂亞寫道，在白人女權主義的框架下，個人成就比與其他女性（尤其是更貧窮、膚色更深或更受邊緣化的女性）的團結更重要。這種觀念是「系統性羞愧」之所以蓬勃發展的原因之一。

白人女權主義者在傳播「系統性羞愧」的過程中扮演積極的角色，因為有許多經濟上的誘因促使他們這樣做。在二十世紀初，家境富裕的白人婦女參政運動者藉著盡量讓自己看起來更賢慧、不對現狀構成威脅等方式，試圖為女性爭取投票權。為了避免女性被視為仇視男性或激進分子，她們尤其強調自己謹守傳統的家庭價值觀，願意對家庭生活做出承諾。換句話說，她們將「系統性羞愧」予以內化，認為女性不應對周遭社會提出過多要求，也應該盡量不讓有權有勢的男性感到威脅或恐懼。

蘇珊．安東尼（Susan B. Anthony）與伊莉莎白．斯坦頓（Elizabeth Cady Stanton）等著名白人女權運動家，則是壓制黑人女性與棕色人種女權主義者的聲音，因為黑人與棕色人種女權主義者想要爭取的不只是選舉權，還有更廣泛的經濟與種族正義措施。[29]白人女權運動家擔心，黑人與棕色人種的女權主義者會讓整個運動顯得充滿憤怒且激進，於是將她們排除在組織會議之外，並讓她們排在遊行與示威活動的最後面。當白人婦女成功爭取到投票權，便把黑人婦女與棕色人種婦女關心的議題拋諸腦後。這些白人女權運動家只關注白人婦女的投票權，而不是為廣大婦女群體解決各種問題，如貧窮、家暴、童工剝削，或是製造工廠中工人階級婦女大量死亡等。

幾十年過去，到了一九七七年，黑人女同志運動組織康巴西河共同體（Combahee River Collective）發現，主流白人女權主義者仍然將黑人婦女及其關注的議題排除在外。[30]「第二波」（second wave）白人女權主義者並不熱衷於對抗促使權力與財富被不公正累積的經濟與社會力量（例如種族歧視），他們口中的解放白人婦女，只是意味著給予她們擁有財產、雇用與解雇員工，以及購買任何想要物品的機會。然而，當解放的對象換成黑人婦女，正如黑人女權主義者蜜雪兒．華萊士（Michele Wallace）所言，則意味著必須與整個世界對抗。[31]

白人女性主義建議你努力成為一名「女強人」，不需要與整個世界對抗（也就是不要去對抗性別歧視、種族歧視、跨性別恐懼，以及經濟不公正的複雜網絡）。這是一種基於「系統性羞愧」的方式，將關注重點放在美德、剃腿毛、改姓氏、化妝，以及在育兒的同時渴望升職（而「擁有這一切」的女性，通常只有在其他低薪女性的幫助下才能實現）。在這種框架下，每一次購物、每一個舉止、每一種聲音語調，以及每一個個人造型，都可以是具有女權意味或不具有女權意味的，女性只有在做出正確選擇時才能「大獲全勝」。

珂亞在書中所言：「（白人女權主義）將你定位為變革的主導者，讓你的個人需求成為一切變革的起點。你所需要的只是一個更好的早晨習慣、一個電子郵件祕訣、一條鉛筆裙、一場會議或一份新聞報。」反過來說，當女性在白人女權主義者的框架下失敗時，則要負起所有責任，像是太容易憤怒、太懦弱、太尖銳、太早生孩子、把太多精力放在外表上，以及選錯結婚對象。總之，沒有正確奉行女權主義是一種恥辱。

這種做法對婦女造成龐大的心理壓力。心理學研究顯示，認同女權主義的女性因為被迫做出各種選擇而感到羞愧[32]，從使用嬰兒配方奶粉[33]，到除毛[34]及性行為方式，再到喜歡的流行音樂[35]等等。至於二〇二〇年的研究則發現，許多奉行女權主義的女性在疫情期間因為承擔更多育兒與家務工作而感到羞愧；女性在職業與學術生涯上也遭受重大打擊[36]，但是白人女權主義卻對這些現象無能為力。在某種程度上，被迫適應全球性危機就像是一種「非女權主義的選擇」，儘管這根本稱不上是真正的選擇。[37]

當我們將性別平等理解為個人選擇與個人羞愧問題時，關於性別規範的建設性對話就會分崩離析。舉例來說，多年來，我沮喪的看到對「女性在職場是否化妝」的討論，逐漸演變成爭論「選擇」化妝是否為一種加劇性別歧視的反女權主義行為，還是一種大膽、展現女性權力的反抗行為。這場「化妝大戰」至今仍不時出現在ＩＧ與Tumblr等社交媒體平台上，已經累積成千上萬則評論[38]，抱持不同立場的女性都因為自己的選擇被對方羞辱而感到挫敗。

二〇二〇年，美容專欄作家潔西卡・德菲諾（Jessica DeFino）在《紐約時報》上撰文表示，疫情讓許多女性開始懷疑，是否還要維持原本預期要做一輩子、極為耗時的美容保養程序，潔西卡說自己因為女性這種態度上的轉變而鬆一口氣，她也不再把做指甲視為絕對必要的事。[39]沒想到這篇文章引發眾怒，尤其是遭到許多女性的強烈批判，指責潔西卡不支持女性做決定的自由，還攻擊一個由女性所主導、價值數百萬美元的產業。

許多女性在面臨是否要生小孩、冠夫姓、與伴侶合併理財或進行醫美手術等決定時，也會遭遇類似的嚴格審查，往往必須承受巨大的社會與法律壓力。當人們注意到這一點時，通常會將這些現象解讀為性別歧視，女性依舊不被允許按自己的想法行事。由於「系統性羞愧」的存在，女性往往將對性別標準的批判，視為在這些標準之下對自身行為的控訴。最終，他們還是會認同自己的選擇，即使這些選擇受到限制或脅迫。畢竟，「系統性羞愧」不停對我們洗腦：我們的消費行為是道德的，個人選擇是改變的唯一工具。

個人責任

「系統性羞愧」在瓦解社會運動的效果上有著令人難以置信的效益。當一大群人開始組織起來，要求法律體系、政府或雇主進行變革時，這些當權者（法律體系、政府或雇主）就會利用「系統性羞愧」，將深思熟慮的集體訴求轉變為對個人責任的呼籲。「系統性羞愧」主張，改變必須從根本做起，這意味著，想要改變種族歧視，先從個人不抱持偏見開始；想要改善社會偏頗的審美觀，要靠女性自身更有自信；至於槍枝暴力，唯有每個精神病患者都願意接受治療才有可能杜絕。對於一個真正關心這些社會議題的人來說，先檢視自己的態度與無知，才是促成改變的開端。然而，當「系統性羞愧」試圖以個人責任取代對社會問題根源的廣泛理解，真正的問題就已經出現了。

布蘭森是一間小型非營利心理健康機構的社工，當他出櫃公開自己是性別酷兒（genderqueer）後，馬上成為該機構的跨性別百科全書。執行董事邀請他與董事會進行一次私人會議，請教他與變性相關的醫療程序及人稱代詞的用法（但布蘭森並沒有進行性別重置手術，而且他使用的人稱代詞是「他」）。接著，布蘭森又「被自願」開設工作坊，教導所有同仁如何照顧跨性別服務對象的心理需求。

布蘭森說：「我的專業是協助有自傷傾向的個案和貧困家庭，我認為自己並不適合帶領工作坊的討論。」但布蘭森的雇主並沒有制定相應程序，建立多元共融的的職場文化，反而期待布蘭森為組織創造出所有跨性別知識與資源。更重要的是，布蘭森被迫擔任所有跨性別人士與性別酷兒的代言人，這又是強大的「系統性羞愧」在背後運作的模式。

布蘭森告訴我：「經過多次談話，我終於成功說服公司聘請一位熟悉跨性別議題的專業顧問。這位顧問來了以後，列出一長串性別術語，並告訴大家，要開始把自己的人稱代詞放在電子郵件簽名檔裡，還特別強調務必使用『跨性別』這個字眼，而非『變性人』。可是我知道有人很樂意使用變性人這個詞！我們機構的服務對象都很窮，大多是黑人、原住民和有色人種，而且很多人都沒有身分證。他們真正需要的是有人協助他們預約看診、取得社福資源，而不是我們在電子郵件中使用的人稱代詞。」

然而，當布蘭森向公司反應時，主管卻告訴他，他在試圖「製造分裂」，阻礙工作進展。還有，當布蘭森選擇不向所有服務對象或外部合作機構「出櫃」時，公司也不表支持。他說：「我關心我的服務對象，我希望確保他們的感覺是舒服自在的。把焦點放在我是性別酷兒根本就是畫錯重點，而且也無法確保他們不會因此受到傷害。如果我的服務對象歧視酷兒，我的出櫃不僅可能無法改善服務對象的處境，更有可能會讓情況變得更糟。這對我來說，鐵定也會是很糟糕的感受。」

布蘭森的經歷，與我作為身心障礙平權倡議者所目睹的現象如出一轍。由於我長期投身自閉症主題的寫作與推廣，經常有組織邀請我就「如何更好的包容神經多樣性員工」進行演講。我總是盡可能預先做足研究，然後在演講中提供一長串建議，例如：為所有員工提供在家遠距工作及彈性工時的選擇；對於未能取得官方證明文件的障礙者，也應該提供適度彈性措施。在適當場合中，我還會指出自閉症者所需的政策變革，例如：我們需要能夠公開表明身心障礙者身分，而不必擔心會被剝奪法律自主權或子女監護權；我們的神經型態不應該繼續被視為不受社會歡迎，以至於許多人被禁止移民到其他國家。這些都是針對身心障礙歧視問題提出的高層次系統性解決方案，但多數公司、大學與非營利組織並不想要聽到這些，這讓我感到非常遺憾。

相反的，組織領導者要求我的演講應該聚焦在一些針對個人的實用建議，例如：列出一長串會讓障礙者感到冒犯的詞彙清單，或是自閉症員工應該如何更妥善的管理其工作量。這些內容確實值得探討，但每當提到公司應該做出哪些改變時（例如將自閉症評估納入醫療保險範圍），主管們總是眼神渙散；但當有人問起「罹患自閉症」這詞彙是否恰當時，他們的眼睛就會馬上恢復神采。有一次，我提到員工監控軟體（例如鍵盤側錄器與螢幕追蹤器）的使用，會如何對自閉症員工造成傷害，一位人力資源主管立刻上前表示要提前結束這場演講，並刪除會議聊天室中所有員工對監控軟體的抱怨。我無法和雇主討論如何解決系統性傷害問題，公司只想聽到像「自閉症特質者能為在這間公司工作而感到驕傲」之類的空話。

身為一名教授，我也曾親眼目睹追求種族平權的集體性倡議，如何逐漸被「系統性羞愧」淡化得更小、更弱、更著重個人責任。許多組織都希望透過個人視角來處理種族歧視，不願意在營運方式上做出代價高昂的重大變革，我所任教的大學也是如此。二〇二〇年，芝加哥羅耀拉大學學生組成一個多元聯盟，遊說校方終止與芝加哥警察局在校園安全的合作關係。學生指出芝加哥警察局駭人聽聞的種族歧視暴力事件，以及黑人學生在校園內受到騷擾的情況，要求校方進行明確的系統性變革。

沒想到，羅耀拉大學請芝加哥警方逮捕抗議學生[40]，然後發表承諾反種族歧視的公開聲明。從那時起，大學鼓勵所有教職員參加工作坊，將重點放在評估個人種族偏見，要求教師計算教學大綱的參考資料中有多少位是有色人種學者。在教學大綱中列出更多有色人種學者確實值得鼓勵，但學術機構似乎不願意反思一下，他們對待黑人學生的方式，或許正是造成許多領域缺乏黑人學者的部分原因。連一位黑人學生要參加學校籃球比賽都會受到警察的騷擾（這是一位羅耀拉大學學生的真實經歷），年輕黑人學者又怎麼可能好好成長茁壯？[41]與此同時，羅耀拉大學有一名黑人行政人員選擇辭職，理由是「充滿敵意與惡意的環境……尤其是針對有色人種」。[42]

我曾與許多公立與私人機構學者及多元共融（DEI）顧問共事，因此我知道自己目睹的情況絕非罕見。在二〇二〇年掀起的全美反種族主義示威浪潮過後，許多雇主鼓勵個別員工努力消除自己的種族歧視，卻沒有從機構層次採取任何措施，為黑人員工加薪或賦予他們更多領導權，或是設法改善敵視黑人的組織文化。可悲的是，研究顯示，當一個組織確實對解決種族歧視問題產生興趣時，負責領導相關措施的往往是黑人或棕色人種員工，而且往往沒有額外報酬。[43]

不論在企業或非營利組織中，黑人員工經常被要求協助促成關於種族歧視的群體交流，並回答白人同事提出的種族正義問題，而且往往不會考慮這些黑人員工是否有興趣額外做這些事。[44]資料顯示，在白人學生為主的學校中，上述負擔同樣會落在黑人學生肩上。[45]「系統性羞愧」傾向將問題責任歸咎於受害者，因此當組織要求黑人員工或學生必須努力實現不斷擴大的期望清單以解決種族歧視問題，自然也就不足為奇。[46]

當然，檢討白人防衛心態及不經意流露的種族歧視確實有其必要。但正如我們無法靠個別消費者去超市購物的愧疚感，就能解決氣候變遷問題，個別白人對自身言行的愧疚感，同樣無法終止系統性種族歧視問題。

如果我真心希望改善黑人的生活，我會去推動一些具體的結構性變革。例如我可以爭取種族薪資平等，並讓人們注意到黑人教職員獲得長期或終身合約機會遠低於白人教職員。我可以遊說學校取消標準化入學測驗的要求，因為我知道這些考試對黑人、棕色人種及移民學生不利。[47]我可以支持兼職工會與研究生公會，因為我知道，增加薪酬與福利能夠改善羅耀拉大學中弱勢工作者的境遇。當然，我也會選擇和學生站在一起，要求校園停止與芝加哥警察局合作，因為芝加哥警察局對城市內眾多黑人的痛苦與死亡負有責任。[48]不幸的是，在「系統性羞愧」的框架下，一切僅止於個人感受與想法，推動更大變革的選項根本不在組織領導者的考量範圍內。

研究證據表明，以「系統性羞愧」解決種族歧視問題的方法並不管用。《哈佛商業評論》（*Harvard Business Review*）回顧幾十年來的多樣性與包容性研究，發現這類介入措施的正面效果頂多只能維持幾天，許多組織舉辦反種族歧視工作坊後，黑人和棕色人種反而更不容易晉升領導職位。[49]作者指出，造成這種現象的原因在於，組織只是將這些工作坊當成避免種族歧視指控的法律屏障，拔掉幾個「小齒輪」一定比修理「整台種族歧視機器」容易得多。何況將焦點放在完成一份可以逐項打勾的任務清單（例如：「在網站上加入種族平等聲明！」、「在教學大綱中增加更多有色人種學者！」），肯定比直接面對存在幾百年的龐大問題更有心理滿足感。[50]

幾個世紀以來，我們的法律與經濟體系一直在種族、性別、能力上製造財富、教育和死亡率的不平等。我們需要進行廣泛的法律與經濟變革，才能開始減緩這台機器的運作速度，要徹底改變其運作方向更是極其艱難。多數公司無法從投入變革中獲得利益，聯邦政府研擬的一項種族賠償法案已經在國會中擱置二十幾年。[51]當前經濟體系的既得利益者，則是不斷努力遊說以維持現狀，而他們的重要手段之一，就是讓個人心中持續充滿難以承受的羞愧感。

許多研究文獻都顯示，羞愧感無法促進個人健康或社會合作。在我們把注意力轉向這些研究文獻之前，我認為應該先暫停下來，重新將我們的注意力集中在我們必須珍視的價值觀上。正如我在本章所述，「系統性羞愧」具有五個核心價值觀：

- **完美主義**：只有永無止境、完美無瑕的工作與成就才是重要的。
- **個人主義**：我們所做的一切都得獨自完成。
- **消費主義**：我們購買與擁有的東西象徵我們的身分。
- **財富至上**：唯一重要的權力是比他人具有更強大的經濟實力。

● **個人責任**：改變只能透過個人意志力與力量來達成。

如果我們重視的價值觀是合作、耐心、慷慨、成長與優雅等，那麼「系統性羞愧」永遠都不會為我們帶來幫助。如果我們希望建立一個充滿愛與支持的家庭與社區，或是努力改善身邊遭受苦難者的生活，用「系統性羞愧」的角度解決問題，只會為人們帶來傷害，讓我們無法獲得問題解方，同時治療心中的創傷。

幸運的是，我們可以自主決定哪些是生活中的重要價值觀，例如：[52]

冒險、真實性、藝術、關愛、連結、勇氣、自由、彈性

寬恕、興奮、感恩、成長、親密關係、發明、公正、愛

開放、快樂、耐心、互惠、尊重、自我覺察、靈性、信任

現在讓我們花點時間，探索自己的內在價值觀，看看你的價值觀與「系統性羞愧」的核心價值觀具有多大的相似性或差異性。

練習⑨——探索你的價值觀

請選擇五個對你來說最重要的價值觀（可從前述價值觀中挑選，也可自行設想），並寫下每個價值觀對你的意義。

第一個價值觀：

第二個價值觀：

第三個價值觀：

第四個價值觀：

第五個價值觀：

第四章

為何羞愧起不了作用

光說「不」是不夠的

五歲時，我第一次看到母親在餐廳裡點葡萄酒，這讓我極度不安。酒杯剛端上桌，我哭著說：「媽媽不要吸毒！」我無法相信她會犯下如此嚴重的錯誤。

身為成長於一九九〇年代的孩子，我深受防制毒品濫用宣導的影響。一九八〇至一九九〇年代，在菸草產業提出「個人責任」觀點並被其他產業紛紛仿效之際，防制毒品濫用教育也迅速風行全美，告訴孩子們：遠離毒品成癮，向毒品勇敢說「不」。[1]

防制毒品濫用教育通常在課間舉行，並由一名警官主持。警官會教孩子們認識各種毒品的俗名與效果，分享毒品如何摧毀人的真實故事（通常是被他們逮捕的人），並讓孩子透過情境劇練習拒絕毒品。現在回想起來，讓我印象最深的是那些吸毒者神智不清的模樣，以及自傷或傷害他人的恐怖故事。我還清楚記得，有位警官嗤之以鼻的說，他真不明白為何有人會想嘗試像香菸這樣噁心的東西；他似乎難以理解吸菸有何吸引力，儘管他剛剛講課時才提到，有些人認為吸菸是多麼的誘人和受歡迎。

防制毒品濫用教育為成癮問題提供一個直接了當的答案：人永遠要自己做出正確抉擇。抵抗邪惡誘惑、決定向善，讓自己與眾不同。感謝防制毒品濫用教育，讓我很小就認為吸毒是可恥且邪惡的。

我的父母不在家裡放酒，所以每次看到大人喝酒時，我都會感到困惑與恐懼。尤其當我發現，母親最好的朋友卡蘿是個老菸槍時，我更感到不安，我媽怎麼會讓我跟一個做錯事的人共處一室？

防制毒品濫用教育從未提到貧窮、創傷、慢性疼痛、失業等因素如何助長藥物濫用，也沒提到製藥公司在人們對巴比妥及鴉片類藥物成癮上所扮演的角色，更不曾提到強大的支持網絡，能讓成癮者更穩定、更能掌控藥物的使用。除了提倡監禁以外，防制毒品濫用教育並沒有提供任何社會解決方案，這是一種完全根植於個人主義及道德化「系統性羞愧」的做法。

跟我一樣生長於一九九〇年代的人大多已經知道，臭名昭彰的防制毒品濫用教育根本沒有發揮作用。[2]研究顯示，參加過防制毒品濫用教育的人在對毒品的知識、態度和行為上，與沒有參加過的同齡人幾乎沒有區別。[3]更糟糕的是，課程中傳播不少有關毒品的錯誤迷思（例如宣稱大麻是通往第一級毒品的「入門毒品」），有時反而讓學生比課前更缺乏正確知識。[4]

在最不理想的情況下，防制毒品濫用教育可能會使部分學生更想嘗試毒品，因為它讓我們感覺毒品似乎非常誘人與流行。[5]它反覆灌輸一個概念：意志薄弱的吸毒者很常見，決定戒毒會讓你成為局外人。防制毒品濫用教育也將禁欲視為黑白分明的道德二元對立：你要不是具備對一切說不的意志力，就是會直接放棄抵抗毒品的誘惑，通往暴力與牢獄的大門。防制毒品濫用教育也加劇社會對吸毒者的汙名化：曾接受防制毒品濫用教育的學生，更有可能將吸毒者視為軟弱與不道德的人，並將毒癮復發視為個人的失敗。[6]但事實上，毒癮復發是戒毒過程中極其常見的階段。

調查顯示，防制毒品濫用教育讓許多黑人與棕色人種學生感到被排擠和汙名化。[7]畢竟，授課的是警官，而不是專業教育工作者或戒毒專家，許多警官對於吸毒者的身分及他們吸毒的原因，都抱持著不正確且帶有種族歧視色彩的觀點。[8]我依然記得，有位警官用充滿種族偏見的口吻，談論因為吸毒導致孩子被政府帶走的「快克媽媽」（crack moms），從此以後，同年級一名混血學生就被同學戲稱為「快克寶貝」，多年後仍無法擺脫這個綽號。[9]

相關研究早已顯示防制毒品濫用教育是無效的，但直到一九九〇年代，它仍是美國最受歡迎的反毒計畫，並獲得上億美元的公共補助[10]，並在五十多個國家中施行。[11]然而，根本沒有學術研究證實它能帶來任何好處。

對多數學校管理者或立法者而言，這個計畫有沒有實證基礎根本不重要。在一個由「系統性羞愧」統治的世界裡，透過指責「癮君子」來解決社會上普遍存在的成癮問題，直觀上就是合情合理的做法。比起設法改善心臟與肝臟疾病、大規模監禁、早逝與貧困循環等社會問題，直接批判吸毒者顯然更輕鬆。

防制毒品濫用教育很大程度上是受到一九七〇年代「恐嚇從善」（Sacred Straight）防制犯罪宣導計畫的啟發，該計畫同樣教導兒童拒絕犯罪與暴力是個人責任。數據顯示，該計畫同樣成效不彰[12]，但同樣獲得當時政府大力支持。一部關於恐嚇從善計畫的紀錄片還贏得艾美獎與奧斯卡獎[13]，即使研究證實，參與該計畫的兒童更可能因犯罪而被逮捕，但多年後這部影片依然持續在課堂上被播放。[14]

防制毒品濫用教育與恐嚇從善計畫的歷久不衰，不僅顯示美國文化多麼相信羞愧感的力量，同時也證明羞愧感在改變個人行為及解決社會危機上根本起不了作用。羞愧感被用於預防流行疾病或氣候變化等重大社會議題時，只會徒增沮喪與恐懼，讓人失去信心與動力，陷入孤立與絕望之中。「系統性羞愧」根本就是無效的，我們卻緊抱著它不願放手。

在下面的章節中，我們將探討羞愧感的心理機制，透過研究說明為什麼羞愧感不但起不了作用，還會造成反效果。我們也會探討為何儘管存在大量反面證據，我們依舊會被拉進「系統性羞愧」的漩渦之中。

羞愧讓禁忌顯得更加誘人

當我在學校上防制毒品濫用宣導課程，父親則經常會躲在垃圾桶後面或公園角落偷偷吸菸。雖然父親聲稱在我出生後就已經戒菸，但其實他偷偷吸菸超過十六年。在我十年級時，有一天蹺課到公園。當時父親就站在樹叢間，手裡拿著一包菸，一臉愣住的看著我。

我的父親一生飽受羞愧感的摧殘。他始終隱瞞自己患有輕微的腦性麻痺和癲癇。小時候他一直告訴我，幸好我沒有遺傳到他「醜陋的」紅髮和大鼻子。當他中年患上糖尿病時，他對家人和醫生撒謊，隱瞞自己的飲食習慣，並常在深夜偷吃大量含糖食品。他認為自己應該要擁有祕密的銀行帳戶、祕密的情感關係，並與人們保持距離。在我十八歲那年，他因為糖尿病而昏迷離世，過了很多天之後才被人發現，因為他長期過著與世隔絕的生活。

我母親對此的解釋是「你爸喜歡保守祕密」，我卻覺得他應該是沉浸在羞愧感之中。他去世後，家人發現他的住處散落著許多治療師的名片，但據我們所知，他從未與任何一位治療師聯繫。他的羞愧感迫使他在自我與世界之間畫下一道無法踰越的界線，而這就是讓他離世的真正原因。

當我二十幾歲時也做過同樣的事情，偷偷吸菸可以讓我享受擺脫禁忌束縛的快感，卻因為缺乏自制力而感到羞愧。直到今天，我依舊無法解釋當時自己為何要這樣做，感覺似乎有某種力量讓我討厭自己、引導我偷偷去做一些冒險的事情。我和父親一樣，總是在夜深人靜時暴飲暴食，而且會強迫自己過度運動。我向其他人隱瞞我的自傷習慣，隱瞞我會在網路上匿名尋找性伴侶的事實，而且經常是在高風險情境下進行。在飲食失調變嚴重時，我隱瞞自己月經失調的問題，將突然昏厥解釋成過度工作的結果（當然，我之所以會過度工作，同樣是羞愧感所導致）。巨大的自我厭惡感不僅沒有阻止自我毀滅的衝動，反而不斷助長那些行為，確保我以最不健康的方式滿足自身需求。

羞愧感具有某種令人著迷的力量。將某些事物鎖在禁忌的牢籠中，往往只會讓它們顯得更加誘人。強烈的羞愧感讓我們很難做出理性的決定來滿足需求，因此往往用衝動和失控的方式實現欲望，但這只會讓我們感覺更糟。

正如營養師蜜雪兒・艾利森（Michele Allison）在她的部落格「肥胖營養學家」（The Fat Nutritionist）所言，叫人們完全不吃所謂「不好的」食物，只會讓他們更容易暴飲暴食，或經歷食物成癮的戒斷感受。[15]身為一名因身材和飲食習慣而反覆遭受羞辱的大尺碼女性，蜜雪兒對此再熟悉不過。她寫道：「我從小對甜食充滿迷戀，它們就像一種誘人的禁忌……我覺得這樣不太好，但我覺得自己永遠無法控制對它們的欲望。」[16]

成年後，蜜雪兒開始嘗試節食減重，這讓她更加深信某些食物是「不好的」。對她來說，「糖是邪惡的，會讓人上癮」的信念成為強大的心理暗示，反而為糖賦予一種本身不曾具備的吸引力。儘管主流媒體大肆渲染糖的危害[17]，誇大它對健康造成的負面風險[18]，但沒有實證研究證實「糖成癮」現象確實存在。事實上，《歐洲營養期刊》（*European Journal of Nutrition*）的一篇文獻指出，唯一可能失控而過量攝取糖份的，只有一直積極限制糖份攝取量的人。[19]大量飲食失調研究結論也顯示，當人們嚴格限制卡路里攝取量時，最有可能出現失控而暴飲暴食。[20]暴飲暴食的主要預測因子是「剝奪」，而非「成癮」。我們愈是因為想吃糖、蛋糕或薯條而譴責自己，當在這些食品出現在身邊時，我們的控制力就愈弱，飢餓感就愈強。

蜜雪兒在部落格裡表示，當她不再將糖視為邪惡之後，她再也沒有表現出類似成癮的渴望。她並沒有採用像是防制毒品濫用教育那種「勇於拒絕」的方法，而是允許自己享受任何想要的東西，並開始不帶偏見的傾聽身體的渴望與飢餓信號。隨著時間的推移，她對甜食漸漸失去興趣。她寫道：「我覺得自己現在對甜食的態度挺好的。我偶爾會吃過量，吃完後會有點不舒服，但不會太嚴重……我不會陷入自我批判的羞愧情緒中。通常在那之後，我在接下來的幾餐或第二天不會太餓，或者我會渴望吃另一種完全不同類型的食物，讓飲食平衡一點。」[21]

在面對客戶時，蜜雪兒提倡「正常飲食」。這個方法與飲食失調康復專家口中的

「直覺飲食」有許多共同點。這兩種方法都是讓人學會相信自己的身體會發出「需要什麼」的訊號，而不是去批判他們的任何欲望或可能犯下的「錯誤」。根據直覺飲食法與正常飲食法，沒有食物必須被稱為禁忌食物，也沒有理由試圖與飢餓對抗，正因如此，節食或強迫性的紊亂習慣對健康造成負面影響的風險也小得多。

「系統性羞愧」告訴我們，我們的健康由自己掌控，當我們做出錯誤決定時，一切後果都是咎由自取。當我們冒上健康「風險」時，可能會感到羞愧或不道德，但即使代表放縱的甜點通常被標榜為「有罪」，至少「比性更好」，這揭露出節食文化與清教徒道德觀的密切關係，以及對於性與其他身體衝動的恐懼。但是，愈是宣揚某種行為令人難以抗拒及可能帶來的壞處，人們就愈難做出明智的決定，這也是為什麼節食時常導致體重增加的一部分原因。[22]對於飲食障礙者來說，禁忌食物往往是引發情緒波動與暴食習慣的主要刺激。[23]將食物與羞愧聯繫起來，只會扭曲我們與食物的關係。

反之，聽從身體飢餓的暗示、憑直覺進食的人往往比壓抑或限制自己的人更健康，體重也更穩定。[24]我們的身體善於自我調節。連著幾天飽食碳水化合物以後，我們往往會想要吃蔬菜、新鮮水果與纖維素。如果長時間沒有攝入足夠的糖或脂肪，我們的大腦就會過度執著於這些營養物質，直到我們吃下所需營養為止。但是，當我們為自己的渴望或飢餓感感到羞愧時，就會造成原本有效且幾乎自動運行的系統出現偏差。

例如一些研究顯示，光是相信自己正在減少卡路里攝取，就會刺激飢餓素的分泌。心理學家艾莉雅．克拉姆（Alia Crum）與同事進行一項實驗，他們讓一群參與者喝下標示「低熱量」的奶昔，結果這群參與者的體內飢餓素分泌明顯增加，覺得自己更餓了；他們又讓另一群參與者喝下標示「高熱量」奶昔，結果這群參與者的飢餓素分泌下降了。[25]這個實驗之所以有趣，在於這兩種奶昔的成分其實完全相同。因此，即使只是認為自己一直在限制飲食，也會讓飢餓感增加。如此一來，執著於糖的罪惡與抵制糖的必要性，實際上可能會讓人在羞愧感的驅使下吃下更多的糖，並在吃完以後感覺更糟。

在我們的文化中，同樣的道理也適用於其他與羞愧感相關的行為，例如不安全性行為。雖然這些行為本身在道德上是完全中立的，但我們對於「失去控制」和過度享受這些行為的恐懼，卻成為一種心理暗示。羞愧感讓我們更難坦承溝通，無法表達出我們正在經歷的事，以及我們正在努力滿足哪些需求。下面這個練習可以幫助我們思考，在平日生活中，我們通常會壓抑哪些需求與渴望，避免讓自己「失去控制」。

練習⑩——覺察你的失控感

請試著回答下列問題，並勾選出符合你的選項。

❶ 是否有任何食物、藥物、性經驗或其他刺激的活動（如購物、賭博、甚至自傷）會讓你有「失控」的感覺？那是什麼？

❷ 對你來說，「失控」是什麼樣子？

❸ 當你強迫性的進食、賭博、吸毒時，你的身體會有什麼感覺？

❹ 當你處於「失控」狀態時，你通常會想些什麼？

❺ 許多人表示，當特定感覺被觸發時，他們的意志力就會「失控」。以下簡要列出一些潛在的觸發原因，請勾選在哪些情況下，你最容易「失控」：

□感覺壓力很大	□覺得自己沒什麼好期待的
□感覺與身體失去連結	□對自己不滿
□疲憊	□想起過去的創傷回憶
□飢餓	□想要維護自己的自由
□寂寞	□想報復別人
□缺乏刺激或興奮感	□憤怒
□其他：	□其他：

❻ 根據專家指出，強迫行為的主要預測因素之一是剝奪感。你是否覺得自己被剝奪了什麼？

請勾選適合你的項目：

□食物	□隱私
□快樂	□對身體的控制權
□注意力	□自我表達的權利
□金錢／資源	□身體接觸
□舒適感	□關愛／溫暖
□刺激	□正確評價
□其他：	□其他：

❼ 你是否常常試著壓抑或設法忍過飢餓、無聊或疲憊等感覺？

請勾選適合你的項目：

□ 我常常拖到最後一刻才吃飯。

□ 直到疼痛變得相當嚴重時，我才注意到自己受傷或生病了。

□ 我覺得我需要的睡眠時間應該比實際上來得少。

□ 我會因為購物而感到有罪惡感，即使花費不大也是如此。

□ 當我有不舒服的感覺時，我會嘗試釐清狀況，讓這種感覺消失。

□ 有時我會忍著不去上廁所，因為上廁所會讓我分心。

□ 我時常覺得自己需要的東西太多了。

□ 當我吃得更少、睡得更少或休息得更少時，我會為自己感到驕傲。

「系統性羞愧」讓許多人相信，唯有透過努力不懈的工作，持續不斷做出正確的決定，才能贏得生存的權利。這種清教徒式的態度，讓我們很難誠實正視自己的身體需求，而且容易對自己身體的基本功能與欲望感到羞愧。幾年前，我甚至在ＩＧ上看到一位治療師的發文，她提醒追蹤者在工作時，要記得讓自己「休息一下」去上小號。

那篇貼文的立意良善，但把上小號當成一種愉悅的「自我照顧」行為，而不是一種自然而然的人類基本需求，這顯示出我們的文化中存在一種荒謬的信念，認為身體機能是我們應該要克服的干擾。這就是「系統性羞愧」將我們與自己的身體和需求分離開來的方法，試圖讓我們覺得吃東西是「罪惡的」，上廁所是一種奢侈的放縱。

羞愧感讓我們無法好善待自己

許多研究顯示，當人們感到羞愧時，他們更不會去好好照顧自己。羞愧感會降低自我效能，也就是更無法確信自己能夠完成任務的能力。[26]強烈羞愧感會讓人缺乏為自身幸福而努力的動力，也不太相信行動能帶來任何長遠利益。這是「系統性羞愧」所製造的另一個荒謬悖論：主張當事人有責任採取「正確行動」來改善困難處境，實際上會讓他們更難做出「正確行動」。無論是要求別人安排就診、規律運動、尋求戒酒協助或使用保險套，都會產生相同的影響。

羞愧感也讓人認為自己不配善待和體貼自己的身體。當糖尿病患者對自己的疾病或飲食習慣感到羞愧時，他們就不會繼續密切監控自己的血糖，[27]也比較沒興趣去參加有關控制病情的教育活動。[28]藥物成癮者對自己感到羞愧時，他們就更不會攜帶能幫助他們避免藥劑過量的藥物。[29]基於同樣的原因，經歷高度精神健康汙名化的抑鬱症患者，更不可能向任何人談論自身症狀，自殺的風險更高。[30]我們可以看到，羞辱這些人只會阻擾他們尋求協助，讓他們無法獲得積極主動的預防性照護，由此很難想像出，羞辱那些有「不健康」或「不良」行為的人有什麼好處。

小時候促使我參加防制毒品濫用教育的俄亥俄州公立學校系統，同時也在我十六歲時強迫我簽署守貞宣言，這件事並非偶然。一個大學生組成的基督教表演藝術團來到我的學校，大肆宣揚禁欲的美德與性的罪惡。表演者拿了一個紅色塑膠杯，在人群中傳遞，要求在場的每個男生都在杯子裡吐口水。表演者讓每個人都看看杯子裡冒著泡泡的混濁唾液。他們說，這就是濫交會給你帶來的後果，男同志的性行為是令人厭惡的暴力行為，這永遠不會帶來愛情。當表演者跟我們說到這些時，都是一臉嫌惡。

我的許多直男直女同學都嘲謔的笑了出來。當我的一個朋友試圖分發安全性行為與同志性行為的教育資源以示抗議時，校長制止了他。

那些支持守貞的教育工作者必然相信，藉由羞辱我們的性取向，他們正在對青少年懷孕、性傳染病等「罪惡」發起正義的戰爭。但是，由於他們告訴我們要害怕自己的欲望，我們之中有許多人無法以攜帶保險套或採取避孕措施的方式來進行安全性行為。我們無法探索自己的身體與身分認同，藉此弄清自己是誰、喜歡什麼。情況剛好相反，我們有許多人在衝動與羞愧心的驅使下，與不尊重我們的人胡來。我們和職場上認識的成年人勾搭在一起，或是和網路上認識的人發生匿名一夜情或露天性愛。我的一些同齡人很年輕就懷孕，或是與虐待自己的年長男性結婚。但無論我們受到什麼傷害，「系統性羞愧」都會宣揚，這都是對我們不良行為的懲罰。

許多研究都證實這些經驗。以宗教和羞愧感為基礎的性教育方法，一再被證實會產生相反效果；這些方法讓青少年更不可能去進行安全性行為，這通常是因為它們在守貞禁欲與危險的「罪惡」性行為之間製造一個黑白分明的二元對立。[31]當酷兒為自己的身分認同感到羞愧時，他們就會發現，公開談論性病與預防措施，如保險套與PrEP（暴露愛滋病毒前的預防性投藥，有助於預防愛滋病毒感染）會讓人覺得受到威脅。

潔芮琳．雷德克里夫（Jerilynn Radcliffe）等針對黑人男性酷兒的性健康習慣與態度進行的一項研究發現，男性經歷的愛滋病汙名化愈多，他們就愈有可能在喝醉或嗑藥後衝動進行不戴套與沒有預防性投藥的性行為。[32]在出於純粹的自我憎惡而壓抑自己的欲望以後，這些男性酷兒需要借助藥物讓自己「失去控制」，享受自己渴望的活動。二〇一〇年代初期，PrEP剛被引進加拿大，研究人員發現，許多男同志羞於使用這種藥物，認為他們必須隱瞞自己在服用這些藥物的事實。[33]羞愧感並沒有增加我們照顧自己的能力，反而阻礙我們的決策過程，讓我們的內心因為基本的預防性照護行為感到混亂。

透過下面這個練習，可以幫助我們思考生活中可能會讓自己感到羞愧的欲望與習慣。羞愧感常常讓我們很難向自己或他人坦承自己到底想要什麼。大腦會對我們的衝動與幻想做出強有力的防禦，因為在我們的內心深處，會覺得面對這些衝動與幻想實在太尷尬或太具威脅性。請利用下列問題，反思被羞愧感所限制的內在欲望。

練習⑪——讓你感到羞愧的欲望

你是否曾經發現自己試圖把某些想法與欲望從腦海中趕走？當這些想法出現時，你有何感受？請完成下面的句子：

「我想要＿＿＿＿是錯誤的。」

「如果我承認自己想要＿＿＿＿，這會讓我覺得＿＿＿＿（怪異／毛骨悚然／可悲／噁心／其他）。」

「如果有一天我可以自由的做任何我想做的事，而且在我生活中認識的人都不會發現，我就會＿＿＿＿。」

「我希望有人能在我不開口要求的狀況下，知道我需要＿＿＿＿。」

就我的情況來說，當我為自己的感受感到羞愧時，我只會在極度疲憊或是我認為不會產生任何長遠影響時，才會承認真相。例如有一次，我在酒吧的露台上向一個偶然遇見的朋友坦白一個被我壓抑住的性幻想。在此之前，我從未向任何人坦承過這個幻想，只有在無人的深夜裡，上網搜尋以這個幻想為主題的色情片，卻又為此痛恨自己。當我自我揭露後，這位近乎陌生人的仁兄開始醉醺醺的告訴我他對年長女性的興趣，彷彿這是一個他永遠不能言說的祕密。

雖然我當時又醉又累，但這名仁兄的自白讓我安心。對他來說，承認自己覺得四、五十歲的女性具有吸引力是件很可恥的事，但他實在太傻了！這讓我覺得，也許我的欲望也不是那麼可怕的事。一但我找到表達自身欲望的方式，我終於可以想像自己向性伴侶和可信任的朋友提起這件事會是什麼樣子。後來的一年中，我真的開始試著向朋友訴說一些隱藏在內心二十多年的奇想。

我還注意到，在整天壓抑自己的真實感受或渴求以後，它們往往會在我躺在床上時，像一大堆磚頭一樣砸到我身上。而且，我羞於啟齒的欲望往往是完全中性、甚至正面的渴求，例如渴望被摟抱、友善交談或被照顧。但在「系統性羞愧」的作用下，光是想像這些需求都會讓人覺得不道德，而實際去滿足自己的需求時，更可能會讓我們感到恐懼，以至於讓我們裹足不前。

羞愧讓我們變得冷漠疏離

羞愧感讓我們難以照顧自己，或是表現出所謂「負責任」的態度，這其中有根深柢固的生理原因。這一切都歸結於羞愧感這種情緒的類型，以及羞愧感在人類演化史早期可能扮演的角色。

在認知心理學與社會心理學中，我們有時會以趨近取向和迴避取向來討論情緒。[34]「趨近取向情緒」（例如：希望、愛、好奇心，甚至是憤怒與輕度悲傷）能夠鼓勵你走向他人，以主動積極的方式參與現實。當你體驗到趨近取向情緒時，你的瞳孔會放大，你的嗅覺會增強，時間似乎也會變慢。這些都會讓擊退敵人、伸手討抱或尋找資源等事情變得更加容易。趨近取向情緒會導致我們體內的催產素分泌增加，催產素可以促進利社會行為、同理心[35]、親密關係的形成、甚至擁抱[36]，儘管它也會讓人更偏愛自己的內團體，對外團體更有偏見。[37]

本質上來說，催產素與隨之而來的趨近取向情緒，似乎能幫助早期人類找到附屬與歸屬，同時抵禦被他們視為威脅的外來者。當你處於趨近取向情緒時，你會想要捍衛自己的社群，讓自己現有的關係更穩固，並尋求幫助，而且你會感覺到自己有足夠的力量與動力去這麼做。

相對而言，「迴避取向情緒」（例如厭惡、冷漠與絕望）會將身體封閉起來，讓我們與其他人分開。[38]我們的瞳孔縮小，精力驟減，催產素下降，攻擊性降低。[39]我們的連繫感與歸屬感也會下降。尋求幫助的動力（以及認為尋求幫助會有好處的信念）幾乎消失殆盡。迴避取向情緒為何會以這種方式作用，有很多種解釋，但是其中一個主要理論是，當情況看起來毫無希望時，迴避取向情緒有助於保存精力並提供保護。[40]如果你覺得自己已經過了大聲呼救或試圖抵禦攻擊者能帶來任何好處的時候，你的身體可能會進入一種退縮的低能量狀態，藉此幫助你躲藏和生存，直到情況好轉。[41]

下頁表格總結趨近取向情緒與迴避取向情緒，以及隨著這些情緒出現的行為與應對策略。

發展心理學家愛德華・楚尼克（Edward Tronick）的「面無表情」（still Face）實驗，是透過一種令人心碎的方式，說明迴避取向情緒的影響。在這項實驗中，一名母親（或父親）被要求面無表情盯著自己的寶寶，而且無論孩子做什麼來引起她的注意

趨近取向情緒與迴避取向情緒		
情緒類型	情緒範例	行為範例[42]
趨近取向情緒	憤怒 快樂 輕度悲傷 自豪 好奇心	· 對抗攻擊者 · 與朋友分享好消息 · 明顯哭泣並要求擁抱 · 炫耀成就 · 學習新的嗜好或技能
迴避取向情緒	絕望 恐懼 冷漠 厭惡 羞愧	· 不再關注令人不安的話題或議題 · 退出有壓力的社交環境 · 對某種嗜好或追求失去興趣 · 不想嘗試新的食物，也不去陌生的地方 · 對家人與好友撒謊或隱瞞敏感訊息

力，她在幾分鐘內都完全不能有任何反應。實驗中，寶寶起初會展現各種趨近取向情緒，試圖引起母親注意，例如用手指著某樣東西希望她能注意到，或是大笑、微笑、伸出雙手尋求母親的安慰。當這些努力都失敗時，許多嬰孩會開始亂動、哭鬧並表現出苦惱的神情（憤怒、悲傷都和快樂一樣屬於趨近取向情緒）。最後，由於母親依然毫無反應，只是面無表情盯著寶寶，最終寶寶會變得無精打采、面無表情。在所有的趨近嘗試都失敗以後，寶寶就會陷入迴避模式，放棄互動。[43]看著渴望建立聯繫的孩子開始變得冷漠疏離，著實令人心碎。這種絕望的疏離感，受過羞愧感折磨的人一定都深有體會。

羞愧感是一種強而有力的迴避取向情

緒。經歷羞愧感的人在身體與情緒上會出現明顯疏離。[44]他們也會變得更被動，採取更順從的姿態。[45]他們低著頭屈著身，用手護著脖子，無法鼓起勇氣面對任何人。由於催產素減少，羞愧的人會感到更不知所措，很難集中注意力處理新資訊。有些研究顯示，當人們產生羞愧感時較難理解自己的身體和情緒，更容易壓抑自己的真實感受。[46]

在人類歷史的早期，明顯表現出羞愧可能可以減少衝突，你可以想想一隻狗打架打輸以後夾起尾巴溜走的情形。然而當人類不再一起生活、相互依存時，羞愧感就不那麼管用了。離群索居讓人孤立，而不是帶來平靜。情感研究員瓊．唐尼（June Tangney）曾多次發現，羞愧感讓人比較不會向那些他們曾經錯誤對待的人做出補償，反而更傾向於否認自己過去的行為，或試圖逃避。[47]這就引出了羞愧感不會帶來有意義改變的下一個原因：羞愧感鼓勵我們脫離群體，並撕裂支持我們的群體。我們將在下一節探討羞愧感的這種負面影響。

由於羞愧感是一種出自內心的情緒，它對我們的身體會產生許多影響。下面的練習讓你思考身體對羞愧感的反應，這可以幫助你意識到羞愧感在什麼時候對你產生影響，進而讓你採取更積極的措施來加以避免。

練習⑫——羞愧感對身體造成的反應

想想最近一次或目前生活中令你感到羞愧的經驗，並在下列清單中，勾選符合你當時身體出現的訊號。

- □ 覺得頭腦很迷糊或無法集中注意力。
- □ 頻頻眨眼，或是眼球不自主震顫而無法聚焦。
- □ 不敢直視別人，或是比平時更想避開眼神交會。
- □ 眉頭緊皺。
- □ 太陽穴很緊繃或頭痛。

- □ 臉頰發燙或臉紅。
- □ 下巴與頸部肌肉呈現緊繃狀態。
- □ 遮住臉部或別過頭不看人。
- □ 說不出話或找不到適當的言詞。
- □ 哭泣。
- □ 恍神。
- □ 疲倦且需要躺下／放空。
- □ 不自覺聳肩。
- □ 雙臂交叉。
- □ 胃酸過多或消化道不適。
- □ 心慌意亂。
- □ 心跳加速。

□ 胸悶。

□ 呼吸急促。

□ 心煩意亂或坐立不安。

□ 想要撕扯、打破東西，或是緊緊抓住東西。

□ 雙腿彎曲貼緊身體或翹腳。

□ 腳趾蜷曲或腿部緊繃。

□ 以內縮或蜷曲方式坐著或站著，讓身體看起來比較「小」。

□ 躁動不安或想要走動。

□ 對外界刺激反應遲鈍。

□ 無法開展動作；感覺身體卡住或僵硬。

□ 其他：＿＿＿＿

解讀你的結果

從這份清單可以發現，羞愧對生理的影響是相當矛盾的，它帶給我們滿滿的緊張能量，但也會讓我們欠缺動力，對周圍環境反應遲鈍。羞愧會使身體產生緊繃感，卻無法提供我們放鬆的方式。你可以試著回想一下因應壓力的「戰鬥或逃跑」(fight or flight) 反應，或是先前提到嬰兒在「面無表情」實驗結束時的反應，再來思考羞愧反應的複雜與矛盾，就顯得合情合理。羞愧讓我們感到痛苦，但也對我們發出信號，告訴我們嘗試解決問題是沒有意義的。想要克服這種絕望感，需要尋求我們所需要的支持，這將能為我們帶來治癒的力量。只不過，當我們感到羞愧時，卻經常受到內在本能的驅動，要我們做出完全相反的事情。

羞愧讓我們陷入孤立

二〇二〇年初，知名YouTuber娜塔莉・韋恩（Natalie Wynn）發布一部名為《羞愧感》的影片，並被大量網友瘋傳。她在影片中公開出櫃，表明自己是女同志，並坦承多年來，她一直在勉強自己與男性約會，即使對男性無感，卻仍然挽著一位眾人眼中的性感直男，向眾人證明她是個有魅力的女人。她還說，從前的她認為女同志的身分讓人有種侵略性與骯髒感，所以完全不敢想像出櫃的可能性。

娜塔莉表示，她正經歷一種叫作「強制異性戀」（compulsory heterosexuality）的現象。[48]許多女同志都曾有過這種經歷，強迫自己迷戀上虛構的男性或是已經死會的年長男性，私底下卻將女性友人與舊識當作幻想對象；強迫自己與異性進行實際上自己並不渴望的性愛關係，向所有人隱瞞自己的性取向，拒絕為自己帶來真正的快樂。[49]

強制異性戀在女同志中似乎特別普遍，主要有幾個原因：首先，在我們的文化中，女性通常被教導要吸引男性的目光，並藉由與男性的關係來定義自己。例如結婚後冠夫姓，與丈夫共組家庭、養兒育女，成為許多女性的重要生命價值，當女性對這些事情毫無興趣，她可能會質疑自己存在在這世上的意義。此外，在我們的文化中，女性的性快感並未受到應有的重視，因此許多女同志無法像異性戀者和年輕男性，透過色情片、自慰與幻想來探索自己的身分。其次，銀幕上的女同志形象通常是負面的，往往被描繪成有暴力傾向、控制欲強、嫉妒心重，甚至會讓周遭異性戀女性感到「毛骨悚然」。[50]這些因素都有助於解釋為什麼女同志出櫃的平均年齡遠高於男同志，而且女同志在邀約其他女性時經常感到焦慮與拘束。[51]

對娜塔莉來說，強制異性戀所帶來的羞愧更為複雜，因為她本身是跨性別女性，而她本人對跨性別女性的性別認同也感到無比羞愧。[52]她說：「我之所以會這樣羞愧，主要受到兩個問題互相加乘。第一，我對自己的跨性別身分感到羞愧；第二，我對自己身為女同志也感到羞愧。不管一乘以二是多少，我是真的以自己身為跨女同志為恥。呃⋯⋯有時候我會覺得自己像是個怪物，是在社會上沒有立足之地的變種人。」[53]

這幾十年來，跨性別女性一直受到媒體醜化。一般來說，當跨女出現在銀幕上時，她們甚至不會被視為女性，而是被貼上妄想或欺詐的「男性」標籤，是為了自身利益而假扮成女性。希區考克（Alfred Hitchcock）的電影《驚魂記》（*Psycho*）裡的諾曼·貝茲（Norman Bates）就是一個例子，諾曼穿上母親的衣服，模仿母親的性格，然後開始瘋狂殺人。銀幕上最聲名狼藉的跨性別女性恐懼的角色，也許是《沉默的羔羊》（*Silence of the Lambs*）中的野牛比爾（Jame Gumb）。[54]儘管野牛比爾認為自己是跨性別人士，並尋求性別重置手術，但劇情與對話只把他描繪成一個墮落的「男人」。在影片中，野牛比爾綁架並殺害年輕女性，試圖用她們的皮膚做出人皮衣。這個角色基本上代表媒體對跨性別女性的所有負面刻板印象：她不是「真正」的女人；她有妄想症，既危險又暴力；她與其他女性的親密關係並不真實，只是一種嘗試盜取女性擁有物品的扭曲心理。

一旦你意識到這些刻版印象，你會發現它們在電影中無處不在。電影《王牌威龍》（*Ace Ventura: Pet Detective*）中的大反派，是個「欺騙」直男的兇殘跨性別女性。《駭客軍團》（*Mr. Robot*）中在幕後策畫一切的反派，是個窮凶極惡、急於擺脫以往男性形象的跨性別女性。電視影集《六人行》（*Friends*）、《男人兩個半》（*Two and a Half Men*）、《法網遊龍：特案組》（*Law & Order: SVU*）、《蓋酷家庭》（*Family Guy*）、《飛出個未來》（*Futurama*），甚至實境節目《蛋糕天王》（*Cake Boss*），都安排一個令人震驚的「大揭祕」：跨性別女性的目的在於騙人，「她」其實是個男人。[55]

這數十年來，媒體對跨性別女性的妖魔化，對她們造成極大的傷害。她們抑鬱、吸毒、自殘、飲食失調與社交焦慮的比例非常高。[56]跨性別女性（尤其是黑人與棕色人種）遭受性侵、毆打、虐待、甚至謀殺的比例也極高。社會對跨性別女性抱持著系統性與普遍性的憎恨，影響其他人如何看待與對待跨性別女性的方式，也侵蝕跨性別女性對自己的看法與感覺。

娜塔莉在影片中表示，她經常閱讀由跨性別恐懼人士（如4chan和Kiwifarms）經營的論壇，讀到有些人無情詆毀跨性別人士（尤其是跨性別女性）的外表、舉止與身分認同，並幻想對他們施行暴力。她說自己會不自覺將這些傷人的言論內化，從身形、面容、聲音與穿著方式去評斷跨性別女性。在她的內心深處，會不停批評跨性別女性的言行舉止、興趣，以及她們多麼努力想要（或不想要）「變成」受人尊敬、女性化的順性別女性。

娜塔莉並不喜歡自己的行為，也在影片中清楚表示，她認為這些反應是不對的。然而，她似乎無法停止對自身所屬社群進行負面評價。這種個人系統性羞愧向外輻射，進而產生破壞性的人際系統性羞愧，攻擊那些最能理解她的痛苦的女性。娜塔莉並沒有在跨性別女性中找到同伴，一起努力治癒她們共同的創傷，推動社會更加接納跨性別女性，而是陷入更深的孤立。在最近的影片中，她坦言自己很難在所處城市的跨性別社群內與人約會或交友。

我對娜塔莉的心情感同身受，並對此心痛不已。在我轉變為男性身分之前，我感覺到自己被酷兒的男子氣概所吸引，卻又對自己的這種感覺深感排斥。小時候，我曾在克里夫蘭的一家義大利餐廳裡看見一名男同志。他的舉手投足，令周遭世界彷彿一下子亮了起來，他那完美的髮型與手腕細膩柔軟的動作，讓我看得目不轉睛。我一直很欣賞電影中的同志角色，像是哈維．菲爾斯坦（Harvey Fierstein）在《窈窕奶爸》（*Mrs. Doubtfire*）扮演的角色，在《獅子王》（*The Lion King*）擔任「刀疤」配音的傑瑞米．艾恩斯（Jeremy Irons）更是我早期的最愛。但直到那一刻，我才確定男同志確實存在，這個事實讓我充滿希望，儘管我還沒有意識到自己也成為他們的一分子。

我發現自己經常會對電影與電玩遊戲中的男同志與女性化男性角色產生共鳴。在我十幾、二十歲出頭時，我就開始對男同志有好感。我心中清楚知道，自己是他們的一員，只是當時的社會規範告訴我，我不可能既是同志、又是跨性別人士。這種身分是雙重不道德，更是加倍怪異。因此這些年來，我一直堅信自己只是感到困惑，是一個把男同志友誼誤認為愛情、喜歡和男同志廝混的可悲直女。甚至，為了讓自己不被拒絕，我還大力抨擊那些我暗中愛慕的男同志朋友。當我開始結識其他跨性別男性以後，我的腦海會不斷浮現一長串他們的缺點，這些缺點都是我原本認為自己身上錯誤的、不可接受的「女人味」。我還會忍不住去查看仇恨跨性別人士所組成的論壇，仔細閱讀他們對跨性別人士的無情謾罵，並發現他們把我和我在現實生活中認識的人都一併罵了進去。[57]

在第一章中，我們探討過內化的羞愧感，是如何阻斷了艾倫與女兒珍娜之間的溝通。每當發現珍娜自傷時，艾倫會責備自己，用過度工作來懲罰自己，然而這樣的做法在不知不覺中向女兒傳達一個訊息，那就是珍娜的行為也傷害了自己的母親，卻只會讓珍娜想要向母親隱藏自己的真實感受和自傷習慣。她們兩人已經在孤立與抑鬱中苦苦掙扎，羞愧卻繼續在她們之間築起高牆，直到艾倫花上很長一段時間，才找到一種比較合適的方式，共同解決她們的問題。

透過下面的練習，可以成為一種反思自我負面信念的工具，了解這些信念如何對你產生內在影響，並表露在他人面前。「系統性羞愧」會將我們與自己所屬的社群隔離開來，讓我們在自我憎惡中逐漸凋萎，用攻擊或發洩情緒的方式對待任何讓我們想起自己的人。它對我們的影響不止於此，不僅會侵蝕我們的自我概念，破壞我們與他人之間的連結，還會破壞我們對世界與全人類的觀點，讓我們對人生充滿生存恐懼，無法想像一個更美好的未來。

練習⑬——內化／外化的羞愧感

❶ 說出你所屬的一個邊緣化、弱勢或被賦予刻板印象的群體，或是一個身分認同的群體，例如：女性、酷兒、黑人男性或陰陽人，也可以反映出一種特殊經歷，例如：虐待倖存者、沒上過大學的人、第一代移民或輪椅使用者。

❷ 列出你所屬群體成員的常見刻板印象。試著舉出五到十個例子。

❸ 承上點，圈出其中最讓你感到痛苦或難堪的刻板印象。

❹ 承第2點，請在你經常擔心別人在你身上看到的刻板印象旁邊畫線。

❺ 你是否曾因為和你相同群體的成員而感到尷尬或惱怒？為什麼？

❻ 在社會大眾眼中，成為一個「受人尊敬」的群體成員意味著什麼？你認為自己「應該」要有什麼樣的外表、舉止、穿著與行為？

❼ 你對於和你相同群體成員的要求是否高於他人？在哪些方面？

「漂綠」世界中的羞愧與恐懼

環境研究教授珍妮佛．賈奎特（Jennifer Jacquet）在著作《羞愧感有必要嗎？》（*Is Shame Necessary?*）中，描述自己小時候因為看見海豚在補鮪魚漁網內窒息而死的照片，因而感到困擾的親身經驗。她寫道：「我心想，我得做些什麼。在九歲那年，我已經學會一九八〇年代所教導的新成年儀式：減輕我身為消費者的罪惡感。我堅持要求家人停止購買鮪魚罐頭，而且我並非是唯一這麼做的人。」[58]

在社會大眾的批評聲浪下，亨氏（Heinz）等公司開始行銷「對海豚無害」的鮪魚罐頭。數十年後，二〇二一年三月出版的《國家地理雜誌》（*National Geographic*）報導，全球前三大鮪魚公司因為多年來刻意將產品標示為「對海豚無害」而面臨集體訴訟。[59]這只是企業「漂綠」（greenwashing）最新的例子，所謂的漂綠，是指將產品打造出對環境無害的形象，藉此迎合消費者的「系統性羞愧」，來隱匿有關自身破壞行為的指責。

在一九八〇年晚期到一九九〇年初期，漂綠風潮席捲消費者經濟。愈來愈多產品以「有機」、「永續」、「可回收」、「道德採購」（ethically sourced）等術語來行銷。[60]

在大多數狀況下，這些術語都是不受監管的謊言或含糊不清的技術性用語。例如，三角回收標誌出現在成千上萬的產品上，但目前在技術上，並無法以任何具永續性的方式來進行回收。[61]但從行銷的角度來看，這些標誌的目的在於讓消費者暫時擺脫羞愧感。幾十年來，這種策略一直運作得很成功。根據負面足跡效應的研究顯示，許多有道德感的消費者會急於採取一些小措施（或進行小額採購），來減輕他們因為消費太多物品、燃燒太多化石燃料，以及參與助長生態浩劫的活動而產生的巨大罪惡感。

我們就像珍妮佛一樣，在童年時期都是心懷抱負的環保主義者，會提醒父母親刷牙時要關掉水龍頭，以及購買友善雨林的巧克力。然而，在漂綠行動一次次被人揭發以後，我們了解到，無論我們剪碎多少易開罐飲料的塑膠包裝或節約多少用水，永遠都做得不夠。近年來，即使是堅定的環保人士也更加感到絕望與失去動力，這一點並不讓人意外。[62]

「系統性羞愧」主要以兩種方式阻礙我們追求氣候正義（以及解決許多其他全球議題，如全球流行病與自然災害）：首先，它讓人們因為無力改變現狀而感到絕望[63]；其次，它讓我們相信拯救世界為時已晚。前者表現在我們太過關注於個人作為，拚命透過購買「正確商品」來試圖「抵銷」破壞生態的行為。後者則屬於一種集體的、全球性的羞愧表現，呼應「人類才是真正的病毒」或「人類活該滅絕」的說法。「系統性羞愧」告訴我們，人類的痛苦是我們自己所造成。但是，當我們把「系統性羞愧」應用在像是氣候變遷這種具有威脅性的議題時，就會徹底轉變成大災難。

二〇〇四年，英國石油公司（British Petroleum，簡稱BP）推廣「碳足跡」（carbon footprint）一詞，還推出個人碳足跡計算器。這家公司之所以這麼做，是為了轉移人們對他們在二氧化碳排放量上升與漏油事件等議題的關注。[64]這招果然奏效！如今，我們可以使用碳追蹤應用程式，計算每天通勤或網上購物習慣對環境造成的破壞程度。[65]六五%的消費者表示，希望能以更永續的方式購物，但是只有二六%的人表示自己能夠做到。[66]事實證明，我們的良善本意，遠遠不及圍繞並禁錮著我們的複雜義務和經濟激勵網絡來得重要。

我唸研究所時，「生態內疚」（ecoguilt）逐漸成為社會心理學文獻的熱門話題。生態內疚是指，當人們意識到自己的行動並不真正符合對環保行為的道德標準時所產生的不安。[67]社會心理學家曾測試生態內疚感對人的影響，例如：是否會讓人們更努力進行資源回收、增加對綠色組織的捐款、製作堆肥、節約用水、利用大眾運輸、攜帶可重複使用的購物袋等等。[68]結果發現，一般來說，感到生態內疚的人表示，希望未來能為環境多盡一份心力，他們也更有可能相信負面足跡效應，試圖以「好」的購買行為來抵消「壞」的行為。[69]研究人員分析許多有關生態內疚的網路貼文內容，發現許多人使用近乎宗教性的語言來描述這種感受。[70]例如，有人用「罪惡」來描述現今環境，氣候變遷與自然災害則是宇宙懲罰的形式。

有趣的是，儘管生態內疚這個題目已經被廣泛研究了十多年，並沒有任何一項研究發現，對於生態的罪惡感實際上會促使個人採取更友善環境的行為。相反的，研究發現具有生態內疚感的個人雖然表示自己想要為環境盡更多心力（他們具有心理學家所謂的「行為意圖」），但實際上並未具體改變行動。根據比心—奧爾森（Bissing-Olson）等人在二〇一六年的研究發現，參與者對於過去做出環境不友善決定的愧疚感，並不會讓他們在未來採用更環保的行為選擇。唯一能促使參與者在未來採取環境友善行動的因素，是過去已經進行過資源回收、堆肥或其他對環境有益的行為，並能為此行為感到快樂。如今，生態內疚研究熱潮興起近十年後，該領域代表人物甘加·什里達爾（Ganga Shreedar）指出，經歷生態內疚會讓人在情感上對這個議題心生退卻，就像因肥胖和性別而感到羞愧的患者對自身健康問題採取的態度。[71]研究者艾莉莎·阿爾托拉（Elisa Aaltola）甚至將生態內疚稱為一種「道德破壞性的羞愧感」。

正如瑞貝卡．索爾尼特（Rebecca Solnit）最近發表在《衛報》（*The Guardian*）的文章寫道：「我能宣傳的一些個人美德，只有透過集體行動才能實現……我騎自行車處理日常瑣事，這是舊金山自行車聯盟幾十年來，致力於在城市鋪設自行車道的成果，這讓騎自行車這件事變得更安全。」[72]在一個沒有自行車道、永續電力或強大回收系統的城市中，大多數人即使願意、也無法真正去做「正確」的事。

當我們考慮到大部分環境破壞是由大型企業與政府所造成時，很容易就能證明整個生態內疚文獻都畫錯重點，真正該關注的不應該是個人的行為意圖。即使所有人明天都突然決定吃純素，我們仍然會生活在一個牛肉產業每年獲得將近四百億美元補貼的世界[73]，而且新鮮農產品供應鏈仍然極度浪費並造成嚴重的生態破壞。[74]如果我在有生之年持續不懈的做垃圾分類及回收，也無法改變絕大部分回收物品最終會被送往垃圾掩埋場的事實（而且經過多次運輸與分類，還會消耗更多燃料）。[75]綠色新政（Green New Deal）之類的政府方案（旨在逐年減少美國的碳排放，到二〇五〇年達到淨零排放）頗受美國民眾的歡迎，但這些方案目前已被證實難以推動，因為它們會讓企業付出沉重的代價。[76]

多年來，「系統性羞愧」讓我們相信環境的拯救根植於個人行為的願景。它大聲呼籲：只有你才能防止森林火災！做好垃圾減量、資源回收再利用！這樣的願景讓我們對地球的未來充滿恐懼，以及令人發狂的無力感。

「系統性羞愧」帶給我們的無力感，很有可能完全是蓄意設計的結果。正如政治理論家馬克．費雪（Mark Fisher）在《資本現實主義》（*Capitalist Realism*）中所言，經濟永遠成長是不可能的，因此，相信世界的終結，似乎比設想資本主義的終結來得更容易。[77]費雪與其他理論家如大衛．格雷伯（David Graeber）與詹明信（Frederic Jameson）等人都認為，相信世界末日即將到來，實際上能幫助那些拒絕改變的企業和政府減輕壓力。如果我們認為反正生命將要終結，而且認為是自己罪有應得，那麼減少碳排放、結束血汗工廠的童工問題，或是設法想像一種新的生活方式，全都變得毫無意義。

然而，無論我們感到多麼羞愧和恐懼，是否認為人類注定會失敗，都沒必要把自己送進垃圾堆裡。如果我們想要有效解決氣候變化、公共衛生危機、經濟不公與白人至上等問題，我們就需要找到寬恕自己的方法，恢復對他人的信心，並建立願意為改變結構性問題而努力的社群。儘管文化中持續不斷的告訴我們解方就是羞愧感，但生活並不一定就是這樣。

掙脫羞愧感的束縛

我們已經花了很多篇幅闡述「系統性羞愧」對我們造成的傷害。現在，走出陰霾、尋找解方與自我療癒的時候到了。在本書的後半部分，我採訪一些治療師、公衛研究人員、作家與行動主義者，探討一種不受羞愧感拘束的自我療癒方式。我還與各種身分認同的邊緣人與弱勢者進行深入對話，詢問他們如何卸下並處理羞愧感。由此，我建立一個框架，梳理出可用來取代「系統性羞愧」的「擴展性認可」（expansive recognition）。

與其將系統性問題全都歸咎於個人，不如體認到所有人都受到我們無法控制的廣泛結構性力量所傷害；與其因為他人的人性缺陷而對他們妄加評論，不如從根本上接受他人本來的面目，擁抱真實且不完美的自己。「擴展性認可」是一種多層次的動態治癒方法，它是個人的，也是社群的。接下來，我們就來探討它的本質及培養之道。

第二部

擴展性認可

第五章

何謂擴展性認可

經過多年來親子關係的停滯不前，艾倫終於決定以一種全新的方式，正視自己和女兒的羞愧感。一天下午，她懇求珍娜蹺掉啦啦隊練習（珍娜和她母親一樣，總是讓自己很忙很忙，每天用排滿的行程，像是參加大量課外活動與志工服務，來應對自己的抑鬱），一起來到珍娜小時候會去的公園。當兩人並坐在長椅上，艾倫向女兒坦承，長期以來，她的心中總是有種恐懼感，擔心身為母親的自己所有作為全都是錯的。

艾倫記得自己當時對珍娜這麼說：「我為你傷害自己感到自責，我知道這一切都是從我向你父親提出離婚開始的。我不指望你能原諒我，但我必須告訴你，我對這一切感到很內疚。」

珍娜眨了眨眼睛，轉身驚訝的看著艾倫：「媽媽，不是這樣的，這和離婚完全沒關係。你們決定離婚反而讓我鬆了一口氣。我希望你們倆都能幸福。我傷害自己是因為學校的關係。當我再也承受不了學校的壓力時，我才開始這樣做的。」

艾倫在訪談中告訴我，在珍娜對她說這些話以前，她從未想過有這種可能性。

「對於處在珍娜這個年紀的孩子，成績變得愈來愈重要，她自己也希望能進入一所好學校。但因為我一直不敢問她，所以完全沒察覺她在學校到底發生什麼事。」

經過與女兒進行一系列的坦誠對話，艾倫終於不再擔心自己是個不可原諒的壞媽媽，她們還討論到該採取哪些措施來管理自己的壓力。例如，艾倫顯然必須減少工作量，於是她離開多年來貢獻大把時間的非營利組織，開始以顧問身分撰寫補助申請。如此一來，她的工作時間大幅減少，收入卻反而增加。她也辭去原本占用她晚上與週末時間的志工工作。然後，她和珍娜一起做出重要的決定，讓珍娜在家自學以完成高中學業。

「自學對我家來說是及時雨。」她這麼告訴我。

所謂「自學」，是一種允許學生自行引導學習，自主安排時間的教育方法。[1]每個學生的自學方式都不盡相同，但自學計畫的核心，都是由學習者主導的自主實踐，家長與老師的目的不在於強迫學生以特定方式進行學習或取得成績，而是幫助學生找到符合自身目標的資源、社交機會與學習活動。藉由減少工作量、減輕外部壓力，以及專注於女兒的自學計畫，艾倫的家庭終於能掙脫以往的泥淖，宛若重獲新生。

「我發現當珍娜無法掌控自己的生活時，就會選擇傷害自己。一旦她能好好掌控自己的生活與身體狀況，她就不需要那麼做了。」艾倫說。

藉由自學方案，珍娜發現自己喜歡照顧動物。在學習之餘，她還在後院弄了個小型雞舍養雞，還想將多餘的雞蛋捐給當地的食物銀行；她母親則幫她打聽清楚，在不違反食品安全法規的前提下，這個點子是否可行。她也不再參加志工服務與課外活動，只留下原本的遛狗工作，因為這是她真心喜歡做的事，而不是為了累積服務經驗申請大學加分。

對艾倫來說，這樣的改變則讓她獲得心靈自由。她曾經認為，自己的人生使命就是要盡可能拯救社會上傷害自己的兒童，以彌補自己在女兒的痛苦中未能扮演好的角色。但藉由放慢生活節奏，從忙碌的非營利組織募款活動中抽身，她才能真正聚焦在最重要的地方並做出改變。

艾倫告訴我，雖然她和女兒還沒有完全擺脫過去所經歷的創傷，但至少情況沒有變得更糟。她們終於能並肩一起成長，而不是漸行漸遠。

擴展性認可的定義

相對於「系統性羞愧」的另一面是什麼？當我們對於世界與自己的未來感到絕望之際，如何學會停止憎惡自己和評斷他人？本書接下來的各章節就是要試圖回答這些問題，探討與他人和與自己和睦相處的新解方。對我們大多數人來說，尋找「系統性羞愧」的替代方案，可能需要花一輩子來完成，但在這個尋找的過程中，你所走的每一步都能幫助自己成長，絕對是值得的。

「系統性羞愧」會影響生活中很多層面，它所傳達的訊息無所不在。因此，我們的目標並不是立即找到一個徹底擺脫它的方法；如果是這樣，最後你會發現自己變得粗率魯莽、毫不在乎，或是從此對世事不再心懷疑慮，也不允許心中升起任何罪惡感。相反的，治癒「系統性羞愧」的目的，在於培養自己對於社會中各種羞辱性訊息的抗壓性，並在自己感到羞愧時，發展出更有效的因應策略。

想要超越「系統性羞愧」對我們的影響，親眼見證看得見的療癒效果，也意味著需要適時揭露內心的脆弱，與他人建立起有意義的連結，並意識到，即使人性並不完美，依然可以獲得他人的愛和信任。此外，我們必須培養人生的目標感與人生觀，這將幫助我們在面對外界的批判時，能清楚辨識什麼對自己是最好的。撫平我們心中的「系統性羞愧」，並不意味著從此對它免疫；相反的，這涉及學習如何躲避與掙脫有毒的社會文化持續帶來的心理打擊，並在自己無法繼續戰鬥時，能夠找到求助與支持的對象。

相對於「系統性羞愧」的另一面，我稱之為「**擴展性認可**」，這是一個人對自己置身在更廣大社會世界中的一種認知與接受方式。「擴展性認可」會帶來一種令人安心且感到踏實的感受，讓你體悟到自己與全人類有著相互依存的連結，明白屬於你的每一個面向（包括你的缺陷在內），都讓你這個人和別人能緊密連結在一起。

「擴展性認可」也是一種能讓你在別人的痛苦掙扎中找到共同點的能力，即使你們的觀點與生活經驗完全不同。在「系統性羞愧」進行批判的地方，「擴展性認可」會給予尊重；當「系統性羞愧」要求我們克盡義務與達到社會期望時，「擴展性認可」會發揮同理心，知道每個人可能正面臨困難；當「系統性羞愧」試圖用不信任和恐懼分化彼此時，「擴展性認可」會肯定我們之間總會存在一些共同點，並在我們面臨人生中最低潮的時刻，看見這些共同點並將彼此連結在一起。

「系統性羞愧」根植於各種具有破壞性且相互矛盾的價值觀，像是過於強調道德判

系統性羞愧的價值觀	擴展性認可的價值觀
完美主義	接納不完美
個人主義	擁抱脆弱
消費主義	建立聯盟
重視財富	重視慈悲
強調個人責任	強調謙卑

斷，傾向於將痛苦歸咎於受害者本身，或認為我們必須盡可能隱藏自己「最糟糕」或最難相處的特質，以及主張社會沒有照顧人的責任。相反的，「擴展性認可」認為，人與人之間有不可磨滅的緊密連結，想要度過危機與壓迫時期的唯一方法，就是創造一個共存的空間。上表是一些關於「系統性羞愧」的核心價值觀，以及與其相對的擴展性認可價值觀。

「擴展性認可」就像「系統性羞愧」一樣，既是一種感受，也是一種觀點，而且這種感受往往發生在意外被人看見和完全理解的時候。例如，當你向一個陌生人透露一個自己向來羞於啟齒的祕密，卻意外的發現，你們都曾有過完全相同的經驗；或是你向來因為自己的某個特質而感到自卑，沒想到，這個特質卻意外受到朋友的讚美或以善意的幽默看待，那麼你就曾體驗過「擴展性認可」的感受。也就是說，當你發現自己並不喜歡的特質正是別人喜愛你的原因時，這肯定會讓你倍感溫馨與受到肯定。

「擴展性認可」的核心理念是，只有在我們意識到眼前面對的是相同的戰役，我們才有機會共同贏得勝利。它鼓勵我們敞開心扉，揭露心中痛苦，並在自己不知所措時道出內心的感受，以尋求他人的支持。尤其，當我們面臨強烈的孤獨感與自我厭惡感時，「擴展性認可」能夠讓我們聚在一起。無論我們是誰，或是正面臨著什麼樣的限制，我們都可以創造一個由熱情與正義的信念所引導的美好生活。

我選擇用「擴展性認可」這個名詞，是基於下列幾個原因。首先，我研究過「羞愧感」一詞的起源，並爬梳與羞愧感相關的「躲藏」或「逃避」等相關文獻。當我們感到羞愧時，往往會採取極端措施試圖隱藏自己。當社會以系統性方式來羞辱或壓迫邊緣群體時，通常是透過剝奪他們對自身意象的控制權的方式來達成目的。邊緣群體被扔進監獄與精神病院，被迫遮蓋身體或被貼上「異類」的標籤，或是被剝奪宣告自身性別或姓名的自由。在「系統性羞愧」的影響下，受壓迫者往往會被噤聲或被指責語氣不當；光是訴說自己遭受不公平對待的事實，就會被人視為太愛抱怨、造成「逆向種族歧視」（reverse racism），或反而遭到人們責備為「是你自己阻礙你的發展」。「擴展性認可」是治癒「系統性羞愧」的一帖解藥，它為我們提供機會，以自己想要的方式獲得他人的理解，並充分展露我們身而為人的仁慈與人性掙扎。

失控的能見度

特別要指出的是，認可並不只是提高能見度。事實上，具有「系統性羞愧」的社會往往將邊緣群體的「能見度」、甚至於媒體的「再現」（representation），視為其邊緣化處境有所進展的里程碑。然而，能見度的提升其實是一種虛假的、強調個人主義的自由，反而會讓受壓迫群體更容易受到攻擊。只是提高能見度，卻缺乏社會的認可與支持，只會為邊緣群體帶來負擔，也讓少數受到極大關注的邊緣人士承受著巨大的壓力。

舉例來說，如果一名黑人婦女成為副總統，具有「系統性羞愧」的社會會讚揚她的個人成就，而不是追根究柢的思考，為什麼幾個世紀以來，黑人婦女一直被排除在領導階層之外；又如，當我們看見媒體以人性化方式報導一名聽覺或語言障礙者、雙相情感障礙患者或愛滋病患者，具有「系統性羞愧」的社會傾向於將他視為「障礙再現」（disability representation）的勝利，而不是去反思這些群體數十年以來如何被排除在敘事之外。

能見度的提升不僅效益有限，有時還會帶來弊端。舉例來說，近年來，雖然跨性別人士的身分認同與被關注程度變得更加公開透明，但他們發現，自己的權益卻時常受到法律的侵害，生活中也時常經歷仇視攻擊與惡意對待。[2]這是因為一般人對於跨性別人士的外觀與部分特徵具有基本的認識，因此更容易把他們當作攻擊的目標。隨著愈來愈多同志決定出櫃及跨性別人士公開身分，跨性別恐懼人士也更加焦慮不安，他們認為自己必須與當前的「跨性別趨勢」對抗，以保護下一代免於像跨性別者那樣遭受終生「不可逆轉的傷害」。

數十年來，跨性別女性在媒體的能見度一直高於像我這樣的跨性別男性，但就如我之前所提到，多數媒體對跨性別女性的描述都相當暴力且非人性化。[3]研究指出，跨性別女性所面臨的家暴、性侵與謀殺比例遠遠高於跨性別男性，我認為這種現象絕非巧合。儘管在當前文化中，人們經常鼓勵酷兒公開出櫃，將其視為一種自我解放的行為，但倘若我們繼續放任這種失控的能見度演變下去，很可能會讓邊緣群體成為眾矢之的。[4]

同樣的情形也出現在身心障礙人士、受虐倖存者與成癮者，一旦被社會大眾汙名化的那一面公諸於世，同事、老闆以及跟自己八竿子打不著的人就會開始放大檢視你的所作所為，尋找你的缺陷或不值得信任的跡象。在我的寫作過程中，一位受訪者同時也是雙靈（two-spirit）及障礙人士萊拉克就告訴我，身心障礙者長期以來承受醫師、政府相關單位與非障礙人士的窺探與批判眼光。為了獲得社會福利補助與特殊措施，他們必須不斷證明自己的身體功能確實符合過去所陳述的狀態，同時要說服別人他們確實具有醫療需求。他們每天都在忍受身心上的痛苦，還必須無時無刻向別人證明「他們真的盡力了」。

顯然，能見度並不能保護像萊拉克這樣的群體，反而對他們造成限制，剝奪他們對自己生活的掌控權。因此，認可絕不是像監視那樣，伴隨著持續不斷的侵擾、評價與威脅。充分認可他人的處境，首先必須要認同他所面臨的窒礙與限制是合理的，也必須要相信，他才是最了解自身處境的專家。

「擴展性認可」會把一個人放在他的生活脈絡中來思考（例如：他每天上班及通勤時間很長，這讓他很沮喪；膝蓋持續疼痛，導致行動不便；必須照顧年邁的父母；經常遭受種族歧視；尼古丁成癮已達數十年等等。上述狀況都會對人的健康和財富帶來損害），並接受這些狀況是真實存在，因此不會太快做出道德判斷，或認為對方必須要立刻改變。

這就是「擴展性認可」之所以被稱為「擴展性」的原因，因為它將一個人視為永遠與他人、外在環境、歷史背景和更廣泛的社會條件相互連結在一起。當我們能夠把人們行為背後的動機，放在一個更廣闊的脈絡中來思考，將能幫助我們清楚看見生命更深刻的意義。

心理學家阿瑟．亞倫（Arthur Aron）認為，幾乎所有人都具有強大的自我擴張（self-expansion）動機，希望自己的能力與知識能夠增長，成為一個比現在更好的自己。[5]我們渴望在這個星球上，留下比生命更長久的印記。我們也希望找到比個體生存以外更高層次的歸屬感，因此，我們會藉由結交友伴、關愛家人、創作藝術作品、發明新工具，以及打造具有共同目標與信念的社群，來實現這個目標。

同樣的動機也能在病人身上看見。精神科醫師羅伯特．利夫頓（Robert Lifton）指出，當病人面臨死亡時，若能認同某種形式的象徵性永生，將能為他們帶來慰藉。[6]象徵性永生具有許多形式，它可以是我們心愛的孩子、努力創作的音樂、費心看顧的花園、苦心建造的教堂、細心指導的學生，或是我們對社會所做的持久貢獻。我們還可以透過與他人分享社會文化、宗教習俗、信仰體系、工藝、歷史或遺產，來找到象徵性永生。透過將自我意識擴展到個人生活之外，為我們的存在賦予一個更長遠的意義，這恰好能彌補「系統性羞愧」過於看重個人成就，以及對失誤與失敗嗤之以鼻的看法。

「系統性羞愧」將人們與其他人切割開來，並在一個與外界隔離的孤立狀態中評判他們的行為；「擴展性認可」則認為，我們無法從單一面向去理解一個人的行為，永遠都要記得，社會情境會提供人們做選擇的誘因與懲罰，以及每一種選擇對他的吸引力有多大。這是一種幫助我們理解自己的謙卑之道，意味著在我們生命中，無論是最棒的成就或最糟糕的決定，都不完全是由我們自己所達成的。我們的人生故事不會在生命結束之際終結。我們只是其中一個微小但美麗的部分。

接納與改變

在發展「擴展性認可」概念的過程中，我曾受到辯證行為治療（dialectical

behavioral therapy，簡稱DBT）的啟發。這個治療法是由心理學家瑪莎．林納涵（Marsha Linehan）所提出，她的專長是治療具有邊緣型人格障礙的患者，這類患者經常有想要施暴或傷害自己的強烈衝動。年輕時的林納涵博士曾被診斷出具有邊緣型人格障礙，她從十幾歲開始，就有用暴力傷害自己的習慣與自殺念頭。

在邁向康復的過程中，她發現自己必須學會平衡兩個原則：首先，她必須從根本上接納與自身相關的現實，像是她感到不愉快與痛苦的原因；其次，她必須發展出內在復原力與應對策略，來因應這個現實。在辯證行為治療法中，接納與改變這兩種力量，永遠處於相互緊張的狀態。面對現實的需要、找到更好的方法來因應現實的需求，這兩者之間始終處於對話的狀態（這也是這種治療法中「辯證」一詞的由來）。

我們可以用一個簡單的例子，來說明接納與改變之間的辯證關係如何在辯證行為治療法中發揮作用。

假設有一名憂鬱症患者有強迫性購物的習慣，與其讓他為此感到自責，不如讓他接納自己患有慢性憂鬱症，而購物能幫助他應對這個事實，可能對他會更有幫助。也就是說，接受購物行為在患者生活中扮演一定的作用，即使這只是幫助他們忽略自己持續感受到的痛苦。辯證行為治療師可能會鼓勵患者試著接受自己的憂鬱狀態，幫助他們應對對他們來說可能相當可怕的現實：在餘生中會持續受低落情緒所苦。

如果患者面臨的現實是終生都將與憂鬱共處，那麼在亞馬遜網站上瘋狂購物，顯然只是可以採用的眾多應對策略之一；儘管這不是最理想的策略，但至少患者不會抱持著過於理想的現實。既然購物在某種程度上顯然對他們「有效」，那麼當他們萌生強烈的自殺念頭時，等待包裹的到來也許就能讓他們願意堅持下去。外出前往暢貨中心購物也可以給他們一個理由，讓他們能夠克服抑鬱帶來的心力交瘁，走出家門購物。

從這樣的角度做思考，會發現我們無法將購物行為截然二分為好事或壞事。這是一個背後有邏輯運作下的決定，既能帶來好處，也有其代價。作為治療技術，辯證行為治療法反對完美主義，認為沒有任何一種應對策略本質上是壞的。每一個應對策略在特定情況下都有其合理性，它可能會增加或減少一個人生活有所改善的可能性。如果一個應對機制不再有效，那麼我們可以選擇另一個機制，至少我們不必為了道德救贖而勉強自己做出改變。

當談到治癒「系統性羞愧」時，這種在對話中將接納與改變並存的概念非常有用，因為「系統性羞愧」通常是在一種非黑即白的邏輯下運作的產物。但與其要求自己凡事完美，不如將每個決策看成一場接納與改變之間的舞蹈，是與現實不斷辯證的協商。

事實上，我並不想因為「企業造成的汙染比我多出許多」，就立刻舉手投降，輕易做出「所以拯救地球毫無意義」的結論，抱持這種想法還不如花些時間，徹底弄清楚到底有沒有正確堆肥要來得有建設性。我希望自己不要因為只是個有缺點的小人物而感到羞愧，我想要採取我認為對世界重要且有意義的行動。

在「擴展性認可」的架構下，我們既能接受個人的渺小，也能挑戰「我們的每一份努力都毫無意義」的想法。當社會中的每一份子願意把自己的微小努力與他人的工作和社會支持做連結，我們就會比個人主義框架下所成為的那個自己更強大，生活也會變得更有意義。

在發展「擴展性認可」的概念時，我受到作家詹姆斯．鮑德溫（James Baldwin）所說的「痛苦是一座橋」所啟發。[7]帶有「系統性羞愧」的社會教導我們，將自己最深層的痛苦視為個人所獨有，並且要我們獨自承受。但正如詹姆斯所言，我們最深的傷痛其實提供一條有意義的連結，將我們與其他不同群體彼此聯繫起來，也將我們和時間聯繫在一起。

他在著作中強調，因為黑人男性酷兒的身分，經常遭受社會忽視的冷暴力，人們不僅對他的個人權利視而不見，甚至拒絕認可他是個「人」。對鮑德溫來說，解決他心中痛苦的方法，就是認可他那完整且複雜的人性與磨難，但前提是，必須依照他的個人意願，而且在確保人身安全的前提下才能達成。

哲學家奧盧費米・泰伊沃（Olúfemi O. Táíwò）在閱讀詹姆斯的書後寫道：詹姆斯的文字幫助我們承認，其實我們都同樣脆弱，這讓地球上所有人都團結在一起。[8]他認為團結在一起並不是一個「誰受的苦最深」或「誰該向誰低頭」的問題；相反的，這會幫助我們共同思考，該如何以最適當的方式解決問題。我們每個人都可以在過程中發揮作用，畢竟我們都有各自要過的橋，沒有人會置身事外。

擴展性認可的層次

正如「系統性羞愧」包含三個層面（個人系統性羞愧、人際系統性羞愧與總體系統性羞愧），「擴展性認可」也包含以下三個層面：

1. **徹底的自我接納**：能夠知道自己擁有長處，也知道自己擁有缺點與會犯錯。

▲對我們的影響：徹底的自我接納能幫助我們面對真實的欲望與需求，不會讓

自我評斷或恐懼阻礙我們。

2. **脆弱帶來連結**：相信世界上有人能接納我們的全部，而我們也能以同樣的方式，接納他人完整且不完美的樣貌。

▲**對我們的影響**：揭露自己的脆弱，能讓我們獲得他人的支持。當我們接受他人的愛，體認到別人和我們一樣需要支持時，就不會再把外在世界視為充滿威脅的地方。

3. **對人性懷抱希望**：找到能讓自己獲得歸屬感的社群，並參與能幫助我們體驗生命意義的活動。

▲**對我們的影響**：社群支持讓我們能放鬆，擺脫覺得自己永遠做得「不夠多」的焦慮。歸屬感能讓我們感到安全與平靜，更清楚知道自己歸屬於何處，以及該將精力投注在哪裡。我們不必急於解決眼前所有的問題，也不必對自己無法做出貢獻感到絕望，至少我們可以對現在自己所處的位置感到慶幸。

同樣的，這三個層面也像「系統性羞愧」三層面一樣，是一個不斷增長的「雪球」（見下頁圖）。

在我為本書進行訪談時，幾乎每一位受訪者都告訴我，他們認為唯有透過改善與他人的關係，才能從羞愧感中痊癒。考量到羞愧感與社會排斥有著密不可分的關係，我認為可以得到這樣的結論：社會接納是治癒過程中的必要因素。然而，為了幫助我們與他人建立連結，我們必須先挑戰讓我們選擇孤立的自我保護行為。因為只有當我們願意敞開心扉，才有可能看見社會接納，進而放下心中那些最糟糕的假設與自我保護，讓我們能夠走出去，進一步拓展自我。

接下來，讓我們進一步探究，看看一個人如何在生活中體驗「擴展性認可」：

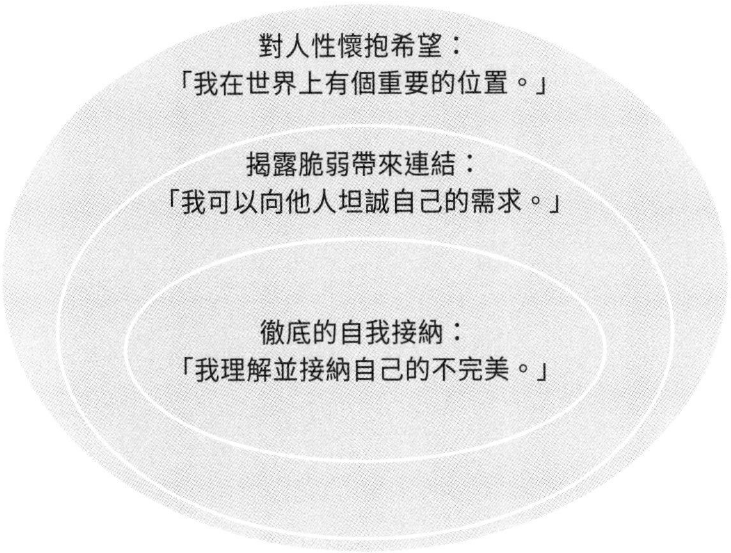
對人性懷抱希望：
「我在世界上有個重要的位置。」
揭露脆弱帶來連結：
「我可以向他人坦誠自己的需求。」
徹底的自我接納：
「我理解並接納自己的不完美。」

第一層：徹底的自我接納

「系統性羞愧」往往涉及某種程度的自我退縮。我們可能會因為自己的身分、行為，或甚至是內心的欲望而感到難堪，為了因應這種感受，我們會試圖將問題掩埋起來，或假裝問題根本不存在。

因此，想要學會應對「系統性羞愧」，我們首先必須正視自己可能不想面對的那一面。我們不必勉強自己喜歡這些方面，也不太可能表現得好像這輩子遭受的汙名化從未發生，但我們可以試著去了解自己到底是誰，並體認到即使我們身上帶有自己最不喜歡的特質，那也是屬於我們的一部分。徹底的自我接納，是治癒「系統性羞愧」的最佳途徑之一。

徹底的自我接納意味著充分傾聽自己的身體與心靈，培養一種更緩慢、更踏實的生活習慣，這些習慣是由對我們真正重要、能點燃內心熱情的事情所引導。它也會在我們陷入困境或迫切完成一項不可能的任務時，幫助我們注意自己所面臨的境況。有時候，承認自己做得太多，反而可以幫助我們放下那些無法實現的追求與義務。

二〇一五年八月，著名化妝師暨遊戲主播史蒂芬．桑亞蒂（Stef Sanjati）公開出櫃，表明自己為跨性別女性。[9] 在此之前，桑亞蒂發表的影片內容大多是她喜愛的美容產品，以及打電玩遊戲《魔獸世界》（*World of Warcraft*）的有趣對話，偶爾還會穿插她的生活紀錄與個人觀點。然而在公開跨性別女性身分後，她的影片關注焦點出現很大的轉變。

她開始製作教育性內容，向順性別觀眾解釋跨性別人士的身分認同。她為跨性別女性準備一整套工具包，教她們怎麼讓自己的聲音變得更女性化，以及如何用化妝品柔化自己的臉部線條。她還製作一部完整的紀錄片，講述她從小因為明顯就是個酷兒，而在加拿大一個保守的農村小鎮遭受的悲慘對待。後來，桑亞蒂接受性別重置手術，並拍攝影片，向全世界公開展示她的傷口狀況及充滿血淚的恢復過程。她也經常參加座談會，並在大學院校針對跨性別議題與自身經驗發表演講。

在那段期間，我持續關注桑亞蒂的頻道。我喜歡她那甜美又活潑的個性，也喜歡她空靈清新的時尚品味。我那時也在考慮自己的性別轉換，看著桑亞蒂展開新生活，讓我感到欣慰；她投注大量時間教育社會大眾，更讓我印象深刻。在我看來，受人尊敬的跨性別人士就該是她這個樣子：努力不懈於教育社會大眾，用始終如一的耐心、沉著及冷靜，願意將自己的生活（與身體）拍攝下來，讓全世界看見。

然而，桑亞蒂的公眾形象最終還是發生轉變。原本是個怪咖宅女的桑亞蒂愈來愈常出去喝酒開趴；她對瀉藥上癮；在發布的一些影片中，她的情緒異常激烈，邊哭邊談論自己被性侵的經歷，以及父母離婚對她造成的影響。在更隨興的生活影片日誌中，桑亞蒂顯得並不真誠，行為舉止更是輕率、膚淺。我可以感受到，當時的她似乎在與自己交戰：前一天發布的影片是以時尚與臉部注射為題，內容卻空洞而無深度；第二天又發布有關身體臆形症（body dysmorphia）*與自殺念頭的長篇大論。於是開始有粉絲留言批評她，說她不再是過去那個溫暖又可愛的「麵包媽媽」。在經歷無數次斷斷續續的更新與內容驟然轉變後，桑亞蒂的YouTube頻道停更了。

在停更一年後，桑亞蒂發表最後一部影片，宣布退出YouTube和所有與跨性別相關工作。[10]她穿著寬鬆的連帽衫、戴著眼鏡，端坐在電腦前，娓娓道來身為公開出櫃的跨性別人士為她帶來的龐大壓力。她說自己其實並不想要扮演這樣的角色，單純只是一名跨性別女性，但許多人卻冀望她必須一肩擔起這樣的角色。

桑亞蒂表示：「不幸的，只因為我是個談論自身經歷的跨性別女性，就被烙上『激進分子』的印記，從來沒有人問我：這是否真的是我想要的。……我從來就不是激進的人，我只是一個跨性別者。我試著扮演這個角色很多年，但這顯然並不適合我。我還沒有準備好要承擔這個角色所必須肩負的責任、受人檢視、承受重擔或嚴格的自省。」

桑亞蒂開設YouTube頻道時只有十九歲。直到二十六歲那年，她才清楚知道自己想要退出這場網紅／激進分子的遊戲。退出YouTube以後，她開始在Twitch平台上做電玩直播。現在，她又恢復原本可愛討喜的宅女形象，熱衷於打《盜賊之海》（*Sea of Thieves*）與《魔獸世界》等遊戲，並在一家遊戲公司擔任遊戲敘事設計師。螢幕上的桑亞蒂是輕鬆快樂的，即使有時在直播時，當她正在打的遊戲觸及暴力或性別等令人不安的議題，她會選擇提早結束直播，或是讓自己暫停下來休息一下。

桑亞蒂花了很多年的時間試圖達成他人的期望，那些不可能達成的期望是受到「系統性羞愧」所驅動，要求跨性別女性必須具有完美的吸引力、個性要風趣，還要具有自我犧牲的精神。在未經她事先同意的狀況下，「系統性羞愧」將她變成整個變性社群的代言人。對於一個脆弱的青少女來說，這樣的期望實在太沉重了。然而，一旦桑亞蒂接受自己並不適合扮演激進的倡議家，或是不適合當美妝網紅，她就能重新回到那個既宅又敏感的真實自我。

＊編注：患者對於身體的任何一部分感到不滿意，並誇大這些「缺陷」，導致情緒上的強烈困擾。

「系統性羞愧」永遠不會停止對我們提出更多要求。因此，我們真正該做的是放下社會對我們的嚴苛期望，本著內心真正的熱情與需求，沉浸在更自在、更謙卑的生活中。

我在本章前面提到的身心障礙及雙靈跨性別者萊拉克告訴我，他也經常因為達不到期望而感到羞愧。

「我的父母都是墨西哥裔美國移民，他們在很多地方都得自力更生。身為肢體障礙者，我很難做到這點，因此不免令我產生許許多多的羞愧感。我永遠都達不到別人的期望，深深覺得對不起父母為我做的犧牲。」萊拉克說。

萊拉克告訴我，克服羞愧感意味著徹底接受自己的殘疾和隨之而來的障礙，並學會拒絕主流社會的要求。她說：「過去的我總會感到格格不入，就像要把一根方形的木條塞進圓形的鑿子那樣。而最終的下場，只能是讓自己變形。我非常願意盡自己所能，不過也就只能這樣了。我可能不是對社會最有貢獻的人，但我寧可擁有健康的身心狀態，也不要勉強自己有所貢獻。」

萊拉克表示，自己工作時很細心，就是動作比較慢。她認為無論是自己的寫作水準或是領導能力，都讓她感到自豪。障礙者有可能無法完成大量工作，但絕對會以有條不紊、傾盡全力的態度，把能力所及的部分做好。」

在下一章中，我們將回顧大量有關徹底接納的研究，並藉由各種練習，來幫助人們治癒個人「系統性羞愧」。在此之前，我提供幾個改編自辯證行為治療師工作中的自我接納練習，幫助你思考並嘗試運用在自己身上。

練習⑭——自我接納的肯定句[11]

請閱讀下列句子，思考這些句子與你目前的想法和對待自己的方式有何不同。下次當你感到羞愧時，試著將你的想法轉向這樣的陳述。

改變我們內心的自我對話是一個漫長的過程，對自己抱持負面的態度是完全正常、也很常見的情形。無論此刻你的內心對話聽起來是什麼樣子，不妨多多練習運用中立的陳述方式來思考。

❶ 眼前是我唯一能夠掌控的時刻。

❷ 用力對抗目前的情緒無濟於事，這就是我此時此刻經歷的感受。

❸ 這就是我所要面對並必須處理的現實，即使我並不喜歡它。

❹ 我希望事情有所不同，但我無法改變過去已經發生的事。

❺ 我無法控制即將發生的一切事情。

❻ 現在的狀況是許多超過我所能控制的變數所導致。

❼ 我現在的想法不會傷害到我。

❽ 我在某些事情上比其他人更掙扎，這一點可能永遠不會改變。

一旦我們開始努力了解與接納真正的自己，就可以開始向他人展示這個自我，並願意相信自己能夠被愛。

第二層：脆弱帶來連結

「人際系統性羞愧」經常讓我們想要把自己藏起來，因為它讓我們以為，沒有人會喜歡我們最糟糕的那一面，而且大多數人的真實自我是不可靠或不值得信賴的。因此，克服人際系統性羞愧的方法，就是學會在值得信賴的人面前展現自己的脆弱，並擁抱這種自我揭露後帶來的深度連結。

在醫院度過兩週後，萊拉克不得不接受一個現實：她現在每天都需要別人協助洗澡。起初，她很難接受自己需要他人幫助的事實。「女性在世界上的角色往往是為他人服務，讓他人感到舒適，但現在需要被服務的人卻是我。要我坐著讓護士幫我擦澡，一時之間真的讓我很難接受，從某種程度上來說，也讓我尊嚴盡失。」萊拉克說。

但萊拉克試著反思自己的羞愧感，這讓她重新定義這個經驗，將其視為與他人產生新連結的另一種方式。「尋求幫助是人之常情，相互依賴也是人際基本需求。實際上，沒有人能夠獨自度過難關。有了這個認知以後，我開始想，好吧，我可以接受他人的幫助。或許我還不太習慣，但我做得到。當你生病時，已經有太多鳥事得要處理。你不會想在這個節骨眼上去應付羞愧感。」

正如萊拉克所言，我們的生活深深依賴著他人。有人把我們帶到這個世界上，照顧並教導我們，並在我們的成長過程中時時刻刻關注著我們。在我們生命中的每一天，都離不開成百上千個他人的社會支持：我每天磨的咖啡豆是由別人採收的，我喝咖啡時用的燕麥奶是由別人製作、包裝和運送的；我浴室的門是由別人建造的，還有人替這個門打磨、上漆並安裝在我的公寓裡；我的百葉窗是由一個朋友在上週幫我修好的；我正在讀的書是由別人寫的；我聽的音樂是由別人混音的；我在商店貨架上買的牙膏是別人進的貨。要感謝的人實在太多了！以至於我一想到這件事就感到吃驚不已。

「系統性羞愧」會讓我們忽視人與人之間擁有如此緊密的連結關係，以及這種連結將會永遠存在的事實；它試著說服我們，需要他人幫助是可恥的。但是，沒有社會支持的生活是不可能、也是不值得過的。既然他人的影響無所不在，我們免不了受到他人的幫助，那麼我們為什麼要逃避呢？

讓我們試著思考一下：羞愧的忍受他人為自己擦澡，與感激的接受他人的幫忙並向對方表達感謝，這兩者之間有什麼差別？如果萊拉克每次被擦澡時都沉默不語並感到羞愧，她只會繼續自我孤立，而照護者也會感覺到她的不適並同樣感到尷尬。相反的，如果雙方都選擇向對方坦承心中的感受，那麼這樣的經驗有可能變得有意義，甚至是美好的。

與其生活在「系統性羞愧」的完美個人主義迷思之中，不如接受這個無論我們喜歡與否的事實：我們確實需要他人，而他人每天都會在生活中為我們付出數十次。心理學研究顯示，能夠感知到他人的社會支持，是心理與生理健康的重要預測因素。當抑鬱症與雙向情緒障礙症等精神疾病患者相信，有人會愛他們並支持他們時，他們的情緒症狀就不會那麼嚴重，也更有可能獲得更好的復原力。[12]多發性硬化症患者如果能體認到自己與他人有緊密的連結並受到他人支持，較不容易併發抑鬱症與焦慮症。[13]數十年來，醫學研究也陸續發現，孤獨會讓人的健康狀況較差[14]、有較高比例的慢性病[15]及死亡率[16]；相反的，當人們擁有自己珍視的社會支持網絡，更有助於他們的身心發展狀態。

當我們具有社會支持力量時，我們會變得更有適應力與復原力。例如在新冠疫情大流行初期，社會支持感較強的人的抑鬱程度較低，睡眠障礙也較少，[17]他們也更容易遵守封城的要求[18]。這也證明一個人能否「做正確的事」的主要預測因素，並不是個人的意志力，而是他們是否得到他人的幫助。一項針對慢性阻塞性肺病患者與心臟衰竭患者進行的研究發現，患者對於社會支持的感知程度，有助於預測患者能否有效控制病情。[19]「系統性羞愧」讓我們相信，做一個堅強善良的人，才能讓有意義的改變發生；但根據研究顯示，社會支持才是關鍵因素。

最重要的是，這些實證研究都試圖了解個人感知到的社會支持（也就是我們感覺到自己受到他人的關心與社會連結程度）對人的影響。社會科學家與醫生經常用量化研究來了解人們感知到的社會支持，但結果卻發現，這實在很難弄得清楚。因為重要的不是一個人有多少朋友，或是擁有多少資源或社交關係，而是一個人認知到自己與他人的關係品質，並對此心懷感激。

許多人確實具有關心以及與他人建立關係的能力，卻往往沒有意識到這點，因為「系統性羞愧」會阻止我們向他人承認自己需要幫助。一旦我們願意敞開心扉，說出自己生活中的困難與需求，我們的需求與他人的能力就會開始相互連結，建立起一個將雙方都納入其中的社會支持網絡。

卡蘿爾是一位罹患注意力不足過動症的中年婦女，她告訴我，在搬去和女友丹妮絲同居之前，她的吃飯時間很不規律。卡蘿爾的專長是分析思考，她的工作非常仰賴這項專長來服務他人。她在技術支援部門工作時，經常全神貫注在解決客戶的問題上，勝過於接下來這餐要吃什麼。然而，自從丹妮絲搬來以後，這種情況立即發生改變，卡蘿爾必須開始思考伴侶的諸多飲食限制與過敏問題。

「確保丹妮絲的飲食品質，突然讓我有機會發揮系統開發的專業。從前我不太關心自己的飲食，總是吃很多垃圾食品。如今有了丹妮絲，我有了關心飲食的理由，我開始會列出採購清單、切蔬菜等，做一些實際改善飲食的事。」卡蘿爾說。

如果我們純粹從個人主義的角度來看這段關係，我們可能會說：丹妮絲應該是個依賴別人的人，卡蘿爾則有關係成癮的問題。因為「系統性羞愧」主張人應該具有意志力，能自己吃飯、制定飲食計畫，總之，自己獨立做事比依賴他人來得更好。但實際上，丹妮絲和卡蘿爾的需求完全是互補的：卡蘿爾需要照顧丹妮絲，也會照顧好自己；卡蘿爾為伴侶規畫與執行的飲食計畫，同時讓丹妮絲感覺到被愛，而且雙方都感染到濃濃的幸福感。

下面這個練習是取自「杜克社會支持量表」（Duke Social Support Index），該量表是衡量「自我感知社會支持」的重要工具。[20]我對這個量表進行調整，留下開放式選項，幫助你思考自己的社會支持狀態。如果你正苦惱於人際系統性羞愧，你可能會猶豫是否要尋求別人的支持與幫助，尤其是那些你認為「不值得」或不把你放在心上的人。或者，你可能知道自己需要幫助，卻不知從何開始。透過這個練習，可以幫助你學會坦誠，並試著與人建立連結。

練習⑮——評估你的社會連結能力

改編自杜克社會支持指數[21]

閱讀並回答下列問題，若可能請盡量詳細敘述。

1. 你覺得自己在家庭／朋友圈中是否扮演著明確的角色？
2. 你身邊是否有真正理解你的人？
3. 你覺得自己是否被你所愛的人感激？

❹ 當你和你所愛的人交談時，你覺得他們有認真聽你說話嗎？

❺ 你可以向誰傾訴你最深層的問題？

❻ 在過去一週內，你花了多少時間與所愛的人好好相處？

❼ 你身邊是否有可以依賴的人？請寫下他們的名字。

❽ 你的人際關係中是否缺少了什麼？如果有，那是什麼？

脆弱的連結是療癒人際系統性羞愧的良藥。我們將在第七章深入探討該如何培養這種社會連結。當我們了解到自己不必為了不與他人接觸而刻意躲藏，並開始從這種真誠的連結中受益，就可以著手解決讓我們感到絕望且羞愧的廣泛性社會問題。

第三層：對人性懷抱希望

「總體系統性羞愧」是一種認為人類將注定毀滅的存在蒼涼感，它往往伴隨著一種道德信念，認為人類全都是懶惰自私的，所以毀滅是罪有應得。為了對抗這種相當消極的觀點，我們必須學習培養對於人性的希望感，也要願意去相信，我們能夠對世界發揮有意義的影響，無論這種影響有多微小。一旦我們不再把自己視為單獨一個人，串連起群體的力量，就可以匯聚成一股超越自己的強大力量，讓微小的希望火花轉化成更燦爛、持久的火燄。

二〇二二年夏天，最高法院推翻「羅訴韋德案」（Roe v. Wade），為此，我感到巨大的失落。我知道在我出生的俄亥俄州，很快就會禁止墮胎；然後，其他十五個保守傾向的州很快會加入禁止墮胎的行列。[22]在這個國家中，每年都有成千上萬的人被迫成為塞繆爾．阿利托（Samuel Alito）大法官口中「國內嬰兒供應」的「生產工具」，我該怎麼在這樣的國家裡繼續生活下去呢？[23]無論政治組織如何努力，聯邦法院都不關心我或其他可能懷孕者的身體自主權。我對此實在感到很無奈。

記得該法案被推翻的那天，我乾脆拔掉網路線，因為IG與推特上充斥著各種警告性貼文，表示未來美國「即將變得非常糟糕」，呼籲人們必須「保持關注」，如果沒有緊緊盯著螢幕，狀況還會更糟。我的好友甚至告訴我，事情還沒結束，那些人還會試圖讓全美國都禁止墮胎。我追蹤的一位記者則發文表示，最高法院下一步將針對同志婚姻採取行動。一個我熟悉的朋友對此發出警告：我們絕不能對此視而不見。

我不了解親眼見證這一切所帶來的苦難，究竟會為社會帶來什麼好處，但我已經深刻意識到即將發生的災難。至於那些高聲疾呼要我們戒慎恐懼的媒體，似乎又是另一種混淆視聽的方式；我們以為用被動的接收資訊、焦慮的觀看媒體的方式，就意味著表達了自己的信念，並期待這樣就會對世界產生影響，然而事實並非如此，我們只是想要找個安全的地方躲起來，試著轉移焦點。

就在那時，有個朋友向我介紹網路上有個「阿姨網絡」（auntie networks），這個匿名社群專為全球各地有墮胎需求的人提供協助。所謂的「阿姨」，是指居住在墮胎手術是合法地區，願意為孕婦提供住宿、交通與預約醫師看診等協助的人。阿姨們還會彙集有關安全獲得緊急避孕藥和墮胎藥的資訊，社群中大多人都支持跨性別者，同時採取嚴格的管控措施，避免反墮胎分子滲透其中。

「英屬哥倫比亞省的阿姨在本日新聞後再次發文：給需要醫療資源的你，位於英屬哥倫比亞境內的溫哥華是絕佳的度假地點。提供空房間、貓咪、車子，以及富有同理心的傾聽。」一位使用者寫道。另一位使用者則留言表示：「荷蘭的墮胎診所也會幫助外國人，買張到荷蘭的機票價格並不會太貴。」

瀏覽社群中的貼文時，我開始感受到一種充滿希望的使命感。即使我無法改變墮胎在一些地方成為非法的事實，但我可以採取具體的行動，幫助有需要的人找到所需的照護資源。例如，我可以為一名痛苦的德州女孩支付機票費用，讓她前往墮胎合法的州。我可以逐步引導一個剛懷孕的女性，刪除經期追蹤應用程式裡的所有資料，以防止個人資訊被合法的使用來對付他們。此外，芝加哥墮胎基金（Chicago Abortion Fund）與中西部通路（Midwest Access）等組織的存在也讓我感到欣慰，這兩個組織都為全國各地尋求墮胎的人，提供旅行與經濟上的支援。

幾天後，一個好朋友傳訊息給我，問我在法案被推翻後是怎麼撐下來的，並告訴我，雖然在她所在的州，墮胎是非法的，但她正在擬定應急計畫，思考可以為他人提供什麼協助。她和伴侶擁有一間共享辦公室，他們決定隔出一些空間來儲存事後避孕藥藥錠，以便分發給需要的人。我主動幫她研究接下來的步驟，並協助她與另一位在該州提供地下墮胎服務的活躍分子取得聯繫。我對這位朋友及其伴侶所表現出的勇敢與慷慨印象深刻，她的作為讓我不再感到孤獨，讓我想盡自己所能來支持他們。

「羅訴韋德案」被推翻確實是個可怕的事實，起初我只想逃避，但是很快的，我開始接受這就是我們要面對的新常態，而且在短時間內，民主程序並無法發生改變。從那時起，我開始積極思考自己想要及能夠做什麼。「想要改變範圍遍及全州的墮胎禁令？」這個問題實在大到我沒辦法處理；「我可以做些什麼，幫助別人改善生活？」這個問題我就可以幫上忙。

隨著跨性別人士醫療資源的法律爭議開始在全國各地引爆，讓我感到安慰的是，我所在的社群內許多成員，也紛紛為跨性別人士創造替代途徑，提供維護身心健康所需的激素與藥物。我認識幾位跨性別解放倡議家還設置個人網站，讓全美跨性別人士能互相分享多餘的激素劑量。我還認識一對跨性別伴侶在加州沙漠的營地，提供跨性別遊民荷爾蒙替代療法的藥物。在網路上，跨性別人士會相互交流醫學知識與自製荷爾蒙補充劑的食譜，建立起在傳統醫學途徑內尚不存在的豐富健康保健資訊。我也盡力支持及贊助這些活動，或是將多餘的藥劑分享出去，並將資訊傳遞給需要幫助的跨性別同伴。

歷史上，許多跨性別人士解放身體的唯一途徑，就是透過這種檯面下的方法。我的朋友瑪爾迪已經六十多歲，早在一九七九年，她就開始服用雌激素，當時她是在街頭詢問其他跨性別性工作者相關資訊。如果美國的跨性別人士面臨別無選擇的處境，我們可以用同樣的方式再次彼此支持。

擴展性認可能發揮正向影響

「擴展性認可」幫助我們試圖找出眼前可以採取的策略，進而實踐更有意義的事情，它不像「系統性羞愧」那樣，思考的是由個人來解決大規模的結構性問題，而是幫助我們意識到，我是人類善良的巨大網絡的一部分，而且這個網絡能發揮遠遠超出我個人的力量，因此，無論我做的改變有多麼微小，我都能從中得到安慰。我不會再問自己做得「夠不夠」（這是一個沒有客觀答案的問題），我只會積極思考現在的我能夠做什麼。

正如之前討論過的，人們之所以覺得「系統性羞愧」深具吸引力，原因之一在於它讓抽象的問題變得實際且具體。一般人都會想要採取有意義的行動，來解決社會中的貧困、結構性種族歧視、槍枝暴力、健保醫療差距，以及其他看似無法解決的問題。這確實是一個美好且實際的願望，但當我們讓個人在毫無他人支持的狀況下，承擔起解決這些問題的全部道德負擔，它就可能會成為一個大問題。

為了給人類帶來希望，為了在這個世界上創造我們自己的意義，我們必須停止從義務的角度進行思考，轉而專注在可能的機會上。每個人在世界上的位置都完全不同，我們都有獨特的技能、弱點、經驗、需求與熱情，這些因素都會影響到我們如何做出改變。我們不可能都遵守著相同的道德標準，必須決定自己受到什麼感召去做些什麼事情。

史蒂芬是一所大學的研究助理，直到幾年前，他還對分配到他團隊裡不太可靠的年輕大學生心懷不滿。在史蒂芬眼中，他手下這些二十多歲的年輕人既懶惰又不負責任。每當他無法按時完成任務，或是不得不開夜車，好彌補學生因鬆懈犯下的疏忽時，他就會大發雷霆。有一天，史蒂芬在部門的聖誕聚會上，向某人發洩自己的不滿，但當他意識到他的抱怨對象正是一名大學生時，已經為時已晚。

「這名年輕女子看著我，沉著臉對我說：『無意冒犯，但我覺得你弄錯生氣的對象了。聽起來，你的工作量太大了。也許你該放輕鬆點，這樣你就不會那麼生氣了。』」

「我從來沒有往這個方向想過。我從小就認為，無論你被交付什麼樣的工作，你都得去做，而且必須拚命達成目標，如果有人跟不上步調，就應該受到處罰。」史蒂芬向我表示。

後來，有學生因為考試臨時抱佛腳而缺勤時，史蒂芬並沒有跟指導教授告狀，只是調整該學生計畫的優先順序。當另一名學生抱怨分配給他的數據輸入任務太繁重時，史蒂芬停下來思考是否真是如此。

「當我不再把團隊裡的這些孩子視為敵人，我才發現自己就是那個做太多的人。」史蒂芬解釋道。當他放下不合理的期望，才開始看到各種能幫助實驗室與學生釋放壓力的機會。

「我現在加入一個委員會，這個委員會正在研究是否能為工讀生提供帶薪產假與退休福利。以前的我會說，這些孩子不配得到這些福利。現在我會覺得，我們都應該得到更多。」史蒂芬說，這足以證明他的觀念發生了多大的改變。

為了幫助你像史蒂芬一樣，開始思考生活中有哪些改變的機會，讓我們試著完成下面的練習。在我們進行到第八章時，這個練習的一部分答案會有點幫助，下一章將更一步探討如何培養希望並尋找目標。

練習⑯——尋找你的社會支持網絡

（請試著回答下列問題。每當你發現自己對某個社會議題或個人危機感到絕望時，可以回過頭來看看這個練習。）

❶ 試想一個為你的生活帶來巨大壓力的問題。它可以是個人的問題（例如：「我不知道該怎麼還清學生貸款」），也可以是廣泛的社會議題（例如：「我擔心物價不停上漲」）。

❷ 如果你想與同樣關心這個問題的人討論，你會找誰？列出生活中適合交談的對象，或是你參與過的支持團體、網路論壇、聯誼團體、其他活動等。

❸ 列出你針對這個問題曾採取過的任何行動及策略，無論它有多麼微不足道。

❹ 你採取過哪些對處理問題沒有幫助的行動及策略？

❺ 你是否認識與你有同樣問題或顧慮的人？如果你想尋求他人支持，你會怎麼說？

❻ 你所在的地區是否有任何團體或組織，同樣致力於解決這個問題或類似問題？如果你不確定，請花點時間搜尋網路。

❼ 對於你找到的任何資訊，你是否感到好奇或有興趣？

這個練習的目的並非要把更多義務感塞進你的大腦，更不是要你因為沒有履行義務而自責；相反的，我會鼓勵你往後退一步，評估你的現有資源與弱點，以及你所擁有和所需的資源，以引導你找到適合的方向。正如辯證行為治療法，請記得，眼前的目標不是要讓一切變得更好，而是要評估你此刻面對的不愉快現實，並尋找可用來應對的方法。

例如，你不必藉由積極爭取債務豁免資格，來應對自己的學貸壓力。但你可能會發現，加入一個成員都是因債務所苦的支持團體可以為你帶來幫助。在成員們各自傾訴內心焦慮的過程中，能為彼此帶來支持及安慰。事實上，「向人求助」本身就是一種助人行為，它讓人感到自己被需要，意識到自己並不孤單。這也許會為你帶來一些持久性改變，也有可能不會，無論如何，你都會從幫助別人減少自責之中，學會不再把此刻的困境歸咎於自己。這點很重要，你應該為此感到驕傲。

透過本章，我們已經了解到「擴展性認可」的定義及其運作方式。接下來，我們要學習運用「擴展性認可」來一層層消除「系統性羞愧」。首先，我們要先探索內在，從許多告訴我們需要憎恨自己、隱藏自己的有害外部訊息中痊癒。

第六章

徹底的自我接納

我的朋友艾瑞克・博伊德（Eric Boyd）是位屢獲殊榮的小說作家，但由於年輕時曾犯下重罪而入獄，他的內心深處始終承受著羞愧與創傷。

入獄前的艾瑞克是個富有藝術天賦、性情敏感並喜好性別反串的青少年；他常聽「怪人合唱團」（The Cure）的音樂，喜歡穿裙子和仿皮材質的衣物。然而進入監獄後，他的人生徹底天翻地覆。為了保護自己免於受到暴力侵害，艾瑞克收起自己豐沛的情感，把自己塑造成一個硬漢形象。

好不容易熬到出獄，沒想到，重罪犯的身分讓情況變得更糟。首先是找工作非常困難，少數幾個願意雇用他的地方給予的工資很低，對待員工的方式也不太人道；即使爭取到密室逃脫遊戲的工作機會，但「系統性羞愧」始終在他心中徘徊不去。

「我的一個女同事問我：『你為什麼不找一份更好的工作？』我回她：『沒人跟你提過嗎？我是個重罪犯。』她是個很好的女孩，我覺得我們熟到可以告訴她這件事，但當她聽完後，臉上表情一半是不相信，一半是驚恐……那種表情簡直糟透了。」艾瑞克說。

艾瑞克經常感受到人們的目光，那是一種既震驚又帶有鄙視的表情，逼得他不得不學會用兩分鐘的時間，快速且清楚的解釋自己為何會入獄，但不管他多麼努力，總是無法阻止那種表情再次出現。更生人在就業與教育方面都會面臨法律的歧視。他們通常不能投票、擔任陪審員、擁有槍枝，或是在學校或醫療機構工作。重罪犯可能會失去對子女的監護權，也無法取得駕照與護照。監禁帶來的巨大社會汙名化，早已滲入每一所主要公家機關的運作方式，也深深烙印在每個更生人的想法與反應中。他們無法迴避，只能被社會一再揭開心中沉痛的傷疤。

近年來，艾瑞克開始試著挖掘潛藏在內心的陰暗面。他開始接受心理治療，練習寫日記；他收集香水，也搭乘火車旅行；他寫詩，跑去染了一頭色彩明亮的橘髮。和我交談時，他會有意無意的逗我開心，並直率的對我表達他的感受。

當我訪談他時聊到本書內容，他聽完便睜大眼睛說：「什麼？你竟然撐了一年多，都沒告訴男友你開始打荷爾蒙？這真的有點扯吧？」

「嗯，我不這麼覺得！」我反駁他，然後告訴他我的理由，我們還彼此分享自己的想法及內心的羞愧感。身為對方的朋友，我們都能輕鬆看穿對方的掩飾，並對此互相打趣。

「你知道，其實你在青少年時期就差不多知道自己是什麼樣的人。然後你在二十幾歲時會開始思考，自己好像應該要變成一個嚴肅的成年人。等到你三十幾歲時，你才突然發現，噢！天啊，我竟然浪費這麼寶貴的十年，我應該回去聽怪人合唱團，穿我愛穿的裙子。」艾瑞克說。

二十幾歲時的艾瑞克，比同齡年輕人過著更混亂不安的生活。在被逮捕前，他就經常面臨頻繁搬遷等各種生活壓力，入獄更為他帶來極大的創傷。出獄後，回歸正常生活的道路既漫長又難行，對艾瑞克來說，這段自我療癒之路彷彿意味著重新回到起點，學習去愛那個在青少年時期蓬勃發展、既敏感又富有藝術氣息的自己。

我認為，想要緩和內心的「系統性羞愧」，往往需要重新審視過去被我們深信必須隱藏起來的一部分自己。當然，我們無法抹去過去的創傷，也無法擺脫社會不友善的眼光，但我們可以透過一種精神上的回歸來治療創傷，讓今天那個更成熟、更睿智、滿是汙名化傷疤的自己，與過去那個不成熟、稚嫩的自己面對面，找到讓他們好好相處的方法。

培養「擴展性認可」的第一步，就是要從個人層面著手。自我厭惡與自我孤立是「系統性羞愧」運作的核心，如果我們仍然表現得好像必須不惜一切代價隱藏自己，就很難創造與他人建立連結的可能性。藉由踏出邁向自我接納與信任的第一步，我們就有機會透過與他人連結，獲得深層的成長與療癒。

在我們與種族歧視、收入不平等、槍枝暴力、生態破壞與全球流行病等勢力對抗的過程中，勢必無法單憑一己之力。許多研究顯示，當人們感知自己與他人緊密連結（並獲得他人支持），會表現得更慷慨，並願意為需要幫助的人雪中送炭[1]，同時更傾向於支持環保政策[2]、積極傾聽受苦者的心聲[3]，並在日常生活中將自己的價值觀身體力行[4]。相反的，當人們得不到支持並陷入羞愧時，通常會把自己孤立起來，讓生活不是變得更自給自足，就是一步步走向毀滅。

因此，想要擺脫「系統性羞愧」對我們的影響，就必須練習重新與他人建立連結。但要達到這個目標之前，我們首先需要解決一些已經被我們內化的自我厭惡，才不會讓它成為我們尋求連結的巨大障礙。那麼，究竟該怎麼做呢？根據我對於個人系統性羞愧的研究，大致可歸納出以下幾個建議：

- 向他人敞開心扉，談論讓我們感到羞愧的個人特質。
- 坦然接納並表達自己內心的羞愧感。
- 用同理心看待自己的缺點與錯誤。
- 徹底接納自己與當前狀況，即使你並不喜歡它。
- 以快樂與喜悅為動力，而非以恐懼為動力。

在本章中，我們將探討上述幾點的內涵，並學習如何付諸實踐。我們不僅要學會接納自己，還要向先行者汲取經驗，並反思如何推動能有效幫助弱勢群體擺脫羞愧感，邁向接納與相互支持的社會運動。

敞開心扉

哲學家暨法律學者瑪莎·納斯邦（Martha Nussbaum）在《逃避人性》（*Hiding*

from Humanity）一書中探討羞愧在法律的體現。[5]其中一個例子就是「醜陋法」，規定毀容、殘障或罹患精神疾病者在公共場合露面即違法。這些法律影響社會的時間比你想像得還長，例如芝加哥一直到一九七四年才廢除醜陋法。[6]這些法令將無家可歸與疾病等社會危機，歸咎於「不堪入目」的個人，而且至今對人們的影響仍然存在。

洛杉磯市於二〇二一年七月禁止遊民在公共空間搭設帳棚[7]，將六萬六千名無家可歸者的經濟危機，轉變為可判處監禁的個人犯罪。[8]這就好比市政府禁止行人穿越馬路，而不是為行人量身打造更安全的街道。回顧過去歷史，男同志遭到警察騷擾和逮捕也是類似的現象，因為他們被視為傳播愛滋病等「醜陋」問題的根源。當我們禁止更生人居住在特定社區，或是不讓他們在對他們來說過於「純潔」的領域工作時，我們也是企圖透過立法製造羞愧，將特定族群貼上「醜陋」的標籤，而不是去思考困擾他們的問題。

羞愧是將自己的臉隱藏起來。有時，這種隱藏只是字面上的意思，實際上是受到社會強制。因此，解決「系統性羞愧」的方法之一，就是找到安全的揭露形式：公開展示社會強制我們隱藏的東西，讓他人能接受我們。只有在我們的身分認同與社會地位（包括我們極度缺乏的社會支持）得到充分認可時，才有可能獲得「擴展性認可」。

黑人女性作家暨激進分子凡妮莎．蘿雪兒．路易絲（Vanessa Rochelle Lewis）是「重拾醜陋」（Reclaim UGLY）組織的創設者，所謂「醜陋」，是指「提升」（Uplift）、「榮耀」（Glorify）和「愛自己」（Love Yourself），是一個透過開放與展示行為來解決「系統性羞愧」的團體。[9]這個總部位於洛杉磯的組織，是由黑人與棕色人種的酷兒所領導，定期提供線上及線下活動，旨在幫助各種被社會「醜化」的邊緣人建立有意義的連結，向他人坦承的展現自己。

凡妮莎十五歲時，一位老師當眾給她難堪：「哇，凡妮莎，你可能看起來不像碧昂絲，但你確實寫得出一首動人的詩。」[10]多年後，一位洛杉磯的活動策畫師做了一張梗圖，惡意嘲諷她的身體與外表。這張梗圖在網路上瘋傳；有一段時間，搜尋「醜陋黑人女性」時，會發現凡妮莎的照片排在第二位。

在面對這些針對她的仇恨與厭惡時，凡妮莎並沒有退卻，反而在二〇一九年舉辦首屆「醜陋大會」。許多跨性別者、同志、身心障礙者、毀容者、黑人、棕色人種與肥胖者都前往參加。在工作坊中，與會者兩兩一組，敞開心扉講述自己因外貌而受到侮辱或排斥的痛苦經歷。人們在麥克風前分享他們的生存藝術，或揭露自身的羞愧感如何將他們與社會割裂開來。每當有與會者的勇氣出現動搖時，凡妮莎與其他人都會為他們打氣、彼此鼓勵。而會議的成功經驗，促使凡妮莎決定成立「重拾醜陋」這個組織。

由於這個組織的工作人員大多是身心障礙者，而且經濟狀況並不好，所以該組織刻意放慢工作步調。它不是聯邦註冊的非營利組織，這就意味著它比較不依賴補助資金，也不太受制於隨之而來的繁重文書作業與評估要求。我在前一章提到的萊拉克也常與這個組織合作。組織工作人員告訴我，在團隊裡，每個人都被鼓勵按照自己身體可負擔的方式行動。這讓我想起，過去我曾看過非營利組織（即使是立意良善的組織）過度壓榨成員的精力與熱情，看到「重拾醜陋」這個組織能以一種徹底接納的橫向模式來運作，著實讓人欣慰。

瑞貝卡．布里爾（Rebecca Brill）參與過第一屆「重拾醜陋大會」，她告訴我，從前每當聽到「每個人都有美麗的一面」這樣的話語，總會令她覺得虛而不實、目中無人，因為她所面臨的真實處境是：人們總是把她當成醜八怪！對她來說，與其用漂亮的話語自我安慰，不如用「是啊，所以呢？」這樣冷漠的方式來回應。這也是「重拾醜陋」組織之所以吸引人的原因：它不是用空洞的積極態度或否認社會的既有偏見，來試圖掩蓋內心的羞愧感，而是接受並肯定長久以來被社會強制隱藏的「醜陋」事物。

瑞貝卡的經驗與心理學研究是一致的。研究顯示，不斷試圖用振奮人心的積極言論（例如「我很美」或「我很受歡迎」）來自我對話，有時會適得其反，反而可能傷害個人的自尊心。壓抑內心的想法或感受會導致一種稱為「矛盾反彈」（ironic rebound）的現象，這是指當人一直壓抑所有的負面情緒，在耗盡能量之後，這些負面情緒就會更強烈的捲土重來。[11]正如我們不能抑制飢餓感、情感需求或性欲等基本人性需求，我們也同樣無法透過抑制羞愧感來治療內在創傷。

接納並面對不想要的現實，可以幫助我們與它們和解。這意味著要直面「醜陋」的感覺，而不是把這種感覺隱藏起來。瑞貝卡說，聽別人講述自己的創傷經驗，遠比假裝每個人都有美麗的一面來得更有用。[12]她引用瑪麗・蓋茨基爾（Mary Gaitskill）的文章中寫到的一句話：「我們都有醜陋的一面。」放棄對完美的追求，遠比宣稱每個人都可以、也應該嚮往美麗更能解放自己。

許多心理學研究顯示，坦承與揭露會帶來許多好處。當性侵犯受害者選擇向可信任的人揭露自己的遭遇時，這能讓他們對自己的傷痛產生掌控感，幫助自己卸下羞愧感，進而找到能夠理解他們經歷的同伴。[13]跨性別青少年愈是能安全的與他人分享自己的身分認同，罹患抑鬱症的風險愈低，健康狀況愈好。[14]當愛滋病患者公開他們帶原的狀況時，他們更有可能遵守療程服藥，對自己感到自豪，也對他人感到信任。[15]這些發現並不只適用於受羞愧感所困的人，也適用於認為自己過去曾犯錯的人，例如暴力極端主義團體的前成員。[16]

開誠布公的自我揭露也能增進友誼的品質與深度。[17]當治療師選擇以適當的方式揭露自己的脆弱時，可以幫助害羞的病人「消除羞愧感」，並建立起治療關係的信任感。[18]說出我們隱藏在心中的羞愧，有助於拉近彼此的距離，因為它能釋放被我們壓抑的自我厭惡感，以及現實生活為我們帶來的緊張感。

我們該如何向他人敞開心扉，說出我們羞於啟齒的事呢？關鍵的第一步，是先判斷哪些是我們從未說出口的經歷。我們迫切想找到出口的真相，往往會透過我們的私人書寫、最深層的恐懼、最隱密的幻想及匿名網路社群來自我揭露。[19]透過下面這個練習，我提供幾個問題，幫助你開始練習自我揭露，並思考如何在現有的人際關係中培養出更坦誠的態度。

練習⑰——學習自我揭露

請完成以下自我反思問題。

❶ 我仍然非常不喜歡自己的某些方面是：

❷ 我曾做過一個選擇，至今仍讓我感到非常內疚，這個選擇是：

❸ 有一個讓我感到痛苦的祕密，至今我未曾告訴過任何人，那個祕密是：

❹ 我想要向他人傾訴的困難或經歷是：

❺ 以下是一些練習自我揭露羞愧感和經歷的方法，這些方法按照風險與暴露程度由小到大排列。請閱讀這份清單，找出一種或多種對你來說有點挑戰性、卻又可行的方法，並試著練習。

- □ 留出時間私下思考這個問題。
- □ 將這個問題寫在私人日記裡。
- □ 以自我對話的方式，試著談論這個令人羞愧的問題。
- □ 在網路匿名論壇或寫作平台上，發表關於這個問題的貼文。
- □ 在網路匿名群組中，發表關於這個問題的貼文。
- □ 在私密的支持小組中談論這個問題。
- □ 針對這個問題，寫一封電子郵件或信件給值得信任的朋友。
- □ 與一個日後不會見面的陌生人談論這個問題。
- □ 與好友面對面談論這個問題。
- □ 在我認識的許多人面前公開談論這個問題。

❻運用上述方式，制定一個簡短的自我揭露計畫。先選擇一個讓你感到困擾的問題，並練習用自我揭露的方式，以及感覺上相對安全、但具有挑戰性的做法來討論。最後，訂立一個揭露的時間表。有些自我揭露方法（例如在支持小組中發言）可能需要額外的研究與準備時間，因此在制定計畫時請務必考慮到這一點。

- 我想要練習揭露的問題是：
- 我可以練習揭露問題的方式是：
- 我打算在何時開始練習：
- 為了揭露問題，我需要的資源或支持是：
- 在練習揭露問題以後，我預期會有的感受是：
- 如果練習後我感到太過刺激或羞愧，我會如何處理：

當我們試著向他人揭露自己的祕密，然後發現事後並不會發生可怕的事時，我們的痛苦程度就會開始減弱，我們的舊有想法也會開始發生變化。坦誠的揭露問題可以把原本讓我們感到羞愧的事情，變成與自己有關的中立事實，我們會發現自己有能力處理這些事實，而不是以糾正事實為目標。下面我們將詳細討論接納這些事實會有什麼感受，不過首先，讓我們先來看看向他人敞開心扉的另一個主要部分：以脆弱與誠實的態度面對羞愧經歷。

表達羞愧

治療師德蘭．楊（Deran Young）在《成就最好的自己：脆弱性、羞愧復原力與黑人經歷》（*You Are Your Best Thing: Vulnerability, Shame Resilience, and the Black Experience*）中，描述自己年幼的兒子某天走到她面前，告訴她希望自己是個白人。[20]從那天起，兒子的話便不時縈繞在她耳邊，讓她陷入混亂的羞愧感漩渦中。

她回憶當時自己是這麼想的：「怎麼會這樣？我究竟做錯了什麼？天啊！我可是『黑人治療師讚』（Black Therapists Rock）的創辦人，如果連我的孩子都想成為白人，這代表我一定有什麼地方搞砸了。」

起初，德蘭深信自己在擔任心理治療師或母親上都徹底失敗，因為她「允許」她的孩子內化種族歧視。事實上，身在美國，即使你用再多的母愛，也無法保護一個黑人小男孩免於受到種族歧視的傷害。就像曾經有個白人孩子曾對德蘭的兒子說，跟棕色人種的孩子在一起一點都不好玩。雖然這只是短短一句話，卻彷彿開啟她兒子心中的痛苦泉源，這種痛苦的根源又可以追溯到黑人受奴役的歷史。

沉浸在這樣的痛苦中一陣子之後，德蘭瞬間清醒了過來，反而很感激兒子願意向她分享這樣的感受。她寫道：「我意識到一件最重要的事，那就是至少他能向我表達他的悲傷。」因為兒子願意揭露心中的脆弱，讓母子倆有機會坐在一起，共同討論形塑他們生活樣貌的白人至上主義。雖然他們無法倖免於羞愧感，但可以透過開誠布公的談論羞愧感的來源，並一同試圖努力消滅羞愧感。

心理學家布芮尼．布朗（Brené Brown）花費幾十年時間研究如何培養人們的羞愧復原力（shame resilience）。羞愧復原力可以幫助人們在自我形象、社會價值觀與對自己的身分或行為感到羞愧之間，建立起適當的心理距離。研究顯示，羞愧復原力高的人有時依然會遇上觸發性訊息，並因此產生羞愧感，但當這種情況發生時，他們感受到的痛苦程度遠比復原力低者少得多。她在研究中發現，人們建立羞愧復原力的兩種主要方法都涉及坦承：第一，坦承分享被他人評斷的感受和經歷；第二，說出並承認自己所經歷的羞愧經驗。[21]

羞愧感是一種心理學家口中的「後設情緒」，是我們對於其他情緒背後的感受。[22]例如，如果我對朋友感到憤怒，但我認為自己的憤怒是「錯誤的」或具有「侮辱性的」，那麼這種對於憤怒的羞愧感，可能會讓我一時之間不知所措，甚至很難意識到自己潛在的情緒。相反的，當我們能夠意識到當下的羞愧感，就有機會揭開掩蓋住自身情緒的蓋子，看看裡頭究竟潛藏著什麼。

抵抗「系統性羞愧」時，會是什麼樣子？這可能需要我們敞開心扉，說說我們所堅持的那個不可能的標準，並指出一些我們仍然感到羞愧的微小行為與基本人類需求。以新冠疫情大流行為例，這明明是一個系統性問題，但是個人卻一再受到指責。新冠肺炎病例的激增幾乎總是與政府的政策轉變有關，例如恢復室內用餐、重新開放學校或放寬口罩要求等，但政府官員卻一再聲稱，病例數量上升是因為個人沒有「做正確的事」，像是沒有戴口罩或保持足夠的社交距離。[23]

有時候，嚴格遵守新冠防疫措施是困難的。二〇二〇年，當時的我和我的直男伴侶被關在一間小公寓裡，這種處境讓我深刻體會到，自己的性別認同是促使伴侶對我驟然冷淡的關鍵。每當我想要擁抱或溫柔的撫摸他，他就會轉身離開，這樣的反差令我心碎。然後，幾個月過去了，一年過去了，我滿腦子想的都是走出這間公寓，和能接受我真實模樣的人聊聊。但那時，即使是說出這種基本人際需求，在道德上也是不被接受的。我的朋友們都很慎重看待疫情，因此嚴格遵守社交距離；任何不戴口罩或不遵守隔離規定的人，都會被對方在社群平台上解除朋友關係。因此，在疫情大流行的第一年，我幾乎找不到願意和我面對面談天的人，更不用說其他更親密的互動。有將近一年多的時間，我每晚幾乎是哭著睡著的，極度渴望被人擁抱。

也大約是在這個時候，我使用藥物進行去性別轉換。為了挽回伴侶的心，我停止服用荷爾蒙；我還打破封城的限制，每六週去水療中心進行一次雷射脫毛療程；我偶爾會穿上洋裝，學著化妝。雖然我的身體又回到具女性特質的外觀，但是伴侶卻仍然冷落我、疏遠我。我發現自己比以前還要寂寞。最後我放棄了，決定不再設法贏得他的好感，投向同志的世界。當我一個人在家時，我會在色情直播平台上直播自己的裸體，陶醉在隨便什麼男人對著我自慰的快感中。我下載男同志交友應用程式，在上面隨機和人聊到深夜，其中有些人就住在離我家不遠的地方。有幾次，我還隨便答應陌生人的邀約，跟對方去旅館與酒窖約會。

我為自己的行為感到羞愧。雖然我知道新冠病毒的猖獗在很大程度上是因為政府失靈，但我同時為自己缺乏與世隔絕的意志力而感到抱歉。我的一位同事曾在網路發文，表示如果有人離家去參加不必要的社交活動，他們應該對他祖母的死感到良心不安。這讓溜出去匿名約會的我，感覺自己像是某樁謀殺案的共犯。我也為自己深感羞愧，因為我仍然和一個不再需要我的男性維持交往關係，甚至為了挽回這段關係，寧可冒著性別不安的風險。我讓自己陷入一個可悲至極的境地，而我的處理方式甚至更糟糕。

直到我開始讓別人了解我的感受時，才開始從這種巨大的羞愧感中恢復過來。二〇二〇年冬天，我告訴我的朋友瑞克，我非常需要找人聊聊。我和瑞克認識十多年，共同經歷過生命中某些困難時刻，我知道他不會拋下我。我們試著用相對來說染疫風險較低的方式碰面，例如坐在他家門廊上，或是在我家公寓同棟樓裡空無一人的「商務中心」，我們會將窗戶打開，一起在那裡吃份三明治。和瑞克碰面後，我才發現自己真的很傻，為什麼會這麼害怕讓別人知道我很痛苦？我當然在受苦，但瑞克何嘗不是！能夠在這麼艱難的時刻，和一個真正關心自己的人聊聊，或許是我目前經歷過最有人情味的事了。

在我接種疫苗之後，我和我的朋友梅蘭妮碰面，向她坦白我的感情狀況糟透了。我坐在她的床上，哭得一塌糊塗，梅蘭妮則把我摟在懷裡。在接下來的幾個月裡，我結束了那段感情，開始和真的嚮往我的男性特質的酷兒約會，梅蘭妮始終在一旁為我加油打氣。多年來，我一直對她隱瞞自己的戀情有多糟，或許正因如此，拉開我們之間的距離。而今，我的自我揭露讓她再次進入我的內心世界，增進了彼此的友誼。不僅如此，在隨後的幾個月裡，我和許多好友的關係也變得更加深厚。

雖然我長久以來一直試圖隱瞞自己的痛苦，到頭來，我還是按照布芮尼在著作中提到的建議：我將自己的需求託付給適當的人，也找到更健康的方式來滿足這些需求。我向他人揭露一直深埋在心中的羞愧感，找到了從前以為無法找到的安慰。在解決像是跨性別恐懼與新冠肺炎等系統性問題時，我了解到完美是不可能的。我必須適度承擔一些風險，才能擁有自己想過的生活。

下面這些問題，可以幫助你試著解開被羞愧感掩蓋的難受情緒：

- **為什麼我總覺得自己不被允許擁有欲望？**

- 我是否試著克制自己，避免產生某種特定情緒（如憤怒、怨恨、嫉妒、欲望或悲傷）？
- 當我確實感受到某種被禁止的情緒時，會產生哪些情緒試圖將其掩蓋？（例如，我是否會用道歉來壓制憤怒？）
- 如果我知道自己不會受到評判，我會表達什麼樣的情緒與需求？

根據二〇二一年初發表的一項研究顯示，學會公開談論羞愧感，能幫助肛門直腸疾病患者獲得更好的健康狀態，感受到更多人的支持，並在管理自身護理方面更有掌控感。[24]研究也證明，培養羞愧復原力有助於治療藥物成癮女性[25]、重度抑鬱症患者[26]，甚至是因為過勞而感到羞愧的醫學院學生[27]。從愛滋病陽性患者到飲食失調患者，從酷兒到患有被嚴重汙名化的精神疾病患者，公開說出自己的羞愧，對於健康都大有助益。當我們能夠坦承自己的需求，以及自己對這些需求的迫切程度時，我們就能在他人的支持下，做出減少傷害自己的決定。[28]

在認識羞愧感在我們生活中扮演的強大角色，以及羞愧感阻礙我們體驗完整人性的方式後，我們再也不必相信羞愧感帶來的有毒訊息。我們可以將社會文化的制約和我們真正相信的東西區分開來，並對內心受傷的自己表現出更多的同理。

懷抱同理心

和許多關心社會正義的人一樣，多年來，我一直在反思自己過去的成長經歷及對媒體的喜好。電影《追殺比爾》（*Kill Bill*）對青少年時期的我意義重大，但自從知道導演昆汀．塔倫提諾（Quentin Tarantino）曾在片場讓烏瑪．舒曼（Uma Thurman）遭受危險，我還能繼續喜歡這部電影嗎？[29]我喜歡《沉默的羔羊》（*Silence of the Lambs*），這是否代表我歧視跨性別者？在過去幾年內，我曾多次與朋友談到我們對於自己喜歡的音樂家或在觀看媒體時，心中所感受到的內疚。

這種內疚與「系統性羞愧」運作的方式如出一轍，因為我們從小就被教導，我們的消費選擇會呈現出我們內心的善惡，而我們所選擇的媒體，本質上也呈現我們對於性別歧視、種族歧視與恐同議題是否投下贊成票。我們支持的品牌成為我們道德認同的延伸，因此當這些品牌被證明具有道德瑕疵時，我們也會覺得自己受到了譴責，甚至當我們消費該品牌，還會受到別人的指責與羞辱。最近我參加的一場會議上，一位年長的女性就感歎道，她再也負擔不起帶家人去迪士尼世界玩的費用。這時，與會的另一名女士尖酸的回應她：「這或許正是給你的提醒，不要再支持由男性主宰的恐同企業。你真該慶幸有這個機會，重新思考自己過去都在支持哪些企業。」

試著想想，幾乎定義我們童年的所有媒體都充滿了偏執，隨意羞辱接觸過這些媒體（並對其形成依戀）的人其實並不合理。然而，「系統性羞愧」的個人主義視角讓我們很難去區分媒體的缺陷與抨擊受該媒體影響的任何人之間的差異。

一個人在社會薰陶下，成為社會期待的樣子，並不是個人的失敗。事實上，這是無可避免的。我就是看《王牌威龍》（*Ace Ventura*）與《情人眼裡出西施》（*Shallow Hal*）等跨性別與肥胖恐懼電影長大的。我平日收看的電視節目中，酷兒向來是被人審問的怪胎，而窮人、吸毒者或遊民則是令人們厭惡的對象。在這些媒體毒藥中，我也曾嚐到甜頭，例如電影《鳥籠》（*The Birdcage*）中輕挑婆娑的奈森・連恩（Nathan Lane），音樂團體野人花園（Savage Garden）中聲調柔美的達倫・海耶斯（Darren Hayes）等。在這些不完美的酷兒亮點中，幫助我第一次認識自己。不幸的是，為了能在這些地方看到自己的影子，我也不得不親眼目睹電視中人們張口瞠目盯著「懷孕的男人」的模樣，或是看見跨性別女性被描繪成殺人不眨眼的惡棍。

在我成長過程中接觸的大部分媒體環境，都不斷受到這些偏見所汙染，而這些被產製出來的偏頗內容，幾乎都是由不用承擔傷害他人後果的權力人士所製造出來。其中有些內容對我造成很深的影響，甚至可能影響我一輩子。這些內容過去塑造了我，就像塑造了我們所有人一樣，光是能意識到這一點，就能為我們帶來好處。雖然我無法透過消除過去或現在接收到的所有負面訊息來淨化自己，但我可以做的是試著理解它們，並透過關愛自己，來面對它們曾為我帶來的傷害（或好處）。

作家暨「肥胖解放」（fat liberation）倡議家奧布瑞．戈登（Aubrey Gordon）表示，她對犯罪紀實相關影片有著相當矛盾的迷戀[30]。作為一名有時為焦慮所苦的白人酷兒女性，奧布瑞認為這些與謀殺及性侵議題有關的影片為她提供一個出口，得以釋放美國白人女性特別容易產生的深層恐懼。她在書中寫道：「它為我混亂的內心世界提供一個釋壓閥，可是同時也助長我的焦慮，然後又為焦慮提供一條可控的紓解途徑。」

犯罪紀實影集是一門銷售價值高達數十億美元的好生意，也是一種爆炸性的文化現象。[31]大多數犯罪紀實題材的主要創作者與消費者都是白人女性，她們通常具有來自中產階級以上的背景。正如奧布瑞所言，這個現象並非巧合。我們的文化教導白人女性，生命是珍貴且脆弱的，危險的襲擊者幾乎無所不在。然而，這種恐懼與統計事實不符[32]。一般來說，白人女性受到暴力犯罪侵害的風險很低（尤其是富裕的白人女性），她們面臨的危險遠低於有色人種的男性或女性及白人男性。此外，當白人女性受到侵害時，犯罪者通常是她們已經認識且信任的人，例如戀愛對象、好友、老闆、教會領袖或父母。[33]然而，大多數犯罪紀實節目、書籍與電影卻試圖將閱聽者的目光焦點，放在對白人女性受害者的隨機暴力行為。

研究顯示，犯罪紀實作品會扭曲人們對於暴力行為風險的預測評估。[34]閱聽紀實犯罪作品的觀眾往往會高估犯罪率，並認定暴力犯罪者大都是陌生人，但實際上，暴力犯罪者大多是被害者所熟識的人。[35]經常接觸犯罪紀實作品的人會更害怕鄰居，也較容易將自己與社區隔離。[36]

基於上述理由，奧布瑞在書中寫道，她開始對自己喜愛犯罪紀實影集這件事感到不安。奧布瑞本身是一名反種族歧視者，她開始對犯罪紀實影集抱持懷疑的態度，例如影片中通常會過於美化警方，有些劇迷甚至會高聲歡呼他們「最喜歡的」殺手終於被逮捕和監禁了，卻幾乎不會去關注每年有多少有色人種因為非暴力犯罪而被錯誤監禁。她想要以一種不受羞愧感驅策的方式，探討這類題材的影片受社會大眾的歡迎程度，並了解影片將如何影響人們的心理。

奧布瑞寫道：「我並沒有拒絕觀看或收聽犯罪紀實節目。」但是她發現當她愈有意識的思考這件事，就會降低對這類影片的興趣。另一方面，她讓自己每觀賞一個犯罪紀實節目，就至少選讀一篇有關廢除監獄與司法體系種族歧視的媒體報導；她定期捐錢給名為「清白專案」（Innocence Project）的非營利法律組織；當她的朋友提起最近狂追的犯罪紀實影集時，她會試著將後續話題引導到現實世界的議題上。

奧布瑞並沒有因為吸收了有毒的文化資訊而嚴厲責備自己，也沒有把自己的消費習慣與道德畫上等號。她坦承自己百感交集，並誠實面對犯罪紀實節目對她和世界所造成的傷害。這種做法似乎比懷抱羞愧感來得健康和有效。

在觀看我最喜歡的媒體節目時，如果節目內容有讓我感到不舒服的地方，我發現練習運用富有同理的好奇心能有所幫助。也就是說，我可以承認我從喜歡的作品中獲得情感上的好處，這同時會幫助我進一步去思考，是否我也會很容易接受其中有毒或無知的內容。我還喜歡思考如果我持續消費有道德瑕疵的創作者的作品，是否會傷害到別人。例如，我不想透過購買任何《哈利波特》周邊商品，讓「對跨性別不友善」的作家如J. K.羅琳（J. K. Rowling）變得更有錢。然而，當昆汀·塔倫提諾推出一部新作品，探討（並在一定程度上證明）普遍存在於好萊塢的性別歧視虐待時，我可以找到一種不讓他賺到錢的觀賞方式。我想看看塔倫提諾如何讓自己在虐待婦女方面的同謀行為合理化，因為我知道，他的電影傳達的訊息會對我以外的數百萬人產生影響。我生活在一個長期以來一直讚揚著塔倫提諾，並對他的作品允以豐厚報酬的世界。作為《追殺比爾》的狂熱愛好者，我對塔倫提諾的巨大成功也做出了微薄的貢獻。與其逃避現實，我決定面對現實，試圖了解為什麼塔倫提諾的作品能夠讓我和這麼多人如此著迷。持續理解這些矛盾，是我未來將持續探索的方向。

要讓自己與那些已經被我們內化的「有問題」媒體訊息和解，方法之一就是練習「自我疼惜」（self-compassion）。我們必須先體認到，我們所做的任何一種選擇都有其原因，大多數人在同樣的情況下，很難以「完美」且合乎道德的方式來滿足自己的需求。能夠關愛自己的人在面對挫折時，往往會表現得更有韌性。[37]他們較少因為自己的錯誤而感到受傷，較少遭受負面的精神狀態所苦[38]，也比較不怕被拒絕[39]。相反的，羞愧感會抑制我們的動機，自我疼惜則會促進我們的健康。[40]社會心理學家克麗斯汀·納夫（Kristin Neff）在二〇〇三年就制定「自我疼惜量表」[41]，至今仍被廣泛使用。在開發量表並研究人們如何運用「自我疼惜」(self-compassion) 的過程中，克麗斯汀發現，能夠高度自我疼惜的人具備六個關鍵技能：

1. **善待自己**：無論是對自己或自己所愛的人，都保有同樣的溫柔與耐心。
2. **不做評價**：能夠接受自己本來的面目，不會去評判自己的「缺點」。
3. **理解人性**：能體認到正因為自身的不完美，因而讓自己與他人連結在一起。
4. **避免孤立**：願意與人連結，拒絕退縮與躲藏的衝動。
5. **正念**：懷抱著好奇心觀察和思考自己的處境。
6. **避免過度認同**：認識到自己的感受、想法與錯誤並不能定義自己是誰。

為了說明上述技能如何實踐在生活中，讓我們回過頭來看看我在封城期間的遭遇。與其為了自己的人際需要而感到羞愧，不如透過這六種技能進行自我疼惜：

1. **善待自己**：我們經歷的是一場國際級的危機，而所面臨的則是快要崩潰的親密關係。我比以前需要更多的人際互動，這是相當合理的事。
2. **不做評價**：我的感受就是如此。我的情緒與想法在道德上完全中立。我可以順其自然，不用苛責自己。
3. **理解人性**：我敢打賭，很多人都發現很難嚴格遵守封城規定。我也不會是唯一一個在這段時間痛苦失戀的人。這一切都不是難以啟齒的。

4. **避免孤立**：如果我找到能安全傾訴的對象，我可能會發現，自己並沒有想像中那麼孤單。我可以和我的酷兒朋友們在網路上聊聊，找到安全的地點和方法與人碰面，談談我正在經歷的事。

5. **正念**：我應該密切注意自己的感受，包括讓我感到有點羞愧的衝動和幻想。這些情緒試圖告訴我一些重要的事情，讓我了解對我來說什麼是重要的、我是誰，以及我目前的生活如何脫離正軌。

6. **避免過度認同**：我陷入困境，正在竭盡全力度過難關。我現在為了生存而採取的行動，並不能定義我這個人。我「最糟糕的」衝動或最可恥的感受，同樣也不能定義我是誰。

自我疼惜的能力因人而異。然而研究顯示，這些技能是可以學習的。而且一旦我們開始學習自我疼惜，不但能提升幸福感，也能促進個人成長及社會連結[42]，所以也是幫助我們擺脫「系統性羞愧」的良方。當然，有些感受很難以正面或同理心的角度去看待。生活中就是有些情況，讓我們感到人生如此艱難與不公平，令我們幾乎無法與之和解。當我們處在這樣的情況，感覺自己不可能採取溫和的自我疼惜方式來應對時，就是該學習自我接納的時候了！

徹底接納

自我疼惜讓人感到溫暖又安心，它告訴我們，自己的行為與感受是可以被理解的。當我們相信自己已經就現有資源條件盡最大的努力，這時最能體驗到自我疼惜。最重要的是，知道沒有人能時時刻刻竭盡全力，有時無論你如何努力，都無法做出令自己滿意的決定。當我們發現現實不盡然全是美好時，仍然願意試著接納它，這就是不完美帶來的治癒力量。

二〇一七年八月，記者弗雷迪・德波爾（Freddie deBoer）控告同事馬爾科姆・哈里斯（Malcolm Harris）性侵。[43]事發當時，弗雷迪正經歷雙極症造成的精神崩潰，在住院並接受藥物治療後，他才意識到自己撒了謊，並迅速發表明確的道歉聲明。

弗雷迪為此付出慘痛的代價。原本經常在《紐約時報》（*New York Times*）、新聞評論網站《沃克斯》（*Vox*）與《野獸日報》（*Daily Beast*）發表文章的他後來發現，許多過去合作過的編輯都開始疏遠他，直到今天，曾與他友好的同事也不再與他聯繫，這讓他不禁懷疑他們是否聽到什麼謠言，或是迫於某些壓力而和他拒絕往來。弗雷迪已經為自己的行為付出巨大的代價，而馬爾科姆也曾公開表示能夠體諒他的狀況，但這並沒有改變對彼此已經造成的傷害。

在心理健康自我倡導領域，弗雷迪是個爭議性人物。他支持多數人奮力爭取的許多經濟政策，例如保障「全民基本收入」與全民健保制度。[44]他主張所有人都應該過著舒適且有尊嚴的生活，無論他們的能力或行為有所不同。但與大多數推動身心障礙者權利的人不同的是，弗雷迪並不認為社會應該將精神疾病與障礙者視為人類多樣化的中性來源，而是認為與其接納這些人，不如讓他們接受治療；他支持對不願配合的患者進行非自願治療[45]；他不喜歡「自閉症關懷」、「瘋狂自尊遊行」（mad pride）等活動及神經多樣性的概念。弗雷迪曾說過，他為自己的精神疾病感到羞愧，並憎恨這種疾病對生活造成的巨大傷害：「雖然我極度渴望擺脫精神疾病與藥物治療，但它們已經成為影響我這一生兩個最主要的因素。」[46]

如果你是身心障礙人士，無論你是否為自己的狀態感到驕傲或憎惡，社會的系統性歧視可能對你的生活造成負面影響。儘管如此，許多身心障礙倡議者認為，我們必須毫無保留的擁抱自己的所有狀況，這使得對自身狀況感到羞愧的障礙者或是渴望被治癒的人，往往被噤聲或是被視為背叛者。我的朋友查麗蒂曾因為在個人部落格寫到，希望自己不是一名自閉症患者，因而多次遭受不知名人士的死亡威脅，最後被迫關閉部落格。查麗蒂是一名低口語自閉症患者，經常被認為是低智商。她對身心障礙身分對生活造成的影響感到厭惡，然而，每當她表達這種悲傷與羞愧感時，其他身心障礙人士會將她視為更廣泛社會接納的威脅，而目睹這一切的我總會感到無比沮喪。

在反肥胖恐懼活動中也存在著類似的衝突。有人認為，我們應該創造更多對肥胖人士的正面觀感，也有人認為，更重要的應該是推動社會與政治變革，讓所有肥胖人士都能獲得公正對待。[47]今日，關於「肥胖接納」或更模糊的「身體自愛」（body positivity）議題書籍、研討會與社群平台大行其道；人們陶醉於一種想法，那就是當我們**選擇**以更陽光的態度面對自己的體型時，恐懼肥胖帶來的痛苦就能得到治癒。

然而，正如多位關注肥胖議題的作家如羅珊・蓋伊（Roxane Gay）[48]，以及前面提到的奧布瑞[49]等人所言，公眾的排斥無法透過個人的自信來解決。這就好比如果公車上沒有設置適合你的體型的座位，也沒有任何處方藥是針對你這種體型的人做過測試，那麼光是要你正向的身體自愛，完全不能解決你面臨的真實處境。即使你確實對自己的肥胖體型感到自豪，你依然會受到壓迫，在周圍那些缺乏你這種不顧批評、具有「不沾鍋」自信的肥胖者也依然會受到壓迫。

正因如此，許多脂肪解放倡議家轉而推動「身體中立」（body neutrality），以及能夠直接改善肥胖者生活的經濟與法律政策。「身體中立」是一種接受現實的方式，讓人不再試圖強迫自己不斷減肥，直到被社會認可的狀態，也不需要強迫自己變得被人喜愛。例如，爭取肥胖解放意味著對醫學研究以肥胖患者為研究對象提出抗議，並指出有國家禁止肥胖者移民的做法是一種歧視。[50]解決這些明顯的系統性問題將改善所有肥胖者的生活，無論他們對自己感到驕傲還是厭惡。

同樣的原則也適用於心理健康倡議運動。我們並不一定非得要正向看待自己的神經發展障礙類型；事實上，有些身心障礙者表示真希望自己的障礙能瞬間消失，這也是完全可以理解的，這種真實的內在感受，絲毫不會影響我們為障礙者爭取福利和擴大法律保護的決心。像弗雷迪這種嚴重躁症發作的患者，或是我的朋友查麗蒂，都不必勉強去愛自己的精神疾病。即使我們仍然必須背負社會汙名化與自我厭惡，我們還是可以選擇為自己和他人挺身而出，透過遊說去修正具有掠奪性的監護制度，擴大身心障礙者生活補助費，並改善身心障礙學生的入學機會和學校的無障礙設施等其他措施。藉由解決羞愧感的外部來源，而非羞愧感本身，才能讓後代精神疾病患者與身心障礙者不再陷入自我厭惡。

用戴上驕傲的面具，試圖遮掩「系統性羞愧」帶來的傷疤，不僅會為身心障礙者或肥胖解放倡議家帶來壓力，還可能會以一種隱而不顯的方式影響人。例如，女性為了獲得權力，用減少道歉、迴避自我懷疑等具有男性氣概的方式展現自我。幾十年來，各種領域的職業婦女都被建議透過展現充沛自信的方式，來治癒自己的「冒名頂替症候群」；但實際上，這些建議只是把一個結構性問題推給個人。女性面臨的真實處境是，無論再怎麼降低自己的音調或擺出具有權勢的姿勢，都無法改變幾乎在所有行業中地位處於劣勢的事實。

人們經常錯誤的將女性遭遇的問題歸咎於「冒名頂替症候群」，但實際上，這是一種準確的模式識別：女性注意到，她們的貢獻獲得的認可比男性少[51]；她們獲得晉升的機會較低，即使獲得升職，更可能因制度上的失誤而受到懲罰[52]；她們的收入比男性低；當她們有了家庭後，可能會遭受不公平對待，而男性卻可能因此獲得獎勵[53]。此外，人（不論男性或女性）在面對不安全的現實時本來就會沒有安全感，這種感受並不荒謬，而是合情合理的，但社會卻經常為女性貼上情緒化標籤。因此，除了讓女性有意識的正視這種結構性性別歧視為她們帶來的不適感，我們更應該徹底接納這些艱難感受的合理性，這是對社會失敗的控訴，而不能把問題歸因為女性個人的失敗。

與其強迫自己去愛上社會教導我們要痛恨的那些面向，還不如試著接納我們的生活，以及那些仍然潛伏在我們內心的痛苦。弗雷迪成功的做到這一點，他公開承認自己錯誤指控馬爾科姆，並向大眾承諾會注意自己的心理健康，不再以這種方式傷害他人。弗雷迪也公開談論讓自己感到羞愧的精神疾病，撰寫大量文章及製作影片，分享一個人在做出讓自己後悔的行為後該如何繼續生活，這些文章及影片為許多雙極性患者帶來慰藉。弗雷迪也持續倡議為身心障礙者提供更多社會福利與可負擔住宅，無論他們是否支持「瘋狂自尊遊行」。

辯證行為治療師通常會幫助病人接受負面情緒與現實，因為一味壓抑自己不想要接受的事實與困擾，經常會耗盡我們的心力，可能導致出現酗酒、吸毒、傷害自己、過勞、社會孤立等行為，最後令人在憤怒與淚水中崩潰。面對令人不快的現實，我們可以採取更側重於解決方案的觀點，這樣可以幫助我們立足於現在，而不是執著於無可改變的過去。辯證行為治療師經常透過下面這個練習，幫助患者接納自己與難以面對的殘酷現實。

練習⑱——接納現實[54]

❶ 請說出三件令自己感到不愉快、抗拒接受的事實。例如：你希望從未發生的過往經歷、與你有關但你希望並非真實的事實、你一直試圖否認的人際關係現況，或是你不允許自己展露出來的失落。

❷ 當你試圖對抗現實時，你會採取哪些步驟？例如：用過度工作或玩電玩遊戲來分散注意力、用藥物來麻痺情緒、對自己的感受進行批判，或試圖控制他人的行為。

- 我分散注意力的方法是：＿＿＿＿＿＿。
- 我試圖麻痺自己感受的方法是：＿＿＿＿＿＿。
- 我對自己說過的傷人話語是：＿＿＿＿＿＿。
- 我試圖控制他人的方式是：＿＿＿＿＿＿。

● 我一直感到糾結的不公平事實是：＿＿＿＿＿＿＿＿。

● 我「對抗」現實的其他方式是：＿＿＿＿＿＿＿＿。

❸ 你用來對抗現實的方式，可能會讓你付出什麼代價？例如：耗盡你的精力、讓他人感到沮喪，或可能需要花費大量的金錢與時間。

從「應該」到「希望」[55]

幫助我們接受現實的方法之一，就是不再堅持認為事情「應該」以某種方式發展，運用轉念的方式，允許自己經歷不同的可能。

「應該」的念頭會抵制現實，而「希望」的念頭，則讓我們能夠感到悲傷。試著用下面的提示，將你認為事情「應該」如何發展，轉變為「希望」如何發展。

練習1

- 請寫下你心中的「應該」：我應該能夠＿＿＿＿＿＿。
- 運用「希望」來重構句子：我希望能夠＿＿＿＿＿＿，但是我無法做到。

練習2

- 請寫下你心中認為的「本來不應該發生的事」：＿＿＿＿＿＿。
- 運用「希望」來重構句子：我希望＿＿＿＿＿＿從未發生，但是它就是發生了。

練習3

- 請寫下你心中不應該產生的感覺：我不應該有＿＿＿＿＿＿的感覺。
- 運用「希望」來重構句子：我希望我沒有＿＿＿＿＿＿的感覺，但是我確實感覺到了。

「系統性羞愧」認為凡事靠個人就可以達成，但不幸的事實是，許多情況並無法單靠個人的力量，而當一個人獨自承擔起所有責任，容易讓自己沉浸在悲傷的情緒之中，為自己沒有開創一個更美好的世界而感到悲傷。這種悲傷起初並非深不見底，但隨著我們試圖推開現實，就會把自己鎖在一場被情緒困住、永無止境的抗爭中。矛盾的是，只有當我們放棄對抗現實，允許自己感受到不愉快的情緒時，痛苦才會自然而然的結束。

辯證行為治療師雪莉．范迪克（Sheri van Dijk）在談到情緒壓抑時如是說：「無論你經歷了什麼，那都已經發生了，現在你需要做的，只是察覺到就好。」[56] 值得慶幸的是，增進對現實的察覺也意味著注意到正面積極的感受，例如喜悅和快樂。這些情緒比羞愧感更能有效引導我們的行動。

傾聽快樂與喜悅

我們可以透過學習傾聽自己的感受，了解哪些事情能讓自己感到愉悅或快樂，藉此實踐「擴展性認可」。快樂與喜悅是有效對抗羞愧感的剋星，能幫助我們重新學習信任自己的身體與情緒。「系統性羞愧」會讓我們對於自己感覺愉快或需要的事物產生懷疑；擴展性認可卻會鼓勵我們擴展對身體的察覺，實踐讓自己覺得「正確」的事。

快樂是一股強大的驅動力，讓我們以相當直接的方式滿足各種身心需求：吃東西讓我們快樂，因為它能滿足飢餓感，也能滋養我們的身體；性愛讓我們快樂，因為它能同時滿足性欲和與人親密的需求（也能獲得感官刺激）。喜悅則以一種略微抽象的方式賦予我們力量：當我們對未來感到期待與興奮，感受到將與一個比自己更大的目標或社群連結時，就會充滿喜悅[57]。快樂與喜悅這兩種情緒是超然且廣泛的：快樂讓我們暫時放下重重心事，專注於身體和環境；喜悅將我們與他人和未來相互連接。結合這兩種情緒，能夠引導我們更妥切的照顧自己，降低羞愧感對我們的支配。

如前所述，對人們的飲食習慣、使用藥物或性習慣做出羞辱與指責，並不會促使他們做出積極的改變，反而會導致對方疏離孤立，或因決策疲勞（decision fatigue）而不知所措。因此，「健康胖健康瘦運動」（Health at Every Size Movement）就是用鼓勵各種體型與健康狀況的人，用讓自己感到開心的方式運動，並優先考量能挑戰自我潛能並帶來愉悅的體能活動。[58]科學研究也支持這種做法，當人們運動的原因不是為了減重，而是讓自己感到愉快或探索身體潛能，會改善運動習慣和健康狀態。[59]把運動當作快樂的泉源，也有助於長者（往往因身體老化而感到羞愧）[60]和飲食失調者（習慣用運動來懲罰自己）[61]改善健康，制定「快樂運動」計畫總是比羞辱或說教來得有效。[62]當然，幫助人們提振精神，讓他們對於掌控自己的身體狀態感到更自在，本身就能帶來正向的影響。

同樣的，「直覺性飲食法」（intuitive eating）鼓勵人們信任自己的飢餓感與渴望，而不是去懷疑這些身體自然發出的訊號，透過擺脫對於食物欲望的羞愧感，建立食物和身體之間更和諧的關係[63]。

即使你在飲食方面沒有太多羞愧感，仍然可以將這些想法應用到生活中。方法是找出一個你經常要求自己有所節制，或是會讓你感到羞愧的基本需求，然後想一想，如何能夠更充分的滿足這種需求。例如，如果休息會讓你感到羞愧，你可以每天下午讓自己小睡片刻，或在暗處靜下來，聽聽讓人放鬆的冥想音樂。或者，如果你的工作壓力太大，你可以找一個你最喜歡的同事聊聊，告訴他你想要拒絕公司的抱怨文化，因為聽到同事不停抱怨自己有多累、工作有多重，只會讓你更難設定界限，無法照顧自己的身心健康。你也可以學著用更直觀、更接納的方式，看待你一直壓抑著的任何需求。

另一個釋放快樂力量的方法，是讓自己沉浸在某些活動所帶給你的美好感受。由於道德的清教主義（Puritanism）與社會的「系統性羞愧」，導致許多人無法坦率的享受一次美妙的性高潮、一頓美味的餐點、在公園裡漫步，或是窩在吊床上吞雲吐霧的慵懶週末，這些簡單純粹的快樂往往讓我們心生羞愧。心理健康倡議者艾立森．拉斯金（Allison Raskin）在《對自己想太多》（*Overthinking About You*）中，描述她如何開始鼓勵自己在吃東西時表達內心的喜悅。一開始，你可能會感覺在開心時發出讚嘆聲或在座位上興奮的扭動身體，可能會讓別人覺得你很蠢，但是感覺愉快這件事本身並沒有錯。

在我還沒出櫃時，對一切能讓身體感到愉悅、舒服的事物，都抱持著自我懷疑的態度。我從十幾歲起就發現，相較於觀看「異性戀」的性行為，觀看男同志色情片或想像自己是劇中男主角，都會令我感受到強烈的快感。男同志色情片與同人小說對我有著莫名的吸引力，在那些狂喜的片刻，會讓我暫時放下對外界眼光的所有擔憂。多年來，我一直忽略這些感受對我的意義，不斷在心裡告訴自己，那只是說明我是一個盲目崇拜男同志的怪異直女。直到快要三十歲時，我才終於意識到，沒有什麼事比我是快樂的還重要。事實上，這些真實的快樂，才能真正揭示我是什麼樣的人。

大約從那時起，我也開始實驗自己的性別表現。記得我第一次束胸並穿上男式扣領襯衫時，光是看著鏡子裡的我，就立刻感受到一股輕盈的喜悅。我無法想像身為女性的我的未來，甚至無法看著並理解現在的自己。但是當我想像自己以男性身分生活和打扮、建立人際關係，甚至想像自己未來慢慢變老的樣子，那種感覺就好像眼前被黑暗阻隔的道路，突然被一排柔和又溫暖的街燈所照亮。[64]

就像快樂一樣，喜悅也是一種趨近取向的情緒，它常常向我們發出訊號，讓我們知道自己正走在正確的道路上，為自己做一些從長遠看來會得到回報的好事。公共衛生研究人員發現，當我們想要推廣接種疫苗、使用保險套、進行疾病篩檢等保健行為，從好處的角度[65]或是做這些事情的感覺有多好[66]，遠比用「不做正確的事」會導致的危險來嚇唬或羞辱人來得更有效。

喜悅也能激發富有建設性的社會變革。最近一些成功的勞工與社會運動，都是藉由喧鬧的音樂、舞蹈、共同慶祝與喜悅來維持成員的活力。即使在愛滋病疫情最嚴重的時候，LGBTQ組織者也會確保在他們的示威活動中融入藝術、自我表達與遊戲的元素。二〇二〇年，亞馬遜的倉儲人員開始在紐約組織工會時，表達憤怒並不是重點，克里斯．史莫斯（Chris Smalls）等組織幹部會確保活動中充滿令人愉悅的免費烤肉、大麻、對話與香檳。67

下面提供你一些思考問題，幫助你能受到更多快樂與喜悅的引導，而不是受到羞愧或恐懼所驅動：

- 哪些活動能讓我的身體感覺放鬆和自在？
- 我發現哪些活動能讓我感到愉悅？當我感到愉悅時，我能如何坦率的表達？
- 我該如何在日常生活中，增添更多讓自己愉悅的味覺、嗅覺、觸覺或身體的感覺？
- 哪些活動能讓我感覺到自我成長，或是對自己有好處的事？
- 什麼時候我會最有成就感或最自豪？
- 試著想像自己最光明、最幸福的未來，我會看到什麼景象？

在個人層面上練習培養「擴展性認可」，並非是要抹去我們過去經歷的創傷，也不是要清除我們對自己的每一種負面感受與想法，事實上，這兩件事都是不可能做到的。相反的，我們需要仔細觀察羞愧感是如何塑造我們過去與現在的生活，然後有意識的選擇做那些讓我們感到充實與連結的東西。

還記得本章開頭提到的艾瑞克嗎？在一個大規模監禁的國家裡，艾瑞克可能永遠背負著重罪犯這個身分而來的羞愧感。如果沒有其他重罪犯與朋友的支持，艾瑞克幾乎無法對抗那個讓他和上億個有犯罪紀錄的美國人受到壓迫的法律結構。[68]但是，艾瑞克還是可以做一些事，例如允許自己再剪一次像是羅伯特·史密斯（Robert Smith）的髮型、享受一下穿皮褲的樂趣。他可以在家裡擺滿關於火車的書籍，或是他在娃娃機夾到的絨毛玩偶，並在書房角落布置一個舒適的書桌。他可以向值得信任的人透露自己的身分，在需要時放聲大哭，慢慢放下那個只會讓自己感到更加羞愧的嚴肅硬漢形象。對自己更誠實雖然無法解決所有的問題，但能讓他與他人建立起真正的連結，而這對於擺脫羞愧感是絕對必要的。

第七章

脆弱的連結

我在第一章曾提過支持脂肪解放主義的凱莉，他們經常覺得自己很難與學校其他家長建立關係。凱莉住在芝加哥郊區，他們是當地唯一公開的非二元性別者（nonbinary），也是少數不積極減重，對節食、運動計畫或與身材焦慮等話題絲毫不感興趣的家長，這讓凱莉感到有些格格不入。但為了孩子們的友誼，凱莉不得不做出選擇，不是對那群經常對身材感到焦慮並刻意節食的媽媽們保持沉默，就是對家長的刺激性言論提出挑戰。

「有一個媽媽，我們的孩子是朋友。這位媽媽時常會對自己的身材感到羞愧，十分執著於運動和節食。」凱莉告訴我，經過一年令人煩悶、老是得假裝自己也對減重話題很感興趣的聚會後，她終於決定反擊。

「我就說：『你能不能不要在我面前談減肥？』她的回應是：『不行！去你的，我的生活就是這樣。』」自從發生那次爭執後，對方就不再讓她的孩子和凱莉的孩子一起玩。對凱莉來說，這往往是「做自己」所付出的代價；光是告訴對方自己的界線及酷兒身分，就足以讓自己的孩子受到排擠。這種狀況經常為凱莉帶來沉重的羞愧感，被人孤立的處境也讓人感到痛苦。凱莉還發現，自己也愈來愈難信任鄰居與孩子同學的家長。

不過，當凱莉獲聘成為女童軍訓練專員時，卻意外獲得一個美好的機會，得以與他人建立真誠、互相尊重的關係。當時，凱莉和這位名叫奧圖姆的家長並不熟稔。凱莉說：「我決定寫封電子郵件給奧圖姆，並在信件中寫道：『我是一名非二元性別者，所以我使用的「性別認同代詞」（pronouns）是中性的「他們」（they／them）。如果我們必須以共同訓練專員的身分一起工作，你可能需要了解關於我的這些資訊。你想要怎麼處理這個情況呢？』」

後來，奧圖姆向凱莉坦承，她過去從來沒有遇過非二元性別者（至少據她所知是這樣），因此讀完凱莉的郵件時，她感到很吃驚，一時之間不知道該怎麼回應。但她花了一些時間思考：女童軍是一個支持跨性別的組織，而凱莉和奧圖姆兩人的工作目標，是要盡力成為孩子們最棒的共同訓練專員。於是，她學會如何使用凱莉的代詞，女童軍組織還為此安排一次以「尊重代詞和性別認同」為主題的工作坊。在組織和奧圖姆的支持下，凱莉向所有家長公開自己的身分。幾個月後，凱莉和奧圖姆的友誼也更加深厚。

「我們成為真正的朋友，這種關係真的很療癒。後來奧圖姆告訴我，她工作的地方開始讓人們在電子郵件簽名檔中添加代詞，許多人不明白原因，但因為我的關係，她有能力向別人解釋其中的意義。我當時聽到的反應是：太棒了！」凱莉說。

其實，凱莉並不需要教導奧圖姆太多關於跨性別身分認同的知識，他們只是挺身而出，清楚表達被正確稱呼對他們來說有多重要，而奧圖姆也藉由這個機會，獲得自我成長。其實凱莉並不習慣從別人那裡獲得情感支持，卻意外獲得一次美好的體驗，「就展現自己真實的一面來說，那是一次很棒的練習，讓我學習放下羞愧感，同時讓別人獲得新的體驗。」

凱莉也可以因為過去的負面經驗，認定揭露脆弱只會為自己帶來更多困擾。事實上，在過去的社會中，社會大眾發出的肥胖恐懼與跨性別恐懼聲浪，迫使許多人退出讓自己感到不安全的空間，並理所當然的假設這種情況只會持續下去。然而，凱莉卻選擇誠實面對自己與自己的底線。在成功與奧圖姆建立互動後，凱莉不僅獲得許多人正面的回饋，更因而獲得力量，決定在未來繼續為自己挺身而出。

在我們開始治癒內心的「系統性羞愧」以後，現在，該是向外看的時候了，我們需要思考如何與他人和睦相處。「系統性羞愧」讓我們遠離他人，並對他人投以批判的目光，試圖從他人的一舉一動中尋找失敗或可疑的跡象。如今，我們必須重新學習建立信任感，設法看清那些令我們習慣性感到恐懼的人。

建立「擴展性認可」不只是從內心做起，還必須從行為層面與人際關係層面雙管齊下。即使目前的我們仍然對自己深感羞愧或害怕與他人親近，但依然可以試著採取實際行動。我深深相信，未來總有一天能彌合存在於社會中的裂痕。

在本章中，我們將探討如何運用下列技巧，在人際關係中實踐「擴展性認可」：

- 擺脫不正常的依附模式。
- 對他人展現同理心。
- 學習理解他人行為背後的脈絡。
- 在社群中找到持續努力的目標。

● 建立社群關係。

擺脫人際系統性羞愧的過程並不是線性的。我們每個人的內心都有許多情緒創傷與自我防衛，當我們持續向外拓展自己，願意承擔被他人認可的風險時，這些創傷與防衛就會不斷浮現。然而，每當我們選擇接近而非遠離他人時，就是在給予自己一個與他人建立連結的機會；從長遠來看，這對於治癒「系統性羞愧」極為重要。我們無法獨自解決系統性的不公正，也無法獨自擺脫系統性不公正所帶來的影響。我們需要彼此。

治癒不是一個人的事

羞愧感是一種社會情緒，與我們對於被拒絕的恐懼及相信「我們原本就會被遺棄」的想法有關。因此，想要擁有不受羞愧感支配的生活，我們需要他人的社會支持。當我們體驗到開放的、能幫助自己成長的人際關係時，就能開始重新設定自己的社會期望，同時學習與人溝通的方式，幫助自己更信任他人。

有一篇探討治癒不安全型依附（insecure attachment）的研究文獻，能夠幫助我們獲得進一步了解。依附型態是指我們對於人際互動所產生的一連串期望，以及當我們在人際關係中碰到不確定性與威脅時所採取的人際交往工具。[1]當我們對他人產生安全型依附時，通常會透過自我揭露，來設法解決困難。例如，當我們搬家時，可能會主動請求好友幫忙，而不是以消極攻擊的方式向朋友抱怨搬家的壓力有多大，並期待對方能主動表示願意幫忙。對於安全型依附的人來說，即使朋友或戀人做出令他們失望的事，他們也會主動溝通，並相信關係的改善和修復是可能的。

安全型依附在很多方面都類似於「趨近取向」的情感框架：當我們具有安全感時，會感覺自己是有力量的，能夠表達自己的需求，也相信自己和他人能夠滿足這些需求。在安全型依附的人際關係中，雙方能共同面對衝突，並將衝突視為一種必要的存在，而不會因為害怕衝突，而把自己封閉起來，或是迴避令人不適的衝突對話。

相形之下，不安全型依附的人則是無法相信他人會為自己付出，他需要別人不斷的肯定他，卻未曾真正感受到支持或撫慰（又被稱為「焦慮型依附」）；或者根本無法表達自己的需求，總是避免公開表達自己的情緒（又被稱為「迴避型依附」）。在一些不安全型依附者身上，有時會同時看到焦慮型依附與迴避型依附的行為模式，例如批評伴侶總是忽略他們（這通常被視為一種焦慮行為），然後把自己鎖在房間裡，獨自沉浸在悲傷中（這通常被視為一種迴避行為），而不是如他們口中所言，要好好把握和伴侶共處的時光。

幾十年前，心理學家曾主張每個人都具有一種單一且持久的依附類型，而且這種依附類型在我們的童年時期就已經形成；如今，大多數研究者認為，我們生活中的每一種親密關係都有其獨特的依附型態，這反映出每種關係所具有的獨特動態性質。依附關係除了存在於我們與他人之間，我們對於朋友圈、家庭、鄰居、社群，甚至是所處的環境，都可能會產生依附型態。這些互相疊加的關係模式被心理學家稱為「巢狀依附模式」（nested attachment model）[2]，意味著這些依附模式可能會互相影響。

不安全型依附與「系統性羞愧」之間有許多相似之處。一般來說，當人們缺乏安全感時，內心會經歷更多羞愧感。[3]他們也更可能呈現出人際系統性羞愧的許多特徵，例如：更容易孤立自己；很難為自己爭取權益；要不是太緊迫逼人、對別人要求太多，就是無法表達內心的情感。根據研究指出，童年時期經歷過虐待、被忽視或其他逆境的人，較有可能產生不安全型依附。[4]也有其他研究指出，邊緣人更有可能表現出不安全型依附的特徵；所謂的邊緣人包括酷兒[5]、智能障礙者[6]，以及像我這樣的自閉症患者[7]。

研究者艾琳．庫利（Eileen Cooley）和安珀．賈西亞（Amber Garcia）發現，相較於白人婦女，黑人婦女更容易出現不安全型依附行為。[8]然而，兩位作者也指出，對於生活在美國的黑人婦女來說，這種不信任他人並選擇保持情感距離的行為模式是有跡可循的。在美國，黑人婦女不管走到哪裡，幾乎都會被視為是充滿敵意且具有道德疑慮的人，這種預設導致人們通常對她們的行為做出格外嚴厲的批判。因此，對人築起高牆對黑人婦女來說是一種自我保護，儘管這也會讓她們付出代價。類似的現象也會出現在自閉症患者的依附關係上。

根據研究發現，當我們需要幫助時，通常很難相信有人會真的願意對我們抱持同理心。在我們小時候，身旁的大人可能不會認真對待我們的感官敏感性或是心理需求。這也難怪在我們成年後，通常不會跟身旁的人分享工作服讓我們覺得太熱，或是當我們所愛的人在旅程中發生意外時，我們也會覺得壓力很大。心理治療師潔西卡．芬恩（Jessica Fern）在《多重伴侶下的安全感》（*Polysecure*）中寫道，有一些人之所以會產生不安全型依附，是因為他們從小就經常面臨經濟上的不穩定，或是在害蟲橫行的房子裡成長，或是經常對於未來感到擔憂。想一想，如果我們也在這樣的生活條件下成長，發展出不安全型依附也是合於情理。如果你的成長環境總是變幻莫測，而且沒有任何跡象顯示世界會變得更好，要建立心理安全感與人際連結自然是困難的。

大多數受到「系統性羞愧」折磨的人都有躲藏自己的理由。一輩子的負面經歷與被羞辱的經歷告訴我們，不能指望社會向我們伸出援手。但無論這種想法有多麼合情合理，不安全型依附仍會對我們的心理與生理造成傷害。研究顯示，不安全型依附與許多負面健康狀況和早期死亡有關。[9]除此之外，不安全型依附行為會增強人們的社會孤立，但如果你總是表現得好像總是得不到別人的關愛，你可能真的會很難得到別人的關愛。

接下來讓我們花點時間，評估自己與他人相處的方式。下面這個練習取自「親密關係經驗量表」（Experiences in Close Relationships Scale）與「成人依附量表」（Adult Attachment Scale），兩者都是心理學文獻中有關依附類型的主要評估工具。[10]請閱讀每項陳述（反映出安全型、焦慮型與迴避型依附類型），並判斷哪些陳述最能讓你感同身受。由於我們每個人在各種關係中可能有著不同的依附類型，某些陳述可能會讓你想起生活中的某段特定關係。如果出現這樣的情形，請你試著記錄下來。我也在這三種依附類型中添加行為範例，幫助你更容易連結起自己的處境。

練習⑲——評估你的依附類型

改編自：「親密關係經驗量表」與「成人依附量表」

請仔細閱讀下列三種依附類型，並勾選出你能產生共鳴的陳述。

安全型依附

- □ 我會向我愛的人尋求幫助，例如安撫與慰藉。
- □ 我不擔心自己被拋棄。
- □ 我通常會與親近的人討論我的問題與顧慮。
- □ 在需要時，向所愛的人求助會有所幫助。

安全型依附的行為表徵

- 出現問題後迅速提出。
- 主動尋求與所愛的人共度美好時光，也能享受獨處時光。
- 以合作、尋求妥協的方式處理人際關係中的衝突。
- 在有需求時，尋求並接受他人的安慰。

請寫下你生活中的安全型依附關係：＿＿＿＿＿＿＿＿＿＿。

焦慮型依附

- □ 我需要很多保證，來確認自己被愛。
- □ 我覺得我的朋友和潛在伴侶，並不像我所希望的那樣與我親密。
- □ 我想與另一個人形影不離。

□ 當我需要陪伴時，我愛的人卻不在我身邊，我會感到難過。

焦慮型依附的行為表徵

- 反覆提出自己的顧慮，但從未感覺這些顧慮真的被解決。
- 很少覺得自己得到足夠的關注、肯定與陪伴，進而感到舒適與安全。
- 總是以恐慌和害怕被拋棄的心態來面對人際關係中的衝突。
- 希望尋求他人的安慰，但內心無法感受到被安慰。

請寫下你生活中的焦慮型依附關係：＿＿＿＿＿＿＿＿＿＿＿＿＿＿。

迴避型依附

□ 我想與人親近，卻總是退縮。

□ 我盡量避免與伴侶或朋友太過親近。

□ 我覺得自己很難依賴他人。

□ 當我需要他人時，我不確定自己是否能依賴他們。

迴避型依附的行為表徵

- 很少或從不提出自己的顧慮。
- 尋求大量獨處時間，盡量避免社交接觸。
- 嘗試用將衝突最小化或是儘快解決的方式，來應對人際關係中的衝突。
- 在需要幫助時疏遠他人，在他人給予安慰時自我封閉。

請寫下你生活中的的焦慮型依附關係：＿＿＿＿＿＿＿＿＿＿＿＿＿＿＿。

在你生活中的某些關係，可能會同時呈現安全型、焦慮型與迴避型依附模式的行為表徵。現在，請你花點時間想一想，目前生活中有哪些人際關係讓你感覺是安全的，又有哪些人際關係讓你感覺是不安全的？

在哪些情況下，我的行為表現偏向安全型依附：＿＿＿＿＿＿＿＿＿＿＿＿＿＿＿＿＿＿。

在哪些情況下，我的行為表現偏向焦慮型依附：＿＿＿＿＿＿＿＿＿＿＿＿＿＿＿＿。

在哪些情況下，我的行為表現偏向迴避型依附：＿＿＿＿＿＿＿＿＿＿＿＿＿＿＿＿＿＿。

為了獲得安全感，我需要：＿＿＿＿＿＿＿＿＿＿＿＿＿＿＿＿＿＿＿＿＿＿＿＿＿＿＿＿＿＿＿＿＿＿＿＿＿＿＿。

在你做上面這個練習時，請記得，一個人的依附類型會反映出他的過去經歷、目前的人際關係動態，以及過去發展出的社交與人際關係技巧。擁有焦慮型與迴避型依附模式是一種普遍的現象，根據研究指出，大約有三〇%到六五%的人會表現出不安全型依附行為。[11]這是因為我們生活在一個高度個人主義的文化，這種文化經常會讓人因為自己的局限與需求而感到羞愧，並且因而感覺自己缺乏社會支持與安全感。

依附模式是一種人際互動的關係，具有層層交疊的特質，因此並非是固定不變的。以下幾個問題，可以幫助你思考在不同層面上與他人的關係：

- 我對於自己與伴侶的戀愛關係有安全感嗎？
- 我對自己最親密的朋友有安全感嗎？
- 我對自己的家人有安全感嗎？
- 當我內心感到受傷時，最初會有什麼直覺反應？
- 我在所居住的社區裡是否有安全感？是否有歸屬感？
- 我是否能感覺到自己在更大的社群中具有存在的意義？
- 當我的朋友圈、家人或更大的社群中發生爭吵時，我會如何處理？

- 我覺得自己與大自然或地球有關聯嗎？
- 我覺得自己存在這個世界上，是否有超出自我以外的意義？

即使你的家庭關係屬於安全型依附，或是擁有一個相互支持的朋友圈，在這個相互支持的依附模式下，你還是有可能對某個層面感到疏離。透過前面這個練習，希望能幫助你發覺自己在某種關係中仍有成長的空間，或是可以開始發現，自己在某些時候會想保持與他人的距離。

心理學研究指出，治癒不安全型依附的主要方法之一，就是發展安全的人際關係。過去有許多心理學家聲稱，不安全型依附者想要發展安全人際關係的唯一途徑，就是和具有安全型依附的人建立起認真的戀愛關係。這種想法背後的預設是，安全型依附與不安全型依附這兩大依附類型，可以用來定義一個人的靜態特徵，而不安全型依附者通常被視為發展不完整的個體，因此需要透過安全型依附者的愛來獲得療癒。

但近期研究卻發現事實並非如此。要消除不安全型依附的創傷，並不一定要藉由與安全型依附者建立愛情關係；事實上，重新調整我們與他人關係的方法有很多。此外，我們現在也知道，一個人的依附類型並不是一種靜態、固著的人格特質[12]，而是一系列可以學習去改變的行為。[13]更重要的是，我們並不需要先有安全感，才能改變我們與他人的關係；我們可以主動採取能促進安全型依附的行為方式，來滋養讓人感到溫暖又可靠的人際關係。

心理學家菲利普．弗洛雷斯（Philip J. Flores）與其同事從研究中發現，具有不安全型依附的成人可以在互助團體中共同形成並體驗到安全的人際連結。[14]尤其當互助團體共同經歷具有正面意義的衝突，而且成員之間能夠相互示範如何以更有效的方式表達自身觀點時。[15]有時，成員光是在團體中表達自身感受，並意外發現這世上有人確實關心也願意傾聽他的心聲，就有助於增進成員的安全感。

團體治療師亞倫．布萊克（Aaron Black）在二〇一九年發表過一篇出色的案例研究，清楚說明一個不安全型依附者團體的互動狀況。[16]

在亞倫帶領的互助團體中，有個名叫約翰（化名）的患者，一開始參加團體治療時，他非常沉默寡言，總是對自己生氣，並忽略自己的情緒。約翰也對其他成員敬而遠之，並拒絕回答他們的提問，因為他總是認為別人眼裡的自己「不夠有趣」。他還會以遲到、忽略其他成員的請求等方式來自我破壞。不過，在為期十八個月的治療過程中，其他成員依然持續向約翰示好，問約翰為何不主動與他人聯繫，而當約翰分享自己兒時經常被人忽視，造成他的高度警覺心後，其他成員紛紛給予他支持及鼓勵。

亞倫在研究中寫道，有一天，約翰終於放鬆了一點，第一次在團體成員面前發洩自己的不滿。他抱怨亞倫沒有和他的伴侶諮商顧問協調好，為他和妻子帶來一些困擾。之後，其他幾位成員也開始抱怨亞倫，認為他有時回電與回覆訊息很慢，有些人則指出，亞倫通常只聽踴躍發表意見的團體成員發言，而沒有鼓勵比較安靜的成員表達。在大家分享的過程中，亞倫沒有對成員的批評提出質疑，只是傾聽及接納，偶爾詢問以澄清問題。

亞倫從這次的團體互動中意識到，這是十八個月以來，約翰第一次感覺自己和其他成員在一起，他們都一致認為亞倫不是一位完美的治療師，有時會讓他們感到挫折。而亞倫以尊重的態度，傾聽成員的牢騷並給予肯定，這讓約翰與其他成員發現，儘管亞倫有很多缺點，他仍然是團體中的一員，不會因為別人對他的批評而拋下他們。他們知道亞倫關心他們，也在意自己是否有盡好本分。

亞倫在文中寫道：「約翰顯然對此感到驚訝，因為他的舉動不僅沒有破壞他與我之間的關係……還因為試著用語言表達自己的憤怒，而得到大家的支持與公開讚賞。」這次經歷讓約翰明白，原來他關心的問題對其他人也很重要，而且分享自己的內心世界並非毫無意義，這個經驗徹底改變他原先參與團體治療的態度，後來也進一步改變他的職場人際互動與婚姻關係。自那時起，約翰變得更坦率，也更願意捍衛個人空間，在感受到自己有負面情緒時，他不再退縮，開始能表達並爭取自己想要的事物。

約翰治癒羞愧感的過程並不是從內在開始的，而是因為約翰終於願意鼓起勇氣，承擔揭露自身感受的風險，因而獲得其他成員的肯定。當然，在約翰還沒準備好之前，沒有人能強迫他敞開心扉，所幸團體成員接納了約翰的坦誠，而不是像他過去生命中的其他人那樣對待他。

約翰的不安全型依附與羞愧感來自於他孤獨的成長過程。他的父母都是工作狂，很少關注他的感受。研究顯示，發展安全型依附可以幫助那些處在社會邊緣、在汙名化與羞愧感中痛苦掙扎的人。謝恩．桑斯卡提爾（Shayne Sanscartier）等人在二〇一九年發表的研究顯示，在酷兒群體中，不安全型依附與內化異性戀主義（internalized heterosexism）密切相關[17]。內化異性戀主義是指在一個由異性戀者所主宰的世界中，身為同志所具有的「系統性羞愧」。高度內化異性戀主義者會同意這樣的說法：「我希望我是異性戀者」、「我們（同志）需要停止強行將我們的生活方式灌輸給他人」等主張。

謝恩等人發現，贊同此類言論的同志會覺得自己與酷兒群體脫節，而且不願意與伴侶建立起互信的親密關係。在依附模式中，這些同志通常在人際關係與社群層面上都展現出不安全型依附，因此，僅僅是把這些同志推向酷兒群體，並不足以幫助他們從內化的羞愧感中掙脫出來。謝恩與許多長期為邊緣群體（包括酷兒與有色人種）提供服務的治療師都認為，受壓迫的個人需要發展人際關係工具，才能與他人建立起真正的連結。[18]

透過下面這個練習，我們可以學到一些在安全型依附關係中常見的行為，你可以適時運用在自己的生活中。

練習⑳——安全型依附的行為與腳本

❶ **表達困擾**：

試著向他人表達自己的苦惱、不適與顧慮。例如：

- 「我擔心這件事會改變我們之間的關係。」
- 「工作讓我非常焦慮，無法正常思考。」
- 「我現在感覺很糟，我需要幫助，好讓自己冷靜下來。」
- 「哇，聽你媽媽這麼說，我覺得好傷心。」

❷ **尋求支持**：

在需要時向他人尋求情感支持或認可。例如：

●「我能跟你抱怨一下剛剛發生的事情嗎？」
●「我們可以在沙發上抱一下嗎？」
●「我還是很生氣，但有人願意聽我說會有點幫助。」
●「你也注意到這個問題嗎？你能了解我為什麼會有這種感受嗎？」

❸ **表達欣喜與興趣**：對他人的生活表現出積極快樂的興趣。例如：

●「真高興你回家了！跟我分享你的旅行吧。」
●「你想和我一起去博物館嗎？」
●「你跟我說的那個節目你看完了嗎？結局如何？」
●「我喜歡看你畫畫。你的創作實在太棒了！」

❹ **正面看待衝突**：將注意力放在造成衝突的困難與差異上，而不是予以淡化或忽視。例如：

- 「我知道你需要時間和朋友在一起，但是我覺得自己被忽視。」
- 「我想花更多時間與家人相處，但目前安排假期的方式似乎不太理想。」
- 「我在這些活動中感到不太自在。我希望做一些調整改善這種情況。」
- 「我還是覺得有點受傷，但我可以接受我們討論過後的結論。」

5 **融入與參與：**

建立定期聯繫的方式，邀請對方走進你的生活。例如：

- 「快來看我在遊戲裡要打的大魔王，我需要你的精神支持！」
- 「LGBTQ中心在這個週末有舊衣交換活動。你要一起去嗎？」
- 「我想去看你打拳擊比賽。」
- 「我們一起完成幾件拖延很久的雜事吧！」

當我們深陷在「系統性羞愧」所傳達的訊息中，往往會不自覺將他人推開。我們不相信別人會關心我們的感受，因此對自己的憤怒坐視不理、任其發展，直到爆發成一場氾濫成災、難以修復的毀滅性傷害。或者，我們把深藏心底的夢想與渴望都藏起來，不讓任何人欣賞我們內在溫柔又善意的一面。當別人試圖與我們建立親密關係時，我們可能會拒絕他們，只將注意力放在他們的缺陷，不願將對方視為可以共享資源的夥伴。接下來，我們將探討一種被人際系統性羞愧折磨的人用來拒絕他人的激進方式，這種現象又被稱為「弄髒廁所」（trashing the bathroom）。

不要弄髒廁所（並原諒那些搞破壞的人）

查克．麥基弗（Chuck McKeever）是一名教師和健行愛好者，同時也是勞工運動組織者，目前他住在美國中西部。多年來，他一直活躍於西雅圖的美國教師聯盟（American Federation of Teachers）與美國民主社會主義組織（Democratic Socialists of America）。在美國民主社會主義組織中，他曾領導全民健保工作小組，致力於社群服務、互助與政治教育計畫。

查克告訴我，在川普當權前後，約有數十名新成員加入美國民主社會主義組織，迫切希望自己能對社會有所貢獻，但他們遇事容易驚慌又缺乏經驗，反而造成許多難以收拾的後果。「川普當選後，民主社會主義組織的聚會瞬間從原本的三十幾人，增加到一百五十至兩百人左右。許多人清楚意識到現行政治制度有問題，但欠缺能夠有效解決問題的知識架構。」查克說。

這些從四面八方湧來的新成員對許多事感到義憤填膺，例如川普總統對移民的限制、撤銷對跨性別學生的法律保護，以及對於媒體報導性侵的回應等等。他們對於未來感到恐懼不安，認為自己必須立即採取行動。由於「系統性羞愧」的緣故，許多人將川普提出的種種政策，視為他們必須英勇「表明立場」、迫切化解國家危機的問題。這些新成員還認為，民主社會主義組織成員（包括資深成員）過去在爭取改革方面仍做得「不夠」，因此聲稱要以投票的方式，罷免民主社會主義組織原本的領導階層，並取消一些醞釀已久的政治提案，例如在全國各地推動全民健保。這些原本屬於成員之間在工作優先事項上的意見不同，竟然逐漸演變成組織的內訌與人身攻擊。

有一次，有些新成員公開譴責查克，指控他宣揚白人至上主義與資本主義的生產效率迷思，只因為查克建議分會，可以用書面形式制定該年度的策略計劃。查克早已習慣組織內部激烈的意見分歧，但他從來沒有因為提出這種枝微末節的建議，而受到別人的惡意貶低。後來，他花了一年多的時間，才真正接受這種被人攻擊所帶來的傷害。「當人們感到無能為力時，就會想找個對象來猛烈批評，哪怕只是針對一個人，都能讓他們感覺充滿力量。這種行為可以被稱為『弄髒廁所』。」查克說

查克告訴我，「弄髒廁所」這個比喻引用自一個名為RootsWorks的推特使用者貼文。[19]這名使用者於二〇一七年的一篇貼文中，描述自己在一家遊民收容所打掃廁所的經驗，說自己在接受義工培訓時被告知，對於廁所剛打掃完就瞬間被弄髒這件事，不要太感意外。

他在貼文中寫道：「這不是因為他們（遊民）不尊重你的工作，或是不在乎有沒有乾淨的廁所可用，而是基於一種心理控制感。」大多數遊民收容所都是控制性很強的機構，機構人員通常會要求遊民遵守宵禁，不吸毒、不喝酒，每天要向工作人員報到，作為提供食物與床位的交換條件。有些宗教團體設立的收容所還會要求遊民定期參加教堂禮拜。此外，遊民通常會被限制要去哪裡、什麼時候去、可攜帶物品的數量與種類、吃些什麼，甚至連穿什麼衣服都會受到管束。

「當你覺得自己無法控制生活或環境時，大腦就會想盡辦法要控制些什麼，結果就

是把廁所弄得亂七八糟。」這名發文者寫道。邊緣人與有羞愧感的人也會因為同樣的原因相互攻訐，這就好像酷兒青少年會批評朋友創作的藝術作品，不熟悉網路語言的留言者會被成千上萬名陌生人公審（即使留言者的無知並非有意的）。

查克認為，民主社會主義組織西雅圖分會當時也陷入同樣的情況。對現況充滿恐懼、羞愧的新成員對一切感到無能為力，於是他們唯一能做的，就是嘗試掌控自己所能控制的現實。只是在這個掌控的過程中，他們把經驗豐富的資深成員視為敵人，而非良師益友。這群充滿熱忱卻又不知所措的新成員往往會投注心力於更多計畫，但自己心有餘而力不足，以至於漸漸感到筋疲力竭，最後決定退出組織。他們用不切實際的完美標準要求自己和他人，卻讓每個人都為此付出代價。

近年來，很多文章都談到左傾社群往往「自食其果」。在我多年來參與社會運動的經驗中，也確實見到不少這種狀況。有些弱勢群體（尤其是黑人、跨性別或身心障礙人士）因為網路上未經證實的謠言，飽受眾人的羞辱與排斥，甚至就此隔絕所有與外界的聯繫，其所付出的代價相較於傳遞謠言者的一時無知，所受到的傷害程度完全不成比例。其實，這些通常被人稱為「取消文化」或「指控文化」的現象，早在社群媒體出現前就已經存在。我從十六歲開始積極參與社會運動以來，便一直目睹這種社會被撕裂的情形。我認為「弄髒廁所」的比喻或許更能貼切說明這些破壞者的心理，畢竟我們都有可能因為自己的無能為力，而想找個對象發洩情緒，例如一再挑剔盟友或是自己身上最微不足道的缺點。

「系統性羞愧」要我們嚴格監控自己的行為，同時對別人的行為進行評判與監督。如果你奉行的正是這種扭曲的道德清教主義，你就會容易在別人讓你失望或與你意見相左時攻擊他們，而不是給予對方足夠的信任並試著與其合作。

查克告訴我，這些年來，他已經學會不把別人的「弄髒廁所」看成是針對個人的行為。對許多人來說，這是政治發展中一個痛苦卻又不可避免的階段。我也曾聽過幾位在「生育權中心」（Center for Reproductive Rights）與「要食物不要炸彈」（Food Not Bombs）等機構的資深工作者分享，剛開始投入社會運動活動的人往往愈是害怕，愈渴望自己能有所作為，因為他們以為促成改變的唯一途徑，就是透過個人的努力。而當他們愈想要獲得勝利感與掌控感，愈是把「廁所」弄得亂七八糟。

面對這種狀況，查克知道自己能做的有限，因此他逐漸淡出領導工作，仔細關注自己的情緒狀態。每當有人強烈反對他的觀點、不尊重他的看法時，他會讓自己先冷靜下來；而當有人願意進行理性討論時，他就會讓自己多投入一點。此外，查克也花更多時間參加戶外活動，他會和一些沒有加入民主社會主義組織但志同道合的朋友一起聊聊，從中獲得不同的思考角度。如今，查克將教育組織成員當作自己的主要使命，期待將他多年來的領導技能與實地經驗傳承下去。

「這聽起來可能有點老套，但每次我參加公義夜校（Socialist Night School）所舉辦的活動時，我都會覺得自己又多學到一些東西，不僅是從閱讀材料中，也從不同人身上聽到不同的觀點。這讓我覺得自己的頭腦更清楚，更知道我不用參與每個活動或每個計畫。」

查克與Roots Works的故事給予我們一些啟示：我們有可能對那些因為感到沮喪、覺得自己陷入困境而「弄髒廁所」的人抱持同理心，同時，我們也能訓練自己擺脫想要「弄髒廁所」的衝動。我們可以選擇停止繼續羞辱他人，而且不必去評判那些仍然認為羞愧感是唯一答案的人。我們無法強迫他人改變，但我們可以選擇繼續把「廁所」掃乾淨。我們可以盡一切努力，去了解為什麼有人會一再把我們打掃乾淨的空間弄髒，而不是把他們的情緒發洩當作惡意針對自己的行為。下一節，我們將進一步探討如何做到這一點。

了解一個人的背景

崔西．麥克爾．路易斯—吉傑茨（Tracey Michae'l Lewis-Giggetts）在散文〈愛提升了我〉（Love Lifted Me）中寫道：「在我成長的黑人浸禮會與五旬節教派教會中，女長老往往是祕密的守護者……正因如此，他們往往在不知不覺中成為羞愧的仲裁者。」

在路易斯—吉傑茨的童年時期，教會中的年長黑人婦女為了保護社群中的女孩免於受到侵犯，通常的做法是責備女孩的穿著與行為舉止，並在發生虐待事件時加以遮掩。在這些婦女之中，許多人小時候也遭受過虐待，她們被灌輸的觀念是，維護自己和家人的尊嚴非常重要，所以永遠不要公開談論發生在自己身上的事。然而，這些出於羞愧感的防禦性策略，只會讓遭受厭女或反黑人暴力的倖存者更加難以啟齒。

「系統性羞愧」的受害者往往也會將這種觀念複製給下一代。例如肥胖的父母會將內化的肥胖恐懼心態教給小孩，強迫他們節食，或是引導他們以「能夠凸顯身材優勢」的方式打扮自己；曾親身經歷性別歧視的母親，會因為女兒坐下時沒有雙腿交叉而加以指責；LGBTQ專業人士教導下一代的成年酷兒要表現「得體」，當我們過於張揚或表現出多重性伴侶的態度時會允以糾正。邊緣人不是聯合起來對抗不公平的社會標準，而是在邊緣群體之間推廣這些標準。這些痛苦的教訓往往是出於善意去傳播的。

「當羞愧感是用愛包裝起來的時候，我該怎麼辦？」路易斯—吉傑茨問道。我想，很多跟她具有相同處境的人都會對自己的長輩感到憤怒，因為他們延續一種迷思，那就是被人侵犯是一種不光彩的標誌，如果你的穿著和行為舉止「放蕩」，你就活該被這樣對待。[20]但路易斯—吉傑茨並不這麼認為。她意識到，有一條長長的痛苦之線，將她與她的祖母、阿姨們聯繫在一起。因此她寫道，只有當長輩獲得自由，她的女兒與孫女才能真正獲得自由；換言之，擺脫與治療羞愧感是一種群體行為。

然而，當我們身邊的人就是加深我們羞愧感的人時，該如何向彼此展現出脆弱，共同療癒羞愧感？民主倡議者暨修復式正義訓練師芳賀和（Kazu Haga）在其著作《治癒抵抗》（*Healing Resistance*）中歸納出幾個主要原則：[21]

1. 請記住，我們的敵人不是「人」，而是「不公正」。
2. 我們要對抗的是邪惡的力量與系統，而不是作惡的人。
3. 試著讓人融入社群，而不是讓他們獨自承擔責任。

路易斯—吉傑茨在文中表示，自己已經將上述前兩項原則運用在自己身上，並意識到，問題的根源並非是掩蓋事實、告訴自己的孫女絕對不能提到自己被侵犯的長輩，她的舉動是出自各種善意，通常與年輕黑人婦女和女孩在站出來講述自身遭遇時所面臨的獨特系統性風險有關。

當黑人女孩表示自己在所屬的社群內受到侵犯時，她們不得不面對警察施加在黑人身上的暴力，而這種暴力是白人強暴犯與施虐者受指控時很少要面對的。黑人女孩還可能會被帶離家庭，被迫安置在一個不了解或不尊重她們家庭文化的寄養家庭裡。最著名的案例之一是詩人瑪雅·安潔羅（Maya Angelou），她在孩提時期揭發自己受到性侵犯，後來侵犯她的人慘遭謀殺，她則被迫離開母親，搬到幾百英里外的祖母家生活。[22]瑪雅說自己在這個經驗中學到，誠實具有殺人的力量，這導致在往後幾年裡，她完全保持沉默。可以想像的，路易斯—吉傑茨的長輩在成長過程中也學到這樣的教訓，因此，她們要女兒和孫女保持沉默，就如過去的她們被迫保持沉默。

要避免今後再次發生類似狀況，我們必須打擊結構性種族主義、迫害兒童與性暴力，而不是去責怪在這些環境下成長（或因而發展出錯誤因應策略）的個別女性。路易斯—吉傑茨敏銳的意識到，那些羞辱她的女性本身也是受害者，她們在年輕時也曾受到剝奪，或是在性方面受到嚴格監控。她們自己就需要療傷，儘管她們應該為自己的行為向孩子致歉。這就需要談到芳賀和指出的第三點：試著讓人融入社群，而不是讓他們獨自承擔責任。只有當一個人真正感覺自己被接納為一個完整的個體，並且被所屬的文化與環境看見與廣泛認可，他才會承認自己造成的傷害及造成傷害的原因。

「當我們覺得不需要做任何自我防衛，完全能夠為自己的行為負責時，我們就處在最真實、最強大的狀態。」芳賀和寫道。

心理學研究顯示，當人們深感羞愧時，往往更難面對自己曾對他人造成傷害的事實。[23]因此，想要讓路易斯—吉傑茨的女性教友真誠彌補她們傷害過的女孩，得先把她們當成侵犯倖存者來加以同理與呵護，因為她們也是受過創傷的受害者。「擴展性認可」要求我們不要把一個人當成單獨的行動者，而是將其看成一張由動機、創傷與教導所構成的掛毯中的一條線。只有當我們完全融入這個豐富的背景脈絡時，我們的行為成因才能受到正確的評價，我們的錯誤才能被正確的理解、彌補和預防。

我不清楚一個黑人女性生活在一個充滿厭黑女情結（misogynoir）的世界是什麼感覺。但我確實知道的是，怨恨那些傷害過我、但自己也是受害者的人是什麼感覺。

多年來，我一直責怪我母親嫁給我那個性情暴躁、經常對我言語虐待的父親。我痛恨身上有一半的遺傳基因，來自這個古怪乖僻又殘酷無情的人。我在十六歲改姓並與父親斷絕關係時，我以為母親會對我的行為感到羞愧，畢竟我唾棄的是她一手建立的家。我實在無法像她那樣默默忍受這一切，我憎恨自己的父母在這麼痛苦的婚姻裡維持了這麼久。我甚至繼承父親的強迫性負面思想與自我破壞的傾向。有時我會暗自詛咒母親，竟然選擇父親這樣的人並共同撫育子女，迫使我以現在這個樣子存在於這個世界上。

但幾年前，某次我與母親喝酒聊天時，她向我坦承，在我選擇與父親斷絕關係的那一天，她為我感到無比驕傲。幾十年前，她完全明白自己對父親的愛給她帶來多大的傷害，因為她也曾被困在父親身邊生活。我的行動並沒有讓她感到難堪；她很高興我以自己的方式逃脫了。在母親告訴我這些的那一刻，我的痛苦全然消失了，取而代之的是感激與慰藉。

我們不必原諒每一個曾經傷害過我們的人。深入了解一個人的背景，並不必然就要為他們的行為開脫，也不必然意味著我們贊同他們的行為。但是，當我們反思一個人行為的根源時，我們會對這個人有更深入的理解，也能找到對抗鼓勵這種破壞性行為的新方法。當我發現自己對他人有所評斷或怨恨時（這種情況常常發生），我會嘗試反思下列問題：

1. 哪些誘因或獎勵可能導致這個人採取這些行動？
2. 這個人之所以採取這種行為，是否試圖滿足哪些未獲得滿足的需求？
3. 如果有更好的支持系統，這個人還能如何滿足自己的需求？
4. 什麼樣的生活經歷讓這個人學會必須這麼做？
5. 有什麼方式可以讓我與這個人建立安全且有意義的關係？如果有的話，那會是什麼？

當我問自己這些問題時，就能明白母親那時決定留在這段痛苦的婚姻中的原因。在我的孩提時期，母親是個孤獨抑鬱的人，她患有嚴重的脊椎側彎，導致工作的選擇上受到限制。她在一個不會談論情感的家庭中長大，從未學會如何打開心房。直到現在，她仍然無法開口討論令人不快的話題，得透過文字才能分享自己的想法。然而，母親選擇與一個比她更能表達情緒（且脾氣更暴躁）的男人生養孩子，並且把兩個與她截然不同的孩子帶到這個世界上。我和妹妹都很坦率、自信。我們比任性的父親更有耐心，但遠遠沒有母親被動。我不會因為母親的被動或父親的侵略性感到羞愧，反而對自己感到驕傲，因為我能駕馭父母親的優點，打破他們各自陷入的循環。

我心底對很多事情仍然充滿怨恨與創傷，但隨著我不斷修復我與他人的關係，我開始能為自己是誰感到驕傲。有時，我甚至會感謝自己以這個樣子存在這個世界上。我也愈來愈為我參與的社群感到自豪，包括那些我曾因為自己是其中一員而感到羞愧的邊緣群體。這就是發展「擴展性認可」的下一步：在更廣泛的社群與共同歷史中找到自己的定位。

在社群中找到持續努力的目標

回顧LGBTQ平權運動的抗爭過程（尤其是一九八〇年代與一九九〇年代愛滋病平權運動人士的作為），可為我們提供絕佳的範例，仔細思考如何運用社群支持與團結的力量，而不是獨自深陷在自責與羞愧之中。從酷兒發展史中，我們會發現個人主義與社群連結兩股力量之間的抗衡，先是LGBTQ族群挺身而出爭取權利，然後又被剝奪，之後又以一種堅定不移的方式持續抗爭。如果我們觀察這幾十年來各國酷兒族群爭取自由的歷程，只有當不同身分與經歷的酷兒們共同發揮團結的力量，才有可能獲得真正的勝利。

二十世紀中期的美國，同志酒吧與性俱樂部裡經常匯聚不同種族、階級與多元性別者，勞工階級及有色人種的跨性別者、富有的白人男同志、雙性戀女演員和模特兒全都聚在一塊。[24]在那個年代，性別轉換幾乎前所未聞，同性之間的性行為被視為犯罪，因此這些人只能在俱樂部與酒館裡找到安全感，並在這隱密時刻中活出真實的自己。

酷兒文化作家湯姆·費茲傑羅（Tom Fitzgerald）與洛倫佐·馬奎茲（Lorenzo Marquez）在著作《傳奇之子》（*Legendary Children*）中提到，改變性別平權歷史的「石牆暴動」（Stonewall Riots）參與者來自各種身分的酷兒，他們大多是有色人種及在街頭加入抗爭的遊民和性工作者。[25]石牆暴動之所以成為重要的里程碑，很大程度上與警察突襲酒吧時在場人數眾多和參與者多樣性有關。但經歷數十年後，當階級、種族與身分的分界線慢慢崩解，真正具有豐富性且包容力的酷兒社群才開始逐漸形成。

在爆發石牆暴動前的幾年間，全美各地曾組織過數次男同志覺醒運動，當時這些遊行活動又被稱為「年度提醒」（Annual Reminder），主要是由白人上層社會的順性別男同志主導，他們會身穿西裝，以和平、安靜的方式遊行，並與警察合作。然而，這些活動把跨性別人士排除在外，因為遊行組織者認為跨性別人士的身體意象與穿著風格不符合傳統規範。不僅是跨性別人士，無法展現足夠「體面」形象的黑人、棕色人種與勞工階層酷兒也被排除在外，[26]女同志也同樣不被他們所接受。[27]年度提醒活動十分沉悶、參與者同質性高，這些向社會刻意展現自己的白人男同志，也幾乎沒能從遊行中得到任何政治或社會利益。

石牆暴動後，具有實質意義的同志遊行開始興起，參與者包括來自各個人種與背景的LGBTQ族群，有些人會以半裸或穿戴著充滿挑釁意味的服飾參與遊行。這些活動聲勢浩大，頌揚對快樂、性、愛與身體自主的權利，也是邊緣酷兒族群能公開表述自身處境、彙集資源的重要場域。石牆暴動後的幾年裡，富裕的白人男同志一直試圖將自己與那些領導暴動、直言不諱且更受汙名化的酷兒群體畫清界線。然而，當愛滋病在社群間肆虐之際，他們也開始意識到建立多元化聯盟的重要性。

一九八〇年代，美國政府無法有效解決愛滋病疫情，不僅漠視酷兒的死亡，更公然藐視他們的生命。政府與公共衛生官員公開表達對於同志性行為的厭惡，醫院將愛滋帶原患者隔離在某個角落的病房，彷彿把他們看做是有毒的賤民。在政府失職造成的權力真空中，名為「愛滋平權聯盟」（AIDS Coalition to Unleash Power，簡稱ACT UP）的組織形成一股強大的力量，該組織目前仍被視為近代史上最有效、最能促成典範轉移的政治運動之一。[28]

愛滋平權聯盟是結合各種酷兒社群、被汙名化族群與其盟友的大規模組織。即使是感染愛滋病毒風險較低的女同志，仍然與男同志團結起來，策畫示威活動、募集捐款、組織會議及照顧病患；一九八〇年代，像露絲·伯克斯（Ruth Coker Burks）這樣的異性戀女性也挺身而出，協助數百名瀕死的男同志，在家人不願意為他們安排後事的情況下，妥善處理墓地事宜[29]；酷兒權益倡議者為靜脈注射藥癮者、性工作者及其他原因被感染的愛滋病患提供服務。愛滋平權聯盟的成員背景多元，再加上組織本身具有明確的目標與正當的政治意識，為組織賦予很大的力量。

在聯盟裡，沒有人需要爭論誰才是最值得同情的受害者，也沒有人必須搶奪有限的醫療照護資源。當愛滋病毒時時刻刻威脅著患者的生命，國家、醫療照護系統與大部分新聞媒體卻刻意選擇視而不見。愛滋權益倡議家極力呼籲，希望有人願意傾聽患者的心聲，社會各界願意向他們提供熱情的支持。

愛滋平權聯盟從根本上改變許多男同志對社群的認知。愛滋權益倡議家派翠克·

摩爾（Patrick Moore）指出，愛滋平權聯盟之所以能發揮力量，是因為它以去中心化領導方式運作：在每週會議中，每個人都可以暢所欲言，包括那些因為行為或外表「不端正」，而被富裕白人同志社群排拒在外的人。有些男同志原本對於和女性合作興趣缺缺，最後卻被女同志和酷兒女性倡議家的慷慨與熱情所感動。

在聯盟裡，沒有某個人或某個特權團體比別人擁有更大的影響力，所有議題都是在週一晚上的會議中現場投票決定，而且任何人都可以參加。鼎盛時期的愛滋平權聯盟是包容的、混亂的、同時也是平等的組織，它能夠以開放的態度接納所有人，無論他們具有什麼樣的天賦、創傷與自我認同。這與以「系統性羞愧」為框架的倡議方式形成強烈對比。「系統性羞愧」會衡量每位愛滋病患者的美德，並只向那些「夠努力」避免散播病毒、能為LGBTQ社群正名的愛滋病患者提供幫助。

愛滋平權聯盟的組織精神展現出一種不屈不撓、以自己為榮的抗爭，而且始終強調擺脫羞愧感的重要。按照「系統性羞愧」的觀點，男同志、跨性別女性、性工作者與吸毒者會患病全是咎由自取，然而正是因為羞愧感與汙名化作祟，人們不敢接受檢測，也不敢向家人朋友透露自己的狀況，使得愛滋病毒在LGBTQ與毒癮者群體中肆虐。有鑑於此，愛滋平權聯盟的主要口號之一「沉默等於死亡」，就是為了改變愛滋病帶原者默默承受痛苦的狀況。愛滋病患者需要受到社會的認可，他們的人性需要受到世人的尊重，更需要獲得廣大社群的支持，這個社群包括生活中所有受到同性戀恐懼、跨性別恐懼、階級歧視與其他社會弊病所影響的人。

愛滋平權聯盟還致力於將病患死亡與疾病的事實攤在決策者面前，讓決策者再也無法忽視這些被噤聲的事。聯盟在食品藥物管理局、國會和華爾街舉行「裝死抗議」，將眾人目光放在失職系統所該負的責任；向美國衛生及公共服務部部長路易斯・蘇利文（Louis W. Sullivan）丟擲保險套，並不斷高喊「可恥」，讓人注意到他企圖淡化「安全性行為的重要性」的態度。[30]許多固守「系統性羞愧」的立法者認為：男同志禁欲是唯一的解方；如果酷兒不「做正確的事」，不願停止享受身體的親密接觸，那麼慢慢死去就是他應得的下場。但是，愛滋權益倡議家悍然拒絕這種個人主義思考方式，主張減少集體社會對愛滋病患者造成的傷害。一九九一年，愛滋平權聯盟用一個巨大的充氣保險套，將參議員傑西・赫爾姆斯（Jesse Helms）的兩層樓住家完全罩住，拒絕議員所發表「坦率的討論性與防護措施在道德上不可接受」的觀點。[31]

愛滋平權聯盟的努力獲得空前的迴響。正如歷史學家傑弗里・約瓦諾內（Jeffry Iovannone）所說的：[32]

愛滋平權聯盟的成員爭取到更多政府資助，加快藥物核准程序，迫使製藥公司降低藥物成本，促使研究人員開始將婦女與有色人種納入臨床實驗……並主張愛滋病患者應該在所有愛滋病相關議題上擁有發言權。

哥倫比亞大學法學教授肯德爾．湯瑪斯（Kendall Thomas）談到愛滋平權聯盟如何影響當今「黑人的命也是命」運動時表示：「黑人倡議家與其盟友現在了解到，想要爭取黑人的自由，就必須將過去認為是不同且無關的擁護者與關注點全部串連起來。」[33]愛滋平權聯盟倡議家也延續黑豹黨（Black Panther Party）對醫療照護的主張，在他們開設的診所中，為不分種族或身分的所有邊緣人免費提供醫療照護。[34]這種建立聯盟的基本原則，可以用來對抗任何形式的「系統性羞愧」。無論現在的我們正在經歷著何種苦難，我們可以加入由一群與我們遭受同樣痛苦的人所組成的豐富社群，讓所有人從我們需要的系統性變革中獲益。而我們需要做的，就是學會辨識出這群人，並共同團結起來。

當我閱讀酷兒歷史時，我發現我所面臨的任何挑戰都不是新鮮事。我的社群多年來一直在對抗將情欲視為顧忌與禁忌的忌性心態（sex negativity）、剝奪身體自主權、社會孤立與內部紛爭等議題。我們也致力於擯棄羞愧感，並以共同頌揚自由、快樂與愛的方式團結起來。然而當我從歷史中發現，影響我生命的重大戲劇性情節也曾發生在別人身上，我頓時感到謙卑；我生命中最差勁的遭遇在他人的抗爭中得到呼應，令我感覺好像回到家一樣熟悉。

男同志或跨性別者很容易與原生家庭疏離。你是這個家庭的一員，卻彷彿與他們完全不同，你就是無法打從心底接受他們堅持的傳統價值。但是，當我參觀位於芝加哥北區的皮革博物館（Leather Museum and Archive），看著幾十年前的酷兒男性與其他禁羈性癖好者的老照片，讀著那些與今日如出一轍的政治與哲學辯論，我彷彿看見我自己。在他們身上，我看見歷久不衰的傳統，而我也將成為他們的一份子。同樣的，當我與年長的男同志交談，聽到他們在愛滋病流行初期的故事時，我彷彿也聽見自己和所有酷兒的故事。

如今，酷兒社群內部仍充滿分裂。不同身分認同的群體相互攻訐。特權階層只為自己的經濟利益而戰。排斥跨性別者的順性別女性，試圖將跨性別女性排拒在公廁、女子運動隊伍與家暴庇護所之外。一位順性別白人男同志記者撰寫危言聳聽的文章，聲稱跨性別人士會加害性別變異的青少年，彷彿再現幾年前異性戀者散布同志會對

「兒童性誘拐」的不實言論。即使是一些堅定支持同婚與LGBTQ職場融合的人也聲稱，酷兒解放運動已經「過火了」，只是酷兒族群在頌揚性與非傳統關係而已。與這種內部衝突同時發生的，還有英美各地對酷兒與跨性別者權利發動的法律攻擊。

我們的處境有時的確讓人沮喪，但我們可以向愛滋平權倡議家前輩們學習，他們從前生活在相當嚴峻的環境中，卻能取得強大的系統性勝利。我們可以選擇站出來支持那些與我們的處境不完全相同的人，並且為那些與我們的選擇不盡相同而遭受到羞辱的人發聲，因為我們能同理他們，也因為我們意識到，當我們為系統性問題（如大流行病）中所扮演的角色而去羞辱他人時，最終傷害的是所有人。

即使我們因為過去被孤立和被評判的經歷而戒慎恐懼，我們依然可以選擇向別人敞開心胸，就像從前數千名酷兒與直女決定站出來支持男同志那樣。建立一個廣泛而接納所有人的聯盟，才能真正拯救我們所面臨的處境，而不是靠每個人孤軍奮戰。

無論你的「系統性羞愧」經驗是什麼，請記得一件事：你並不孤單。如果你對環境的未來感到恐懼，那麼你與許多生活在海平面以下的人、眾多自然主義者與環保團體，以及地球上幾乎所有的原住民都有著同樣的顧慮。如果你對政府一直未能解決大規模槍擊與槍枝暴力問題感到沮喪，你便與一個龐大的聯盟立場一致，這個聯盟是由父母、祖父母、教育工作者、心理健康倡議者與親身經歷上述問題的倖存者所組成。如果你不認為只有結婚並生活在一個獨立的核心家庭中，才能讓自己過著有意義的生活，[35]那麼你渴望的自由自在，就和LGBTQ人士倡導的解放運動密切相關。

現在，我認為有必要花點時間，思考一下誰是你的潛在社群，尤其是如果你尚未在任何社群中找到歸屬感。請試著思考以下幾個問題：

1. 還有哪些人和我一樣遭受類似的不公平對待？
2. 還有哪些團體可能會理解我的感受？
3. 在我的社群中，我可以無條件對哪些人表達善意和慷慨？
4. 不論在過去或現在，哪些群體面臨與我相似的處境？
5. 我可以從其他邊緣或弱勢群體中學到什麼？

以我身為一名身心障礙者為例，我逐漸意識到自己與肥胖者有許多共通的經歷，也從脂肪解放運動中獲益匪淺。例如身心障礙者與肥胖者都會被告知，我們的身體移動與占據空間的方式是錯的。因此，當公共空間對身障人士更友善時（例如提供更寬敞的廁所，或是供人坐著休息的長凳），肥胖者也能從中受益。此外，我們都是需要處理許多自我厭惡感的群體，許多人會對我們說，只要再努力一點，你就能克服自身狀態。但即使我們之中有些人希望自己不要那麼胖，或是希望自己的身體沒有殘疾，我們仍然可以為我們需要的政策變革而奮鬥。我們也可以共同組成一個由各種身材、體型與能力的人所組成的豐富社群，在這個社群中相互接納和支持，並認識到我們並不是有缺陷，只是被排除在多數人之外。

飽受「系統性羞愧」所困的人迫切需要社群的支持，才能讓自己成長茁壯，但創建社群並不簡單。生活在高度個人主義和分裂的社會中，我們很少被教導如何與他人建立緊密且相互支持的社會連結。在本章最後一節中，我們將在人際層面上實踐「擴展性認可」的最後一步：認識社群的本質上就是一種關係，並一步步努力培養更好的人際關係。

社群只是人際關係的網絡

在我對凱莉進行初次訪談的幾個月後，凱莉跟我分享一個令人振奮的消息：他們和老是怒氣沖沖的保守派鄰居成為朋友了！這些正面的社交經驗（包括之前提到與女童軍共同訓練專員的友誼），讓凱莉對人際交往抱持更樂觀的態度，也開始反思自己從前對別人所做出的本能反應。

「我一開始真的無法把他當作一個人來看待。」凱莉說，這個鄰居的眼神總是散發出一種警戒感，這讓凱莉最初解讀成鄰居對自己的排斥。再加上，自從知道這個鄰居把票投給川普，更讓凱莉覺得話不投機，凱莉說：「我猜他可能也有同感。」

某次，凱莉在院子裡看到鄰居，一時興起開始向他打招呼。他的表情瞬間放鬆了一些，並開始閒聊。隨著時間的推移，凱莉發現自己過去投射在鄰居身上的不安全感與種種負面特質，全都不是事實。鄰居並不像凱莉最初以為的那樣擁有許多令人反感的價值觀，而鄰居似乎也對於自己跟凱莉說話時更加自在感到訝異。

更有意思的是，在他們開始交談之前，對面新搬來一位川普的選民，原本凱莉對此有些反感。然而當與鄰居交談後，凱莉發現他們是以「人」的身分、而不是抽象的「政治象徵」彼此對話，並願意將整個街坊視為他們共有的開放社區。雖然這並沒有解決政治體制根本性的棘手問題，也無法改變兩個政黨對所有實際問題的刻意漠視，但這種互動確實讓凱莉與鄰居建立起溫暖、真誠的關係，至少是一個好的開始。

以我來說，我曾經有很長一段時間深深糾結在「社群」這個概念。人們總會說，家庭的接納和支持很重要，但作為一個彆扭的自閉症患者與尚未出櫃的跨性別者，我很難想像對家人坦承的結果，除了會被否定以外還可能有什麼感覺。過去我在成長過程和職場中都面臨巨大的壓力，只要我跨越界線或不顧忌諱的暢所欲言，就會被當成「問題」來看待。久而久之，只有在我獨處時，才能放鬆下來做自己。

後來，當我以跨性別者身分出櫃，並公開自己是自閉症患者後，我的人際交往問題仍然存在。於是，我開始嘗試主動參與不同社交場合，希望有一天可以找到人們口中所言，一個充滿接納、能給予我溫暖、可以滿足我所有需求的社群。我加入劇團、素描喜劇（sketch comedy）劇團、廢除監獄組織、小說寫作小組、性別酷兒討論團體、學術沙龍等等。

然而，在每一個團體中，我發現都普遍存在一些關於人的問題，例如：背後中傷他人、對社會地位的執著、對別人的缺點吹毛求疵等等。成員因意見分歧而爆發衝突，缺乏處理濫用指控的框架。特立獨行或難相處的人被排擠，能坦率發表意見、魅力十足的成員主導議程並掌控發言權。久而久之，我開始相信「社群」並不適合我，人際互動讓我感到窒息，行事往往流於表面，而且人們總是喜歡輕易評判別人。

然而在疫情期間，這種情況開始發生改變。雖然在尋找「社群」的過程中，我放棄了許多團體，但我仍然從中獲得一些親密的友誼。這些在團體中和我變得親近的人，往往是那些觀察敏銳、憤世嫉俗的人，我們都是社群中的旁觀者、組織會議中的批評者，也是舞池中雙手抱胸、翻著白眼的不合群者。他們並不熱衷於團體活動，個性有些陰鬱、傻裡傻氣，卻又獨樹一幟。他們不善於與人相處，但與我沒有隔閡。他們既能欣賞我的缺點，也能欣賞我的優點。

在新冠疫情期間，我在網路上介紹這些朋友互相認識，後來我們開始一起玩線上遊戲、看直播影片。有些人又把他們的朋友拉進群組裡，我們的數位社交中心逐漸壯大。當我的朋友能以嶄新的方式交朋友，制定計劃並開展創意點子時，我的心中充滿喜悅及滿足。這麼多年以來，我不斷向外尋找屬於自己的社群，如今，我和朋友們卻意外發展出自己的社群。這不是有意為之，也不是由上而下的嘗試，而是透過慢慢的建立一段又一段關係，真實發生在我們身邊的一件美好事物。

我認為，許多人以為某個地方存在一個完美無瑕的「自選家庭」（found family）正等著我們加入，但實際上，社群只是人際關係的網絡，是我們必須主動建立並加以滋養的連結。我們不可能在某天突然找到這個「家」，然後很快在其中占有一席之地，而是需要透過一次次互動、經歷一個個脆弱的時刻，來一步步建構這個理想中的家。

上述我對於社群的看法，乍聽之下可能令人生畏，但光是認識到所謂的社群，其實只是培養人際關係的方式，就足以減輕我們許多壓力。我們不需要不斷尋找或融入一個能讓我們充分獲得歸屬感的完美社群，所有的倡議家團體、讀書會、互助團體與教會，都只是社交的機會，讓我們有機會結識那些有朝一日可能在我們生命中扮演重要角色的人。而我們要做的，就是專注在建立更真實、相互支持的關係，並藉由拓展這些關係，幫助我們超越渺小的自我。

那麼，我們該怎麼開始呢？對於自閉症者的我來說，建立人際關係實非易事，因此我得想辦法發展出一套系統，來建立和豐富我的人際關係。我摸索出建立友誼的訣竅，並獲得無數溫暖、穩定的友誼，我還發現這套訣竅不只能幫助自閉症者，甚至適用於所有人。歸根究底，建立新的人際關係可以歸納為兩個原則：一致性與真誠性。如果你能堅持定期參加社交活動，並在活動中真實表達自己和個人觀點，那麼你終究會找到那個對的人。即使別人可能會與你意見不同或因為不夠了解而發生衝突，這些衝突仍然具有意義與價值。

練習㉑——自閉症社交高手交友指南

如何建立和豐富你的人際關係？以下是我的建議，不只能幫助自閉症患者，還適用於所有人。

❶ 搜尋可以讓你結識新朋友的活動和場合：

- 每週至少預留一個小時，搜尋當地活動、聚會團體、社交俱樂部、互助團體、課程及其他可以結識新朋友的場所。
- 線上社交也算社交！網路論壇、Discord伺服器、Reddit的分類內容與線上課程都是不錯的選擇。
- 將這些活動加入你的行事曆，每週先安排一項新活動會是不錯的開始。

❷ 每種活動至少參加三次：

- 只參加一次，往往無法提供足夠訊息來判斷這個團體是否適合你。
- 社交團體中的人總是會變動，因此參加次數愈多，就會認識愈多人。
- 第一次參加活動時往往會過度焦慮，因而無法享受其中。因此，對於任何聽起來很感興趣的活動，可以考慮多參加幾次。

❸ 參考我的朋友梅爾的法則：「你不必做自己不喜歡的事，也不用勉強自己說任何違背心意的話，或是讓自己感覺很糟。」

- 當我們身處陌生的社交場合，有時會感受到一股強大的壓力，迫使我們去適應或參與讓我們感到不舒服的活動。
- 為了消除這種內在壓力，我的朋友梅爾會提醒自己，不必做、說、或感受任何自己不想要的事。
- 你參加活動是為了結識讓你喜歡的人。強迫自己做不喜歡或感覺不真實的事，永遠無法讓你達到這個目的。

- 梅爾的法則提醒我們，展現自己真實的樣貌就已經足夠了。

❹ 找出你可能想進一步了解的人：

- 參加社交團體幾次過後，請回想你在團體中遇到的人。
- 誰讓你開懷大笑？
- 誰讓你感到親切？
- 誰讓你著迷或教會你新東西？
- 接近這些人並多與他們接觸。和他們聊聊生活近況或團體裡的話題，進一步建立連結。
- 在社群媒體上互加朋友，或詢問他們的電子郵件或電話號碼。

❺ 深化連結：

- 與潛在的朋友分享有趣的文章、迷因，或是一天中的有趣觀察。
- 邀請他們共度團體外的美好時光，例如規畫一場遊戲或電影之夜、參觀博物館，或只是一起散步。
- 在對方需要時提供支持。這種支持可以是很簡單的動作，例如借一本書給對方，或是聽他們說說話。
- 將生活中不同領域的人介紹給彼此認識，尤其是當他們有共同興趣或愛好。
- 尋求幫助，可以讓別人有機會更靠近你一點。如果你信任某人的判斷，可以向他尋求建議。
- 如果你跟某些人相處感覺很自在，可以邀請他們陪你處理一些壓力很大的事。

即使我們遵循這些步驟，為自己與他人建立起真正的社群，可能還是需要花上好幾年的時間。承認並接受這一點是很重要的。信任關係是透過不斷自我揭露，以及一次又一次的衝突處理而慢慢建立起來的，直到我們意識到有人真的關心我們，不會在我們犯錯或當事情變得困難時就拋下我們。這個建立信任的過程不會突然發生，也永遠不會結束。

在「系統性羞愧」的框架下，大多數人都期望改變能迅速發生，並認為如果我們付出大量努力，卻沒能一次就解決所有問題，我們就是失敗者。然而，以緩慢卻踏實的步伐，持續朝向更大的目標邁進，才是「擴展性認可」認為最重要的事。我們無法獨自解決生活中的所有問題，也不應該總是埋頭苦幹。我們所能做的，就是採取一些方式，將所有人團結在一起。

在本書的最後一章，我們將探討如何對抗「系統性羞愧」中最棘手且最痛苦的一個面向，那是一種覺得生活毫無意義，認為人類創造持久改變的念頭為時已晚。藉由實踐「擴展性認可」，我們可以超越這樣的負面信念，為自己找到一個意義深遠卻滿心謙遜的位置。是的，人類的未來仍然充滿希望，我們每個人都有可能為世界帶來一些微小但正面的改變。以下就是我們該如何開始的做法。

第八章

人類的希望

在我還沒以跨性別者或男同志的身分出櫃之前，就已經積極參與LGBTQ平權活動。高中時，我是校內學生平權聯盟的聯合主席，該聯盟每週為酷兒與邊緣學生舉行聚會，每年也舉辦有關男同志歷史的活動，並在「全國沉默日」（National Day of Silence）前夕舉行守夜活動，紀念因仇恨而起的暴力犯罪犧牲者。此外，我和朋友會在學校午餐時間抗議美國軍方的「不問不說」（Don't Ask, Don't Tell）政策，並與來校園徵兵的人員對峙。我組織「酷兒電影之夜」，在支持酷兒的友人家中招待他們。我為同性婚姻進行遊說，為我認為有助於促進酷兒權益的候選人拉票，甚至在我還沒有投票權時，就幫助人們進行投票登記。我想，從前的我是希望能透過這些個人努力，創造一個最終能讓自己出櫃的理想世界。

過程中當然遭遇很多挫折。我的高中校長不斷阻撓學生平權聯盟的活動，例如聯盟成員被告知，不能在「國際出櫃日」（National Coming Out Day）那天穿上印有我們身分認同的上衣，因為如果我們被圍毆，會對校方造成困擾；學校表示無法為了保護校內同志與跨性別學生，修改學生手冊中有關反騷擾政策的內容，因為這樣將會冒犯許多虔誠的基督教徒家長；當校內一名十年級學生因為穿著女式牛仔褲而被一群男同學痛毆，學校管理階層對此竟視而不見；當我在淋浴間被一個女生逼到牆角，邊尖叫邊威脅要打我、辱罵我時，在場圍觀者沒有任何人採取行動。

問題不僅存在於學校，而是整個社會。在籌辦酷兒電影之夜時，我所能找到談論LGBTQ的電影如《斷背山》（*Brokeback Mountain*）和《男孩別哭》（*Boys Don't Cry*）等，片中的酷兒角色最後大多遭遇被謀殺的下場。無論我多麼努力投注在社會倡議活動中，回到家總是會聽到比爾．歐萊利（Bill O'Reilly）之流在電視上喋喋不休的說，像我這樣的人將造成社會的墮落。在我十五歲時，我的家鄉俄亥俄州就通過憲法禁止同婚。失敗無處不在。似乎整個世界都希望我繼續對自己的身分認同感到羞愧，最好永遠都不要出櫃。

就這樣經歷多年後，我漸漸感到意志消沉，並試著把自己隱藏在順性別的直女身分認同之下。我依然會關注我認為重要的議題並擔任志工，但我對人性已經失去希望，再也不想傾聽自己的內在聲音。我無法想像自己擁有一個美好的未來，只想勉強度日。這也是為什麼我在取得博士學位後，會酩酊大醉、心煩意亂到幾乎發狂的部分原因。我以為終於完成長久以來所堅信的重要目標，讓自己看起來既成功又體面，這樣就可以賦予自己存在的意義與價值。然而，這種成功並沒有為我贏得愛或安全感，我的羞愧感一如既往。

談到酷兒權利，過去幾年的狀況不禁讓我回想起我十幾歲時的情形。在二〇一〇年代中期，酷兒享受到一些體制上的福利，例如在每個州都有結婚的權利，醫療保險計畫也保障會涵蓋基本的性別重置手術照護。然而時至今日，各地的ＬＧＢＴＱ都面臨強烈的抵制，全國各地都通過對跨性別青年進行性別重置手術的禁令，父母可能只是因為尊重孩子選擇的代詞，因而失去對孩子的監護權。在佛羅里達等州，甚至禁止在課堂上承認酷兒的存在[1]，像我這樣的人甚至不能使用洗手間。去年，在我的社交圈中，多位廣為人知、備受關注的跨性別女性在芝加哥突然失蹤。在過去十八個月裡，幾乎我認識的所有跨性別女性作家或媒體人都遭人攻擊，並被指控誘拐兒童。

如果我仍然是幾年前那個孤獨又尚未出櫃的我，現在肯定會羞愧到無地自容，感覺無力與絕望。我甚至可能會用一個被動、消沉的女性身分來取代真實的我，藉此為自己提供虛幻的「安全感」。然而，現在的我認為，自己有責任盡己所能，為我的跨性別夥伴們提供支持；教育所有家長與老師有關性別議題的知識；幫助剛出櫃的跨性別人士，找到知情同意的診所與心理健康資源；公開撰文講述性別轉換為我帶來的巨大改變。有許多跨性別者告訴我，我為他們帶來忠於自己的力量，這讓我意識到，即使是處在一個盡全力剝奪人們公民權，試圖分化群體的壓迫性制度中，我所能做的事情很重要，我的存在也很重要。

為什麼現在的我能振作起來，而不是像從前那樣感到無能為力？因為我找到一群支持我的人，並在他們的陪伴下，花很多時間消除內心的跨性別恐懼。我還找到一種適切且持久的方式來改變這個世界，並見證這些方法帶來的實際影響。我還認識一些人正積極為跨性別人士爭取日常生活與醫療照護的權益，他們既使用合法正當的手段，也採取檯面下的方法來規避制度的壓迫。正因為參與這些充滿活力、能帶來正面效益的社群，讓我重拾對他人的信心，也開始了解到，真正的系統性變革該如何成功運作，如此一來，我就不會迷失在自身混亂的緊迫感與沉重的個人責任之中。雖然我不喜歡發生在身邊的許多事，但我可以試著接受它、回應它，並在心裡想像一個我所期盼的未來。

「系統性羞愧」希望每個人孤軍奮戰，但這樣永遠不會帶來實質的改變。儘管現在的我感到害怕，但我知道有更好的生活方式。我必須放慢腳步，與他人建立連結，更要相信自己內在的聲音，相信那種我過去習慣去壓制的聲音，那種告訴我我是誰、什麼是對的，以及我屬於哪裡的聲音。

在本章中，我們將從不同的人身上學習到如何應對「系統性羞愧」，以及他們採取哪些步驟來培養一個有目標、充滿希望的願景。我們也會從探討研究文獻中，了解那些受到絕望與空虛感所困的人，如何找到一種廣泛連結的社會認同與希望感。透過這些資源，你會發現如何在世上留下更有效印記的見解，了解如何減少義務感的訣竅，並學會客觀看待自己的生活與局限性。

「擴展性認可」具有一種有趣的雙重性：一方面，它既頌揚渺小的力量，另一方面又減輕強迫我們全力以赴的壓力。而「系統性羞愧」正好相反，它鼓吹我們必須專注成為最強大、最優秀、最有道德的個體，否則我們的世界將會分崩離析。「擴展性認可」則告訴我們，即使我們是渺小的，我們發揮的影響力永遠是微不足道的，但這些力量絕不是孤立的，總是會發揮效用。

擁抱「擴展性認可」概念的第一步，是仔細審視生活已經將我們安置在哪裡，評估那些引導我們來到此時此刻的技能、教訓、遺產，甚至是痛苦的經歷。當我們能察覺自己所處的位置，並連結起過去豐富的人類歷史時，我們就能看見其中蘊藏的潛能。

找到你的戰鬥位置

我的大學老友山姆在反對近海鑽探平台與森林砍伐倡議上努力十五年。當我花上大把時間，埋頭在灰塵滿布的大學辦公室裡做研究計畫，山姆卻在加拿大的荒野上，為維護地球環境四處奔波。因為「系統性羞愧」作祟的緣故，我始終對於自己缺乏像山姆那樣的使命感而羞愧，認為地球環境之所以會變成現在這樣，就是因為有我這樣的人：我購買很多拋棄式咖啡、在快時尚服飾店購物、只關心自身事業的短期回報。儘管山姆從未對我做出道德論斷，我還是覺得他一定認為我是個糟糕的人。

某次造訪芝加哥期間，山姆跟我聊到他的同事阿爾瑪，她的工作是幫助大城市中的社區，撰寫建造花園的補助申請與分區許可。山姆說，他很欽佩阿爾瑪嚴謹的邏輯和有條不紊的工作能力。我感到很驚訝！因為我一直對於山姆持續不懈的專注、能在艱苦條件下工作感到敬佩，但他說：「人們往往認為我的工作比阿爾瑪的工作更有貢獻，但她的工作是在幫助很少接觸大自然的人獲得自我成長。我們都各自肩負著不同的工作職責，在招募新環保主義者方面，阿爾瑪的貢獻比我大多了。」

我確實對於阿爾瑪擔任的那類工作嗤之以鼻，認為她的服務對象大多是有錢有閒的白人，而那些人只是在為自己爭取更多公共空間，這種毫無意義的個人嗜好，對改善地球環境一點幫助也沒有。或許這麼想的我，不自覺也投射出自己的「系統性羞愧」，因為我就是一個享有特權的白人，同樣沒有為環境做出足夠的付出。山姆的話讓我開始思考，我可以做出哪些微小但重要的努力，讓自己和環境建立連結，為地球福祉盡一份心力。

後來，我發現有個朋友的家人在芝加哥原住民青年議會（Chi-Nations Youth Council）擔任領導階層，這個組織由原住民青年領導，在芝加哥的三十五選區經營一座「第一民族社區花園」（First Nations Garden）。[2]該組織不僅為社群成員規畫種植食用植物的獨立區域，也設有高架花壇和種植土堆，可用來種植茅香、草莓、菸草、紫錐菊或其他原住民特色植物。該組織每週還會在花園裡為原住民舉行聚會，並提供居民學習與原住民有關的袋棍球運動、野炊、繪畫與其他課程。現在，該組織正在設法保存原住民的習俗，分享祖先的生態智慧，還種植曾在整個區域繁衍生息的可食用植物供人取用。

在新冠疫情最嚴峻的時期，相信許多人都感受到瞬間與外界隔絕、與廣大世界脫節的困擾。然而，我的朋友凱特琳．史密斯（Kaitlin Smith）長期以來致力於為邊緣化群體提供機會，帶領他們與歷史和土地建立連結。凱特琳和我在高中時相識，她一直是個善於反思、觀察入微的人，熱衷於環境與反種族歧視議題。她也是出色的教育家與自然學家，曾與黑人戶外組織（Outdoor Afro）與馬薩諸塞州奧杜邦協會（Mass Audubon）等組織合作，並在過去幾年間經營「有故事的土地」（Storied Grounds）活動，為黑人提供生態、歷史與覓食導覽行程。[3]

在活動中，凱特琳利用大波士頓地區周圍的樹林，來討論黑人歷史上的關鍵時刻。在一次導覽活動中，她向參與者解釋反覓食法律是如何在廢除奴隸制度後應運而生，並用來將試圖養活自己、尋找食物的貧窮黑人定罪。她還以奈德．杜納（Nat Turner）引發的黑奴解放運動為主題，舉辦一場觀星之旅。大約在二〇二〇至二〇二一年之間，凱特琳把工作重心轉向數位化，為了因應生殖醫療保健領域迫在眉睫的法律威脅，開設數位課程來探討避孕相關知識，以及過去黑人女性如何利用這些知識來防止非自願懷孕。

在上述兩個案例中，我們看到透過社會脈絡與生態學的充分結合，創造出一種對系統性問題（及其解決方案）廣泛且豐富的理解，同時又是如此平易近人。「系統性羞愧」並沒有為我們提供有用的框架，幫助我們理解反黑人、原住民種族滅絕、氣候變化與墮胎限制之間的關係，它只是讓我們對於這些看似獨立的問題以及討論時所面臨的失敗感到恐慌。

相反的，在「擴展性認可」下，我們意識到探討這些議題的根源必須回溯到過去歷史，並與現在的我們密切交織。藉由這樣的框架，我們才能辨識出處理這些問題的具體方法，並逐一抽絲剝繭的試著解開問題。芝加哥原住民青年議會與「有故事的土地」活動都成功的將數百年複雜的政治歷史，變成優雅、易懂且能夠解決的問題，這點挺讓人驚喜！

當山姆說，在拯救地球環境的奮戰中，我們都各自肩負「不同的職業角色」，那就好比把不同人的獨特優勢，看作角色扮演遊戲中不同的角色類型[4]。在許多成功的社會運動或社群發展中，都存在許多不同的工作內容，而且大多數工作都不是一般人認為的行動主義。促成積極改變的並不全是靠抗爭活動或是從事大膽的大規模破壞，來博取新聞版面。當然，那樣的行動也很重要，但只是關注那些行動，會讓人們對推動社會重要變革產生高度個人主義的看法。真實生活並不像是小說《飢餓遊戲》（*Hunger Games*）那樣，大多數人永遠不會成為書中的主角凱妮絲．艾佛汀（Katniss Everdeens），領導人們反抗暴虐的政府。但沒有關係，因為還有許多重要工作要做，尤其很多是相對靜態且經常被忽視的工作。

下頁表格整理出每個社會運動都需要具備的基本職業角色，以及這些角色必須承擔的工作內容。舉例來說，山姆像是抗議者，這種人樂於把自己綁在樹上或躺在推土機前面。凱特琳像是教育者與治療者，她運用學術研究的成果，試圖在過去與現在之間架起一座橋梁，幫助黑人與一直滋養著他們的土地建立連結。促成變革的角色還有各種可能，這個表只是我們可以促成改變的一種方式。

我再舉一個更具體的例子。我的朋友阿米莉亞在一家保險代理公司任職十多年，幫忙開發一個用於理賠申請的手機應用程式。她的公司一直要求客戶透過提交警方報告的方式，來核實損壞與竊盜索賠，但阿米莉亞忍不住質疑：這樣的程序是必要的嗎？要求黑人客戶報警，讓警察進到家中，這樣安全嗎？我們知道警察部門可能會偽造證據、「不小心遺失」隨身攝影的影片檔，甚至有可能盜竊財物，所以，警方的報

促成變革的「職業角色」

抗議者	• 參與公共行動。 • 與其他抗議者合作，透過打破現狀，引起社會大眾對某項議題的關注。 • 面對不公時勇於發聲。 • 透過實際行動，保護弱勢群體免於受暴力侵害。 • 直接對抗騷擾弱勢者的人，成為弱勢者與警察或攻擊者之間的屏障。
教育者	• 創建社群資源。 • 研讀研究文獻與運動沿革。 • 解釋概念並引入新觀點。 • 記錄運動歷史，從過去經驗吸取教訓。 • 指導社群成員，幫助他們拓展視野。
調解者	• 將嶄新或具有挑戰性的觀點，解釋給抱持觀望態度或認為某些想法太過「激進」的人。 • 質疑組織中不公正的政策與假設。 • 在衝突中進行仲裁，幫助緩和緊張情勢或找到共同點。 • 讓那些抱持觀望態度或政治冷感的人更願意參與對話。 • 倡議以邊緣族群為決策中心。
治療者	• 為抗議者或活動中受傷者提供醫療照護。 • 確保社群成員獲取足夠的飲食與資源。 • 支持並傾聽人們訴說挫折或創傷經驗。 • 當運動本身對參與者提出不切實際的要求時勇敢發聲。
組織者	• 收集並有系統的整合社群資源。 • 協助規畫與執行行動。 • 維護並妥善保存會議紀錄。 • 需要時擔任非正式計畫專案經理。 • 幫助追蹤目標、預算、資源分配等。
藝術家	• 用鼓舞人心的訊息激勵他人。 • 將複雜概念簡化為易於記憶的訊息或符號。 • 為疲憊的成員提供安慰與支持。 • 為倡議活動建立歸屬與身分認同的標記。 • 將訊息傳播給原本無法接觸到的受眾。
連接者	• 為社群介紹新成員，擴大社群。 • 散布活動邀請函與資訊。 • 建立跨組織或跨認同群體的聯盟。 • 歡迎新成員。 • 將孤立無援的個人引入支持網絡中。

告真的可信嗎？在提出這些問題後，阿米莉亞說服她的保險代理公司，針對某些類型的保險理賠申請不再要求提供警方報告。這對她公司服務的數千名客戶來說，意味著減少對警方的依賴，尤其對於黑人與棕色人種客戶而言，更為他們降低許多風險。

阿米莉亞不是抗議者或組織者，但她的經歷說明成功擊敗「系統性羞愧」的關鍵：相信無論我們身在何處，那裡就是我們在戰鬥中的位置。[5]這是一種徹底的信任與自我接納，能夠有效對抗社會與政治問題。我們不用繼續將力氣放在自己遇到的不公平對待，而是開始思考如何利用當前處境來促成改變。這是一個激勵人心的號召，與其因為缺乏「修復」這個世界的資源而感到無力絕望，不如共同阻礙不公正的系統，主動「創造」一個更有意義的世界。

有時，接受現實意味著承認我們當前的處境不利，並盡可能掙脫壓迫體系對我們的影響。二〇二二年春天，德州兒童保護部的一名調查員摩根．戴維斯（Morgan Davis，他本身也是一名跨性別男性），被指派執行州長格雷格．阿博特（Greg Abbott）的命令，調查那些支持自己孩子跨性別認同的家庭是否涉嫌虐待兒童[6]。起初，摩根相信自己可以為跨性別兒童爭取權益，進而從內部改變這個體系，他也曾想過是否要退出這個工作，但這樣只是把工作推給其他調查員而已。

第一次調查時，摩根把自己的兒童保護部徽章留在車上，還買了一些恩潘納達（empanadas）餡餅和酥塔送給受訪家庭。在他的報告裡，這個家庭為他們的女兒提供一個豐富且支持的環境，沒有任何虐待的跡象。由於家長拒絕回答有關孩子病史的必答問題，他也評估沒有必要報告這個女孩正在接受跨性別確認的醫療照護。儘管摩根建議立刻結案，他的上司卻認為有必要持續追蹤。然後，他又被指派調查另一個家庭。就在那時，摩根意識到，在一個立意為惡的體系中，人不可能以符合道德的方式做事。因此，他決定離開兒童保護部的職位，並開始公開反對州長的這項政策。

摩根回憶道：「我是同謀。我以為我在做好事，但我第一晚就該辭職。我意識到，想要做好事，唯一做好事的辦法，就是把這件事情公諸於世。」摩根並不孤單，後來所有調查員也都辭職了。雖然調查員辭職並不會讓案件消失，但是員工大規模出走，使得兒童保護部的調查案件全都停擺。戴維斯拒絕成為執行跨性別恐懼政策的「好」調查員，而是加入一場比他個人更大的正義運動之中。在離職後不久，戴維斯與其他十五名同事發布一份聲明，共同譴責這項政策。

對於這些前調查員來說，拒絕執行邪惡系統的任務代價高昂。許多人甚至無法在原本的專業領域裡找到工作，只能在超市和大型零售店打工，或是繼續失業。但他們很清楚，這些犧牲絕對是必要的。他們已經達到一種純粹的道德清醒狀態，知道自己的定位與信念，因此每個人都相當清楚自己必須做點什麼。

多年來，我曾與許多選擇不再與這些邪惡體系同流合汙的人訪談，例如：前警察與保安人員、過度壓榨員工卻又付不起足額薪水的非營利組織負責人、總是提防黑人顧客的零售店經理、在忽視老人的照護機構任職的護士、國防承包商、國土安全研究員等。有些人甚至主動聯繫我，因為我曾在多篇文章中明確表示，追求無止盡的生產力毫無意義，建立一種由內心價值觀驅動的生活才是至關重要。當我與那些經歷過深刻覺悟、離開糟糕工作或不健康社群的人交談時，我發現當一個人決心擺脫一再壓制並傷害他們的體系時，他們就會煥發出最燦爛的光彩。

與其努力成為一個「好」警察、「仁慈」的經理、或用手銬將病人銬在床上的「好心」護士，我們可以拒絕成為強權機構告訴我們必須成為的那種人。有時，身為個體的我們所能做到最具影響力的事，就是拒絕成為共犯結構的一分子。

沒有人能夠單槍匹馬打敗種族歧視或終結氣候變遷。事實上，有時我連準備晚餐都會面臨道德兩難。然而，與其與環境抗爭，我們可以坦然面對現況，問問自己下一步該怎麼走。無論我們身在何處，無論此刻面對的現狀多麼殘酷，我們每天都有機會做一些事，例如安慰那些受苦的人、增進對自己的理解，甚至偷偷違反我們內心認為不公正的規則。我們不必事事強求，只要試著找到方法。

「無論我們身在何處，那裡就是我們戰鬥中的位置」，這個概念來自哲學家烏利塞・卡里埃（Ulysse Carrière），她稱之為「乾草叉理論」（Pitchfork Theory）。乾草叉是農人用於辛勤耕種的工具，但也是一種潛在的武器。烏利塞表示，一個在田間勞動的貧窮農人，可以將乾草叉視為苦難的象徵，也可以成為幫助她爭取自由的工具。乾草叉理論的重點在於，認識我們身邊工具與所處社會地位所蘊涵的獨特潛能。

從這個角度來看，我們並非完全無能為力。在禁止為跨性別青少年提供醫療照護的州，醫師可以「不小心遺失」會讓當事人及其家庭陷入法律糾紛的文件，來保護他的跨性別病人。這麼做並不是試圖改革一個糟糕的制度，而是在抵抗一個不公正的制度規則。在允許合法墮胎的州，藥局也可以為來自禁止墮胎各州的婦女提供口服墮胎藥，而無需舉報或讓她們被逮捕。不幸的是，全美有太多診所與藥局在那些不公正的法律尚未通過前，就已經開始主動執行。[7]制度往往無法從內部修補，尤其是當你還在繼續按照它的程序和規則行動。要徹底摧毀一個邪惡系統，你必須敢於打破規則。下列問題可以幫助你反思自身優勢，找到能讓你充滿能量的內在召喚。

練習㉒——傾聽生命對你的召喚

（透過這個練習，幫助你反思自己的優勢、能量來源與內在召喚。）

下列句子能否引起你的共鳴？請勾選出所有符合你的描述。

❶ 找到你的優勢

□我喜歡和一大群人在一起。（抗議者）

□人們告訴我，我幫助他們理解從前覺得不明白的話題或觀點。（教育者）

□當人們緊張、焦慮或陷入衝突時，我知道如何讓他們冷靜下來。（調解者）

□我很擅長為生病的身體或心靈帶來安慰。（治療者）

□我很擅長將大量資訊融會貫通，歸納成合理的組織系統。（組織者）

□我的創作常常能使人們的需求被看見與被理解。（藝術家）

□我經常思考人們該如何合作，以及如何更有效的讓人團結在一起。（連接者）

□我在醫學／教育／程式設計等方面接受的訓練，對很多人來說受益無窮。

□＿＿＿＿＿＿＿＿＿＿（其他）

❷ 什麼能讓你感到有成就感與活力？

□在大型活動與集會上，我感到活力充沛、精神振奮。（抗議者）

□想出新方法來解釋或概括一個棘手或複雜的概念，會讓我很有成就感。（教育者）

□我不怕面對有建設性的衝突，因為我們可以從中學習成長。（調解人）

□當他人感到痛苦時，我會馬上集中注意力並思考如何採取行動。（治療者）

□保持事物整潔有序讓我感到安心。（組織者）

□當聽見有人說他們在我的藝術中看到自己，會讓我感到快樂。（藝術家）

□我非常喜歡看到我的朋友之間變得越近。（連接者）

□從事某些活動會為我帶來活力：＿＿＿＿＿＿＿＿。

□＿＿＿＿＿＿＿＿＿＿＿＿（其他）

❸ 你的使命或內在召喚是什麼？

□面對不公義，我會堅定立場並直言不諱。（抗議者）

□我喜歡看著人們成長與改變，並知道自己在其中發揮影響力。（教育者）

□我理解人們的情感，並致力於拉近人與人之間的距離。（調解者）。

□我總是被危機吸引，因為我知道自己能夠提供幫助。（治療者）

□我的目的是在混亂中帶來秩序與明晰。（組織者）

□我一生中最大的使命，是創造有意義的美好事物。（藝術家）

□我最大的財富就是我與他人建立的關係。（連接者）

□當我參與這些活動時，我覺得我的生活有目標。

□＿＿＿＿＿＿＿＿＿＿＿＿（其他）

我們可以選擇傾聽自己內心的聲音，而不是接收「系統性羞愧」引發我們內疚的訊息，告訴自己永遠做得不夠。當我們不再事必躬親，學會放慢腳步時，就會更容易傾聽內心的聲音。

放慢腳步

有時候，想要對世界造成有意義的影響，不是透過急功近利，而必須放慢腳步，甚至暫停下來，放下某些義務。

回想一下「負足跡效應」，消費者因為急於做些對環境有益的事，因而購買各種不必要的「綠色」產品，卻造成更多浪費與生態破壞。在「系統性羞愧」的影響下，我們每個人都迫切想要成為有道德的人，反而耗費大量精力與資源去做一些徒勞無功的事。哲學家翁貝托．艾可（Umberto Eco）將此稱為「為行動而行動的崇拜」，認為所有的活動與生產力是好的，而所有的緩慢與靜止都是邪惡的，這種觀點絕對是「系統性羞愧」在作祟。

在許多情況下，不行動反而比為行動而瘋狂行動來得好。二〇二一年十二月，

《科學》期刊上的一篇文章指出，人類只需要在未來二十年不要做任何人為干預，讓森林自由生長，就能扭轉七八%的熱帶森林砍伐問題。[8]人類不需要種植或施肥，不需要控制焚燒或消滅外來物種，當然也不需要購買所謂「負足跡產品」。生命何其豐富，自然具有強大的復原力。如果我們停止快速消耗資源，自然界就能開始自我修復。遺憾的是，大多數政策制定者更喜歡搭乘飛機，到世界各地參加生態會議與氣候峰會，消耗大量燃料並讓大氣中充滿二氧化碳。[9]

「系統性羞愧」將我們的潛力與消費行為綁在一起，而「擴展性認可」則告訴我們，要做得更少、行動更緩慢，同時更有意識的善用有限的精力與時間。這也意味著要質疑緊迫的、簡化的進步衡量標準，並相信長遠的眼光。由於各種文化與經濟的原因，目前大多數組織和社群都不是本著這些原則建立起來的，但我們可以試著改變這種情況。

肯尼斯・瓊斯（Kenneth Jones）與泰瑪・奧昆（Tema Okun）在《白人至上文化》（*White Supremacy Culture*）這篇具有里程碑意義的論文中指出，大多數組織都受到具破壞性文化規範與白人至上主義（如急於求成、完美主義、極端個人主義）所影響，急著儘快取得令人印象深刻的「勝利」，而沒有去思考人類共同的長遠未來。[10]例如，許多LGBTQ平權組織在二十一世紀之初努力推動同婚權益，卻忽略爭取更長期且複雜的跨性別權益與醫療保健權利。至於白人至上主義規範無處不在，從美國公民自由聯盟（ACLU）到國家人權委員會（HRC），再到地方性學校經費改革運動，都可以看到它的蹤影。

令人遺憾的是，這些動態在現今非營利組織、活動團體與社會運動中普遍存在。儘管如此，我們還是有辦法來反制並改變這些規範。[11]下頁表是一些能幫助我們在組織中抵制白人至上文化的價值觀，以及表達這些價值觀的敘述方式。

放慢腳步、質疑原本的假設並提出問題，這些動作帶來的影響可能比你想像得還大。我所認識最優秀的LGBTQ盟友，並不是那些讀過所有同志經歷的書或了解所有性別相關術語的人，而是能謙虛承認自己並不了解所有事，願意在別人無法發聲時為他人發聲的人。例如我的一位直男朋友吉姆，在參與一部以無性戀角色為主題的戲劇時，反覆詢問在劇本創作過程中是否針對劇本內容請教過任何無性戀劇作家。吉姆並不介意成為製作團隊的眼中釘，直到團隊終於同意聘請一位無性戀劇本顧問。之後，吉姆又努力確保這名顧問能獲得合理的報酬，最後讓這位年輕的無性戀劇作家，獲得她有生以來第一筆聯合寫作報酬。更重要的是，這齣劇對無性戀角色的刻畫也更

白人至上主義規範與其解藥[12]

破壞性規範	相對的規範	表達方式示例
完美主義	• 感恩 • 接納 • 適應變化 • 視「失敗」為學習 • 將成長與改變視為常態	• 非常感謝你幫助我完成這項工作。 • 這個計畫不如我預期的成功，這意味著我還有更多需要學習的地方。 • 由於情況發生變化，看來我們得重新調整目標。 • 對不起，我意識到我沒有向你解釋這個任務／為什麼這個細節很重要？ • 有人能教我怎麼做嗎？
個人主義	• 共同成長 • 一起解決問題 • 坦誠面對困難、困惑或目標衝突 • 將所有工作視為共享 • 感謝支持而不是衡量成就	• 我們最近在這項任務上都進步了。 • 我們現在對這個問題了解得更深入了。 • 讓我們看看大家對這個問題的看法，也許每個人的看法都不同。 • 是所有人的努力促成這個計畫。
急於求成	• 對流程和他人保持信任 • 對結果保持謙遜 • 理解會遇到意想不到的挑戰 • 反思流程與他人的觀點 • 耐心	• 我們不需要對任何人進行微觀管理，也不需要嚴格要求完成期限。我們可以做的是適時提供支持。 • 讓我們在時間表中增加幾週緩衝時間。 • 因為不知道事情會如何發展，所以要保持開放心態。 • 採取行動前，讓我們收集更多資訊。 • 讓我們聽聽可能受我們行動影響的人的意見，看看他們怎麼想。 • 當我們準備好時，這項工作仍然會在這裡。

加真實且人性化。

吉姆深知自己無法獲得所有問題的解答，也知道自己沒有必要掌握所有解答。他需要做的只是放慢腳步，適時提出問題與建議，讓更合適的人來引導這個過程。

「系統性羞愧」主張凡事必須親力親為，才能盡快且獨立促成更多改變，來對抗不公正並「修復」這個世界。然而，為了共同創造系統性變革，我們需要放慢腳步，退後一步，互相傾聽。要做到這一點，需要一定程度的謙遜（而許多人並不習慣或不適應這種謙遜），但擁抱謙遜，卻能為我們帶來更清晰的視野。

懷抱謙遜並迎接悲傷

「系統性羞愧」將個人視為促成改變的唯一來源，這讓我們之中有許多人受到誘導，深信自己可以、也應該要努力成為專業的流行病學家、氣候學家、經濟學家、反偏見教育工作者等，而且這一切只需要藉由足夠努力，並在網路上做點研究就可以辦到。社群媒體與我所謂的「評論區文化」則讓這個現象更加惡化[13]。在網路上，我們隨時會對任何事情發表看法，無論我們實際上是否有評論的能力。「系統性羞愧」讓我們覺得自己很糟糕、不夠格，同時也助長我們過於誇大的自我重要性。

謙遜是這一切的解藥。懷抱謙遜的態度，我們可以承擔起微小卻更持久的角色，這將有助於舒緩我們的焦慮，並將我們和他人連結在一起。就如同向值得信賴的人揭露我們的脆弱能讓我們擺脫羞愧感，投身於為改變現狀而共同努力的支持性社群，也可以幫助我們不再覺得自己的努力毫無意義。

儘管如此，意識到個人的影響力極其渺小，有時還是會讓人難以接受，這是柯亞・貝克（Koa Beck）在討論如何顛覆制度性性別歧視時經常觀察到的情況。她寫道：「當我公開談論性別壓迫、種族歧視或異性戀偏見主義時……總會有女性善意的舉手提問，想知道自己能做些什麼，但坦白說，拿著這本書或在聽完演講後找上我的你，能做的真的不多。革命不是你一個人的事，白人女權主義也是這麼告訴你的。」[14]

承認自己無能為力並不容易。許多人渴望自己能成為英雄，儘管這種渴望可能會對我們造成傷害。或許我們可以試試另一種做法：找出我們目前認為不合理的標準，並選擇放下符合這些標準的行為義務。

我在寫這本書時，曾採訪過一位住在英國、曾受「系統性羞愧」折磨的黑人女性，她的名字是伊萬。她告訴我，多年來，她一直希望能成為自然捲運動的完美典範。二〇一一年，伊萬為自己做了一個重大改變，將所有以化學藥劑燙直的頭髮全都剪掉，讓自然捲重新長回來。她說自己從前每天使用各種自然捲護髮產品，瀏覽許多護髮影片與部落格文章，還買了各種緞面枕套與絲質睡帽。她害怕採用任何可能會導致頭髮斷裂的髮型。外出旅行時，她最討厭潮溼的天氣，因為那會讓頭髮變得更加毛躁捲曲。

伊萬之所以想要提倡自然捲運動，是因為它具有顛覆性意義，她想展現自己頭髮原本的樣子，而不是把自己真實的模樣藏起來，好符合歐洲社會的審美標準。但在某種程度上，維持這種理想化的自然美標準，反而成為另一個必須達成的新目標。

「我在抖音上看到一個影片，影片中的黑人婦女指出，如果妳用不對的方式整理頭髮或是太常染燙頭髮，那麼不管是哪種髮型都會導致髮質受損或改變原本的髮性。她說，她對這一切真是受夠了。她決定維持原本的髮型，真的斷髮就算了。她的話真讓人抒壓，我之前從來沒有聽過有人說：去他媽的，我就是會斷髮，但又沒什麼大不了，誰會在乎？」

黑人女性的髮型一直被政治化。[15]在職場中，許多黑人女性會將頭髮燙直，以符合白人社會的「專業」形象。在軍隊及學校中，黑人女性傳統髮型是被禁止的，甚至會受到懲罰。[16]對白人女性髮型的廣泛推崇與對黑人女性髮型的無盡批評，是一個由來已久的文化議題。不過伊萬發現，儘管她投入自然捲運動的倡議，仍然認為自己有責任解決那些「系統性羞愧」。現在的她不再渴望頭髮永遠維持彈性柔順，而是希望能生活在一個體操界超級明星西蒙．拜爾斯（Simone Biles）與加比．杜格拉斯（Gabby Douglas）能自在的綁著幹練包子頭和馬尾參加比賽的世界，讓她們不再因為髮型而受人攻擊。[17]伊萬希望黑人女性可以不再把生活重心放在關注自己的髮型與他人的看法上，她也這麼期許自己。

伊萬說：「我之所以對自然捲社群感興趣，是因為我不想再為自己頭上長出來的頭髮而感到羞愧。但是，當我追求「正確」的自然髮型，讓我不僅對自己品頭論足，也開始會用這種標準嚴格審視其他黑人女性。我想盡快擺脫這種狀態。」這個反省也讓她決心關注其他比髮型更重要的事。

伊萬的經歷讓我想到達肖恩．哈里森（Da'Shaun Harrison）在《野獸之腹》（*Belly of the Beast*）中的一段文字，這本書在探討肥胖恐懼與反黑人主義是如何彼此交織在一起。如前所述，許多「身體自愛」運動人士主張，自愛是肥胖恐懼的解方，在個人層面上散發自信、克服羞愧感是最終目標，但作為脂肪解放運動者的達肖恩卻採取完全不同的方法，認為肥胖者（尤其是黑人肥胖者）可以把他們在身體意象的掙扎，看作是對於肥胖恐懼文化的有力批判。

達肖恩寫道：「如果我們試著擁抱心中的自卑，不再把自卑看成是個人（尤其是黑人）的道德缺陷，而是一種勇於指出社會試圖懲罰與傷害某些『缺陷者』的批判呢？」[18]換句話說，受壓迫者的自卑是社會必須共同解決的問題，而不是將它歸咎於受壓迫者的個人責任。就像伊萬與達肖恩，不再把自己的身體與情緒當作需要被矯正的問題，而是擁抱自己真實的模樣。

辯證行為治療師經常區分兩種態度，那就是「執意」（willfulness，對抗現實）與「願意」（willingness，承認現實並以此為基礎採取行動）。「系統性羞愧」鼓勵個人採取「執意」態度，堅持不接受持續變化的現實，重視困難與掙扎、讚頌英勇的努力，即使這些努力毫無用處。它要我們無論在生活、人際或社會層面上，都必須履行追求完美的道德義務，即使（而且尤其是）當行動完全起不了作用時。

相對於「執意」，「願意」則是要我們因應當前環境與感受，來不斷調整自己，甚至放棄那些不再適合我們的目標或理想。「願意」並非軟弱妥協，更不是盲目接受眼前不合理的現實，而是在我們遇到困難時問問自己：「在目前的現實情況下，我能夠做些什麼來減少自己的痛苦?」」下表是「執意」與「願意」兩種心理特徵的差異。

「擴展性認可」與「願意」息息相關。當我們接受無法完全解決自己的身體意象問題、根除社會上的性別歧視,或逆轉氣候變遷時,我們可以選擇將注意力轉向當下仍然可以做的事,以減少自己與他人未來承受的痛苦。願意改變、適應,甚至放棄某些目標,使我們能夠更與他人合作採取有效行動,而不是繼續糾結於過去那些已經無法改變的傷害與怨恨。

我可以獨自坐在那裡苦思好幾個小時,反覆想著如果俄亥俄州不是如此仇視同志,我的童年該有多美好,但這麼想並不會改變一切。真實生活沒有對照組,我只能試著了解現在的自己。與其抱怨現實,不如試著尋找和我一樣在「系統性

執意的心理特徵	願意的心理特徵
• 生活苦澀	• 生活輕盈
• 執著	• 接納
• 反芻思考	• 彈性思考
• 沮喪	• 哀悼
• 感覺停滯和卡住	• 感覺自在或放鬆
• 不停追問:「情況不應該是這樣。」	• 問自己:「接下來會有什麼變化?」
• 堅持既有計畫	• 根據當前狀況隨機應變
• 不斷回想過去	• 關注當下

羞愧」中長大的酷兒，共同從探詢我們的過去，思考能為現在的我們帶來什麼啟示。我可以故意憎恨自己與我的前伴侶，埋怨那些過去讓我無法進行性別轉換的因素；我也可以故意鑽牛角尖，想著如果早點開始使用荷爾蒙，我現在的樣貌將會有所不同；或者，我可以將那段可怕的經歷視為教訓，學習改善我的人際關係，對他人坦承以待，並擁抱現在的我希望達成的一切改變。

我們都曾試圖與現實對抗，但這經常也是我們願意接納自己不喜歡與不知如何處理的事情的第一步。透過下面這些問題，或許能幫助你進一步發現生命中的「潛規則」：

1. 在我的生活中，是否受到一些潛規則所影響？
2. 哪些規則已經不再適合現階段的我？
3. 承上點，現在的我可以少做什麼？
4. 在我的生活中，我一直試圖否定哪些事實？
5. 承上點，現在的我可以放棄什麼？
6. 我可以決定接受哪些令人不快的事實？

7. 承上點，我可以停止繼續嘗試哪些事？

願意放下某些期望，是徹底實踐「擴展性認可」的關鍵所在。承認我們不擅長和提不起勁做某些事，反而能為我們帶來力量，讓我們對擅長這些事的人表達欽佩，同時對我們所擁有的技能心懷感激。

馬拉莉是一名生育正義（reproductive justice）與家庭暴力倡議者[19]，她告訴我，在她工作的診所裡，有位五十七歲的祖父輩志工最令她欽佩。這位志工每次都會隨身帶著一隻老米格魯，他每個月會來修剪幾次草坪、清理排水溝。馬拉莉說：「來診所的許多女性都經歷過伴侶強大控制欲與虐待所造成的心靈創傷，而這名志工的存在本身就是一種療癒，他也非常擅長安撫反墮胎抗議者的強烈情緒。」這位年長的志工就像是在打掃他周圍「被弄髒的廁所」（先前提過的美國民主社會主義組織幹部查克最愛用的比喻）。

我問馬拉莉，這位長輩是否意識到自己為他人帶來的正面影響，馬拉莉聳聳肩說：「可能沒有。」想一想，在我們當中，又有多少人意識到自己其實也可以扮演類似的療癒角色，卻依然日復一日被困在不切實際的期望及未能實現的夢想所帶來的羞愧之中。

當我們意識到每個人在這場巨大運動中所能扮演的微小、卻重要的角色時，我們就能更自在的面對自己與他人的限制。而透過一些練習，我們就能逐漸接受「改變與成長會持續不斷」的觀點。雖然我們常常用「戰鬥」或「抗爭」等比喻，來描述對抗不公正的社會運動，但這並不意味著我們必須摧毀任何東西，而是每一天持續用自己的選擇，來型塑理想中的社會。[20]

建立聯盟，而不是盟友

「系統性羞愧」將社會正義完全個人化。在這樣的觀點下，想要對抗種族歧視的白人應該要做出「正確」的選擇，像是在社群媒體上發布正確的資訊、購買正確的書籍，或是將具有種族歧視的人趕出工作場所。同樣的邏輯也適用於在「系統性羞愧」框架下幾乎所有與社會不平等有關的議題，例如貧窮、性別歧視及恐同。成為「好盟友」被視為一種個人的努力，而不是積極實踐社會正義。

非洲裔學者暨倡議家艾瑪．達比里（Emma Dabiri）在《白人接下來可以做什麼》

（*What White People Can Do Next*）中建議，白人不需要把自己視為黑人的盟友，而是把彼此視為共享利益的夥伴。她點出一個重要的事實，與其將盟友關係視為一種艱難、道德上卻又必須做的犧牲，不如深刻思考權力系統的本質。當我們試著拆解濫用權力的系統，每一個人都會從中受益。

舉例來說，最早出現「獲得政府福利的人都是不誠實的社會寄生蟲」的觀點，是針對剛獲得自由的黑奴，後來這個觀點又被重新包裝來形容領取失業補助、殘障福利與食物券的弱勢族群；事實上，現在大多數接受補助的人是白人。[21]、[22]這種的有毒訊息深深傷害了每一個曾依賴社會安全網支持的人（也許就是未來的你我）。

或許我們應該這樣思考：對抗貧窮與對抗障礙人士的歧視，就是在對抗種族歧視；而對抗種族歧視，就是在對抗經濟上的不公。[23]從這樣的觀點出發，我們不必將我們的特權視為個人罪惡，每個人都在受苦，只是程度上有所不同。當我們願意理解並設法解決這些苦難的共同原因，我們都會從中受益。

多年來，美國聯邦政府大幅削減各種社會福利支出[24]，並設置愈來愈複雜的官僚規則，以避免有人會「偽造」殘疾、編造求職履歷，或是以其他方式「玩弄制度」[25]。只不過，這些花在把關上的文書工作，成本實在高得驚人，以至於許多評論家認為，直接無條件發給所有人每個月全民基本收入還比較划算。[26]從制度上把人分成「值得」和「不值得」兩類並不會為社會帶來任何好處，這只是「系統性羞愧」讓我們覺得這樣比較符合道德。

在酷兒聚集的場所中，我經常會聽見一些人主張：我們需要嚴格把關酷兒社群的「真正」成員。他們認為，只要徹底排除掉所有身分「錯誤」或無法真正理解酷兒經歷的特權人士，就能保護社群的有限資源，確保酷兒社群的「安全」。因此，有雙性戀伴侶的多重伴侶關係直男可能會被排除在LGBTQ社群之外，甚至被視為掠奪者而不受歡迎；未出櫃的非二元性別者可能會被視為享有特權的順性別男性，也會被酷兒社群排拒；至於尚未出櫃或正在探索性別認同的人，也會擔心無法充分證明自己屬於這裡，因而選擇退出社群。

非洲裔學者艾瑪．達比里認為，這種想要建立強大聯盟的做法，是一條完全錯誤的路線。許多人即使不是酷兒，卻和酷兒一樣被人排斥，因而內心充滿挫折。又如現行婚姻制度對多重伴侶關係者不利，他們可能會失去對孩子的監護權，或是被剝奪到醫院探望伴侶的權利。有些異性戀者則因為認同性別模糊（gender bend），因而遭受性暴力或「矯正」治療。此外，從PFLAG（同志父母親友組織聯盟）等組織的豐富歷史更告訴我們，即使你不是受壓迫群體的一員，你仍然可以承擔起倡議該組織理念的使命。如果我們能拓展世人對愛、性、伴侶關係與家庭的理解，未來勢必有更多人從中受益。

建立大型社會聯盟是一項艱困的工作，因為擁有特權的人會想說服邊緣化團體，或設法壓制具有爭議性的目標，就像二〇〇〇年代初期，順性別男同志試圖阻撓跨性別人士爭取權益。但是，團結就是力量，解決問題的方法絕對不是徹底排除特定群體，或是將各種身分認同的人隔絕開來，而是建立一個聯盟，讓擁有專業知識的聲音能被聽見。建立聯盟的工作也不一定必須在酷兒的活動空間，它可以像是與同事討論心目中的理想職場那樣簡單。

以下是建立有效且多樣化聯盟的重要原則：

- 將重點放在能為邊緣群體帶來資金與資源的作為。
- 不會因為潛在成員的身分認同或生活經歷，而將他們排除在外。
- 為被邊緣群體提供定期發洩或處理怨憤的空間。
- 辨識出跨越不同團體的共同目標。

- 制定政策來保護所有成員，而非假設某些團體或身分總是「安全」的。
- 以邊緣群體的意見為中心，尤其是具有相關專業知識的群體。
- 幫助所有人培養洞察力，能夠反思新資訊，判斷什麼是「正確」的。
- 鼓勵並授權可能的「盟友」在能力範圍裡積極參與活動。
- 鼓勵人們進行探究性反思，一個人（或群體）的難處，其實也是每個人的難處。

二〇一八年，記者艾瑞克．布蘭克（Eric Blanc）報導在美國各地成功串連的教師工會大罷工，尤其是對這類活動始終抱持冷淡態度的保守州。[27]根據艾瑞克深入調查後發現，罷工獲得具大迴響的原因在於，參與者不只是教師，還包括各種學校工作人員，例如校車司機、工友、廚師、後勤人員與學校治療師，所有人齊心努力，迫使學校停課，直到他們的要求獲得滿足。當時，亞利桑那州州長道格．杜西（Doug Ducey）打算藉由為教師（也只有教師）加薪兩成，來瓦解抗爭行動，但教師們仍堅持立場，要求校方為所有教職員工調薪。這種團結一致的態度，為他們獲得最後的勝利，校方還承諾，在接下來的五年還會逐年調升薪資。

這個例子告訴我們，以聯盟為基礎的社會運動，必須將弱勢群體的需求放在最前面，也提供機會讓特權階層一同行動。通常，這會要求相對享有特權的個人更加謙遜，放棄他們的救世主夢想，思考在自己能力所及，能為達成更大共同目標做出個人貢獻的地方。

辨識有助於實現長遠願景的微小變革

「系統性羞愧」十分狡猾，它會將人們從對抗總體問題的行動，轉向個體的任務與消費行為。不過我們依舊有應對之道，可以既滿足人們對於具體實踐步驟的需求，同時不至於削弱社會運動推進的動能，也不會限縮於個人選擇。

我們經常會將社會變革區分為兩種，一種是維持現行系統的「改良式變革」，另一種是瓦解現行系統的「非改良式變革」。改良式變革可以緩解人們的焦慮，因為「有在做些什麼」而感覺似乎有所進展。例如，為回應二〇二〇年眾所矚目的威斯康辛州黑人槍擊事件，不僅在現行警察培訓中加入更多衝突管理課程，也發起「警察八項改革」運動（#8CantWait），禁止警察採取鎖喉壓制，並要求警察在開槍前發出警告等措施。[28]

這類變革雖然獲得社會大眾肯定，實際上卻存在一個嚴重問題：八項改革幾乎早就在全美許多警政單位廣泛實行，包括不久前才射殺黑人的那間警局。[29]二〇一四年，艾瑞克．加納（Eric Garner）被警察鎖喉壓制而窒息死亡，但紐約市警局早在一九九三年就明文規定禁止使用鎖喉壓制。[30]二〇二〇年，喬治．弗洛伊德（George Floyd）在明尼阿波里斯市（Minneapolis）遇害，當時該市也因為之前發生的費蘭多．卡斯蒂利亞（Philando Castile）槍擊案，提出類似於「警察八項改革」的改進方案。[31]

禁止鎖喉或改革警察培訓等改革行動看起來像是件好事，因為它的對象往往是針對帶有種族歧視信念與行為的警官，就像殺害喬治．弗洛伊德的警察德里克．蕭文（Derek Chauvin），最終因自身行為而被判刑入獄，讓許多人稍感安慰。然而，改革同時意味著政府要向警察部門投入更多資金，而且這些部門獲得的資金與軍事化程度，早已比歷史上任何時刻都還要充足。給予警察部門更多資金和更大責任，只會擴大他們的權力及施暴能力，同時讓關切這些議題的公民產生一種錯覺，以為政府部門有在設法改變、情況已經有所改善。

德里克最後被判有罪的法律依據，是他沒有正確履行警察職責[32]，但這樣的說法，只是把他描繪為特別無能或邪惡的人，卻忽略一個重要的事實：當德里克把膝蓋頂在弗洛伊德的脖子上時，他身旁還有其他警官；此外，這些警官都曾提到，美國警察被刻意訓練成以非人性化和暴力方式對待黑人嫌疑人。[33]如果整桶蘋果都壞了，丟掉一個壞掉的蘋果也不會帶來多大幫助。

談起警察改革，人們常會將這個議題視為需要「修正」的缺陷，但美國許多警察部門是從吉姆．克勞（Jim Crow）時代就設立的奴隸巡邏隊，目的一直都是保護白人的生命與財產，限制黑人的自由行動。[34]美國聯邦法庭曾多次裁定，警察並沒有保護民眾的責任[35]，警察的工作也不是執行所有法律。如果你的老闆因為你的種族、殘疾或性別歧視你，他就觸犯了法律，但你無法報警要求逮捕他。然而，如果你的老闆發現你從收銀機偷零錢，他卻可以報警抓你。改革無法「修正」一個已經按照原本設計運行的系統。警察體系最早成立的目的，就是打算以暴力恐嚇少數群體，以保護富人的安全。[36]

我們可以將「#8CantWait」的倡導與刪減警方經費的激進做法進行比較。[37]刪減警方經費是一種「非改良式變革」，目的是逐步達成廢除監獄司法制度。在經費刪減的狀況下，政府每年都會從警察預算中拿出一部分資金，投注在歷年來遭受警察暴力傷害最嚴重的社區。二〇二〇年，美國有十三座城市以投票方式刪減警方經費，並將數百萬美元挪至社區醫療、緊急服務、戒毒成功計劃、食物銀行等方面[38]。當更多經費投注到教育、心理健康服務、針具交換與庇護所上，社區就會一年比一年更健康、安全，社群也更能相互支持。我們需要的不是快速制定一個完美無缺的警察改革方案，而是從基礎開始扎根，在許多暴力行為發生前就加以預防。

其他「非改良式變革」包括對碳排放設立限制（或上限），並隨著時間逐年降低上限。這與出售碳抵換的改革非常不一樣，後者允許企業與政府支付一定費用換取排放二氧化碳的權利。碳抵換將汙染視為一種可以藉由購買行為來解決的問題。碳排放上限則迫使政府與大型企業逐年擺脫對化石燃料的依賴。

我們該如何區分「改良式變革」與「非改良式變革」？根據希薇亞里維拉法律援助組織（Silvia Rivera Law Project）創辦人迪恩・斯佩德（Dean Spade）律師的建議，必須針對該變革詢問下列問題：[39]

- 它是否為受害者提供資金或資源？
- 它是否遺漏了最受汙名化或被羞辱的人？（例如，有犯罪紀錄的人、沒有移民身分的人，或是被社會指責做出「錯誤」選擇的人。）

- 它是否賦予我們試圖改革的系統更多金錢或權力？
- 它是否能為受問題影響最嚴重的人賦予權力？

經常進行上述反思，可以培養我們的洞察力與判斷力，並理解我們對彼此的義務。畢竟「系統性羞愧」在我們內心滋長的所有恐懼與罪惡感，會讓我們很難清楚看見自己的處境，甚至難以形成自己的觀點。但當我們建立起辨別是非的能力、建立起更強的信心時，就能拒絕所有不斷告訴我們需要做得更多、應該感到羞愧的干擾性外部訊息。

不只是行動主義，更關乎人類存續

我知道，本章提出的大多數「擴展性認可」例子都涉及政治組織與行動主義工作。但我想強調的是，當我們實踐「擴展性認可」時，我們可以主動思考自己的使命，定義自己真正想要的人生樣貌。事實上，要達成這個目標，不一定需要從事行動主義工作。許多激進組織與非營利機構本身就是「系統性羞愧」的溫床，許多飽受創傷、工作狂熱的人彼此競爭，證明誰對組織最忠誠、最成功、最能為組織犧牲奉獻。[40]即使我們關心社會正義，也不意味著必須受制於這樣的環境，那反而會讓我們心理不健康，也無法獲得實際效益。

現在的我就像第五章提到的前網紅桑亞蒂，不再視自己為行動主義者，也不像從前那樣積極參與政治組織，我發現自己與他人發生爭執的狀況少了很多。當可怕的新聞出現在媒體熱門版面，我不會急於參與其中，藉此平息自己的焦慮，試圖讓別人認為我是個「好人」。當我把更多時間花在思考我的選擇所帶來的影響，我的作為反而不像「行動主義」，而是傾向於將我的價值觀和信念視為一條線軸，貫穿我所有的人際關係、嗜好與我所做的一切決定。

我是存在主義治療法的忠實粉絲，尤其推崇馬丁．亞當斯（Martin Adams）。[41]在存在主義治療法中，治療師不應該扮演權威角色，也不能把任何特定目標強加給被治療者，而是要誠實展現自己，坦承自己也曾經在無意義與迷失中掙扎。在這樣的基礎上，治療師可以提供練習與工具，幫助被治療者確認自己生命的意義。這種極具靈活性與賦權的治療方法，是受到尚－保羅．沙特（Jean Paul Sartre）和維克多．弗蘭克

（Viktor Frankl）的啟發，前者主張我們的生命沒有與生俱來的意義，我們必須為自己創造意義；後者認為生命的意義無所不在，我們只需要努力發掘。

在尋找或創造生命意義的過程中，存在主義治療師關注四個人類經驗領域：[42]

- **物理領域**：引導我們看待周遭的物理環境、自己的身體，以及看待自身死亡的方式。
- **社會領域**：引導我們思考與感受他人，以及我們所屬的文化。
- **個人領域**：引導我們了解自己，包括我們講述過去經歷、現在處境與未來希望的人生故事。
- **精神領域**：引導我們看待未知與不確定的方式，以及我們的核心價值觀與認為世界應該有的面貌。

然而，「系統性羞愧」將我們與這四種意義來源分裂開來，讓我們與自己的身體、身體的快樂和痛苦相互對抗；要我們將自己視為獨立的行動者，將我們與他人隔絕開來；迫使我們相信，真實的自己是邪惡與懶惰的；抹殺我們與精神領域的關係，讓我們感到絕望，失去更大的生命目標。

為了幫助被治療者檢視生命的意義，馬丁提出以下重要思考問題：

- **物理領域**：在知道自己隨時可能死去的情況下，如何才能充實的生活？
- **社會領域**：其他人存在的原因是什麼？
- **個人領域**：我該怎麼做自己？
- **精神領域**：我該如何生活？

我個人認為，上述問題有時過於廣泛，有時具有太強烈的道德評判。例如，我不確定其他人的存在有其「目的」，我認為他們的存在就是原因。我覺得不需要問自己「應該」怎麼生活，因為那會讓人因為無法達到某個標準，因而開始自責。也許我也不贊成沙特那種極端的存在主義。我認為更重要的是注意並欣賞已經存在、卻被忽視的意義。在此，我歸納出幾個我向自己提出的問題及我個人的答案，希望對你的思考有所幫助。

● **物理領域**：什麼事情能讓我感覺真實，並與身體和周圍環境保持連結？

我的答案：

• 欣賞周圍物品的質地與重量。
• 了解周圍建築與街區的歷史。
• 發展使用雙手或身體的技能：例如烹飪、舉重、伸展、整理或布置物品。
• 溫柔對待自己的身體：泡澡、吃有營養的食物、給自己擁有愉悅的體驗並真正的細細品味。

● **社會領域**：什麼事情能幫助我感覺到自己的真實面貌得到認可與讚賞？

我的答案：

• 聆聽一個熟悉親近自己的朋友的指點。
• 聽到親友指出我甚至沒有意識到的小習慣和怪癖。
• 展現我的弱點。
• 與和我有過同樣痛苦經歷或犯過同樣錯誤的人交談。
• 和別人從事共同的愛好，尤其是稀有或獨特的愛好。

● **個人領域**：我從不後悔用哪些方式消磨時間？

我的答案：

- 讀一本書、電玩遊戲、電影，或讓我暫時遠離網路世界。
- 欣賞我所愛的人的創作與成就。
- 充分體驗快樂或孩童般的驚奇，並不因此對自己進行評判。
- 接受嘗試全新事物的邀請。

● **精神領域**：什麼事情讓我感覺自己是更大事物的一部分

我的答案：

- 當我的創作能幫助或挑戰他人時。
- 在大型計畫或社交活動中（如戲劇表演或會議）扮演適當的支持角色。
- 指導學生、作家新人及與我有共同愛好或經歷的年輕人。
- 研究我的家族史與酷兒歷史，並與LGBTQ前輩交談，幫助我看清自己在更廣泛的時間結構中的歸屬。
- 放下那些我曾告訴自己「不好」的幻想與渴望。

我們都能以不同的方式找到存在的滋養與療癒，但有些方式一時之間並不容易發現。正如我之前提過，多年來，我一直埋怨我母親與大多數親戚的保守政治立場。有時，我甚至會感覺自己被把我帶到這個世界上的人拋棄了，他們完全否定我的身分認同和我想要的幸福。這讓我即使擁有再多功成名就，都無法帶給我踏實的感受，也無法減輕生活在一個討厭我的國家與州裡的生活壓力與生存恐懼。

但是，當我再多想一些我所經歷的困難與埋怨，我就會想起我的妹妹史黛西。她是一位政治冷感的運動傷害防護員，目前在俄亥俄州鄉下的一間高中工作，那裡離我們倆長大的地方大約一小時車程。史黛西的辦公室向來是校內酷兒與跨性別學生的避風港：當她聽到學生運動員嘲笑十年級的男同志學生化妝時，她會立刻上前制止，並鼓勵學生反思自己的偏見；她告訴學生們關於我的事，並炫耀她小腿上的刺青，那是她為了紀念我性別轉換而特地去刺的；史黛西對於種族歧視與性別歧視零容忍，並經常成為女學生訴說男友的不當對待或想強迫她們發生性行為的傾訴對象。在我人生最動盪的階段，是史黛西無條件的接納與愛撐住了我。

我妹妹每天都在為這世界帶來一些改變。雖然她不是行動主義者，甚至不太會去投票，但當我放慢腳步，認真思考她所做的工作時，我就會覺得自己在這世上並不孤單。我為此感到感激，也覺得也許做自己真的沒關係，即使我所居住的世界經常對我的身分認同充滿敵意。妹妹用她那微小又安靜的愛人之舉，讓我不再為自己感到羞愧與孤立，同時對人類的未來更充滿希望。

我們大部分人永遠不會成為完美的環保主義者、公衛倡議者或社會正義行動者，我們也不需要如此。「系統性羞愧」教導我們關於我們自己和人類進步的一切都是錯誤的。我們不需要把個人的選擇或消費行為道德化，也不需要把他人所遭受的困境歸咎在他們的身上。我們不需要為自己的「罪過」購買贖罪卷，也不必為了忙碌而忙碌。最重要的是，我們並不是天生糟糕的人。我們不需要成為什麼，也不需要彌補什麼。我們就是我們。

羞愧感是一種逃避的行為，讓我們的心中充滿不信任與恐懼，因而遠離和躲避他人。擺脫「系統性羞愧」的方法就是要拒絕退縮的念頭，選擇擁抱；走向我們原本害怕評判我們的那些人，揭露我們曾經歷過的痛苦。只有當我們敞開自己的缺陷與羞愧，我們才有機會意識到，原來所有人都曾有著同樣的掙扎，而這些掙扎，事實上是壓迫制度下的產物。沒有人是殘缺、破碎的，沒有人是失敗者，是這個制度辜負了我們。只要我們認識到這一點，我們就能超越制度，共同創造更美好的世界。

結語　在世界上創造自己的位置

在我與相戀十多年的直男伴侶分手的那天，我花了六小時在窗前發呆。上午十一點左右，我告訴他，我無法繼續和一個無法愛著真實的我的人在一起。他聽完轉身離開，我則獨自坐在那裡看著天空，直到天色漸漸變暗。

過了很久，我終於站起身來，發訊息給我的摯友梅蘭妮，告訴她今天發生的事。然後我買一些食物去梅蘭妮家。我記得當時的我躺在床上，不斷啜泣著接受她的擁抱。

自從二〇一六年第一次向伴侶出櫃，表示自己的跨性別身分認同以來，我一直在考慮要不要做這個決定。現在，我終於踏出這一步，而我以為的世界末日並沒有到來。我沒有失去愛人的能力，也沒有浪費任何追求幸福的機會。

和尼克廝守一生的時機已經消逝，而且早就消逝很多年。起初，隨著我的身體開始變化，讓我們的關係逐漸疏遠，尼克顯然也因為他對我的感情起了變化而感到羞愧。於是他決定留下，但我們都在這段感情中苦苦煎熬，假裝成為自己永遠不可能成為的那個人。而在分手當天不到五分鐘的對話中，我們終於願意面對一直以來的事實：我們在一起並不會快樂。

在隨後的幾個月中，我的羞愧感總會在某個瞬間突然來襲。

在打掃浴室時，我在浴室腳踏墊下發現前男友的一縷黑色長髮，因而跪在地上痛哭不已。當我準備用正確的姓名與性別身分申請新護照時，我在文件中發現一張和前男友的合照，那時的我們還很年輕，兩人在朋友的婚宴上拿著大型道具一起拍照：尼克戴著一頂閃閃發光的帽子和滑稽的大墨鏡，穿著洋裝的我臉上有個巨大的泡沫鬍子，笑得很燦爛。沒有他的第一個聖誕節簡直是場惡夢，我在母親家的各個角落不斷看到多年來的回憶片段，看到我們倆都曾努力要成為理想中的伴侶。我不斷的想，我是不是做出人生中最嚴重的錯誤？

儘管悔恨和痛苦如影隨形，我並沒有乞求前男友復合。我沒有傷害自己、沒有酗酒，也從不曾哭著睡去，而這些都是從前的我在分手後會做的事情。在我進行性別轉換之前，我總是渴望獲得他人的認同，因此每當面臨分手，總讓我失去理智般想要回到從前。但現在，無論我多麼想念尼克、多麼懷念過去時光，我發現自己總是能找到慰藉：在我所愛的人的懷抱裡，在我所歸屬的新群體裡，真心真意的接納真實的自己。

這是我有生以來第一次，用和他人接觸的方式來應對羞愧感。我打電話給朋友，去密西根州旅行，並造訪中西部獸迷大會（Midwest Furfest）、國際皮革先生（International Mister Leather）等活動。我參加許多音樂節與音樂會，窩在朋友的沙發上，等著他們幫我準備自製的披薩與巧克力慕斯。四個多月來，主動邀我去散步、吃飯、旅行、畫畫、玩遊戲的人，多到讓我感到吃驚。我過去總是用保護殼包裹自己，現在卻發現，自己被一層層的愛與支持所包圍。

對我來說，從「系統性羞愧」中痊癒是一段漫長而曲折的旅程。不論是非常規性別、自閉症或性傾向，我總是在許多方面對自己感到羞愧，並在工作與各種不快樂的關係中迷失自我。我相信唯有做出正確的決定、表現得夠好，才能獲得夢寐以求的社會地位。

但是，「夠好」這件事根本就不存在，因為「系統性羞愧」會讓我們注定失敗。「系統性羞愧」的存在，就是要讓我們在無盡且毫無意義的任務中疲於奔命，遠離他人、批判和羞辱人性、用極端的教條苛責自己。唯有當我們開始質疑這個價值體系時，我們才會發現：根本不需要拚命「贏得認可」或「表現夠好」。事實恰恰相反，徹底接納自己才是解方，即使我們的樣子看起來亂糟糟，但我們早已值得被愛。

老實說，我並非是「擴展性認可」大師。每當遇到困難或為自己的局限感到愧疚時，我的第一反應就是孤立自己，讓自己硬著頭皮撐下去，但這種方法已經讓我失敗太多次，連自己都感到厭倦。相反的，當我選擇放下保護自己的衝動，向別人展現脆弱的真實自我時，我總會再一次認識到：生命的意義與樂趣是由人與人彼此的連結所賦予，而不是靠自己有多麼努力、有多少成就和有多麼優秀。沒有人可以成為獨立存在的個體，是時候停止孤立自己了！

對我來說，對抗「系統性羞愧」並實踐「擴展性認可」的生活方式，可以歸結為幾個關鍵行動：

- **治癒個人系統性羞愧**

1. 告訴別人我的感受。
2. 當我的努力毫無結果時，坦然承認這個事實。
3. 不再讓自己沉溺於「系統性羞愧」之中。

4. 選擇做真實的自己，即使別人不喜歡我，也不要覺得全是自己的問題。

● **治癒人際系統性羞愧**

1. 發現自己用嚴苛的角度看待別人的行為時，問問自己原因為何。
2. 當自己與所愛之人的需求發生衝突時，一定要大聲說出來，這樣才能修復彼此之間的連結。
3. 經常對別人的背景與現況換位思考，了解他們的生活方式為什麼與我們截然不同。
4. 選擇能夠接納自己真實面的群體。

● **治癒總體系統性羞愧**

1. 相信內心辨別是非的聲音。
2. 放棄追求人們覺得重要，但自己實際上並不相信的價值。
3. 欣賞自己的潛力，並珍惜在當前情境中發揮影響力的機會。
4. 建立跨越地域、群體及世代間的人際連結，以感受所有人之間隱藏著的緊密連結。

正在閱讀本書的你，很可能和我一樣正在對抗「系統性羞愧」，並經常覺得自己不夠好，或是覺得生活在這個飽受殖民主義、環境破壞、種族歧視與資本主義蹂躪的星球上毫無意義。透過本書提供的練習，我希望你已經能夠正確看待讓你感到痛苦的原因，也希望在回顧「系統性羞愧」的歷史根源後，你已經意識到這些嚴重的心理衝突並非源自你個人的問題。

確實，我們可能永遠無法擺脫「系統性羞愧」的影響，但我們可以選擇面對它，並為自己建立起有意義的生活。為了創造能應對羞愧感的充實生活方式，在本章中，我想提供你幾個值得思考的問題，並和你分享幾個案例，希望能激發你的想法，幫助你找到屬於自己的答案。

對我而言，最重要的是什麼？

「擴展性認可」將我們每個人都視為強大社會力量的一份子，讓我們專注在自己更擅長且更樂在其中的一、兩項人生使命上，而不用攬下做好所有事情的責任。

對我來說，人生中最重要的使命，就是確保跨性別者能繼續取得荷爾蒙，因為荷爾蒙替代療法徹底改變我和我所愛的人的生活。在我一開始進行性別轉換時，我在網路上接收到許多談論荷爾蒙會造成「不可逆傷害」的錯誤言論，這讓我立下一個人生目標，要公開宣傳睪固酮為我帶來許多意想不到的積極變化。

舉例來說，服用睪固酮後，我的乳房縮小兩個罩杯。從來沒有人告訴我會有這樣的效果！睪固酮還讓我對寵物和花粉的過敏完全消失！[1]至於原先對服用睪固酮會造成身體改變的恐懼（例如體毛生長與痤瘡增加等），我發現那些都不會是困擾。我在二〇二三年六月接受上半身性別過渡手術，令我震驚的是，恢復過程相對來說很輕鬆，完全不像有些人宣稱的那樣恐怖。無論身在何處，我都希望成為跨性別者的支持力量，鼓勵跨性別人士及其親人看見我們美好的本性。性別轉換可以有趣而不嚴肅，而不是在別無選擇的情況下，不得不進行的最後努力。單純想做這件事，就已經是最充分的理由，多數跨性別者往往低估性別轉換過程的順利程度。

另一件對我來說非常重要的事，就是人際關係的親密程度與品質。多年來，我一直藉由過度工作，來分散心中的孤獨感，但我發現，現在我已經不再那麼渴望追求耀眼的表現，野心勃勃的大型研究計畫總讓我倍感壓力，並占用太多我與朋友和家人共度的美好時光。為此我感到很懊悔，所以我決定做出改變，優先接受社交邀約，再考慮自己的工作計畫。如今，我愛的人不在身邊時，我才會開始工作。當然，我還是得工作以支付帳單，但我希望同時兼顧愛與生計，也會在工作之餘抽空聯繫朋友，照顧我所愛的人。

現在，我做的事少了很多，但生活卻更加豐富。我已經知道生命中重要事項的優先順序，並讓它們成為指引我前進的一盞明燈。我希望你也能問問自己：「生命中最重要的使命是什麼？」然後再想想：「在我追尋這些使命的過程中，誰會站在我的身邊？」

誰能幫助我實現最重要的事情？

二〇〇七年，艾瑪正式投入一場再生農業夢想。再生農業是透過重新種植及養護本土植物，來恢復當地生態系統。這是一個很有價值的計畫，但由於艾瑪最初的做法受到個人主義與「系統性羞愧」的影響，注定走向失敗一途。

她告訴我：「我搬到鄉下，以自然的方式種植食物。但因為我選擇獨自進行這個夢想，所以最終還是失敗了。這讓我意識到，我需要和志同道合的伙伴一起努力。下次我會讓夢想成長茁壯，不再退縮。」

艾瑪就像我認識的很多人，在經歷慘痛的教訓後才體認到，任何社會理想都不可能透過非社會手段來加以實現。「系統性羞愧」訓練我們將努力與美德畫上等號，但實際上，真正值得從事的活動不應該由個人獨立完成，也不應該是異常艱辛的。向他人尋求幫助、邀請他人共同創造更美好的世界，不僅能夠維持我們的動力，還能匯聚眾人微小的力量，來創造長遠的利益。

以對抗法律和醫學上涉及的跨性別恐懼問題為例，如果你問自己：「我做得夠不夠？」這個問題並沒有客觀的答案，但「系統性羞愧」一定會告訴你：「不夠，完全不夠！」所以，現在我會問自己另一個問題：「誰在進行我認為有價值、有意義的工作？我該如何支持他們？」

我有個朋友在加州沙漠經營一家荷爾蒙診所。她的團隊為遊民和沒有證件的跨性別人士提供雌激素、睪固酮阻斷劑與睪固酮注射，完全不用醫療審查，也不過問太多問題，我很樂意以金錢及宣傳方式支持她的努力。此外，我也很樂意低調的幫忙宣傳另一個朋友所做的努力，他成立一個讓跨性別人士彼此分享多餘處方藥劑的網站。相較於他們，我的捐款和協助顯得微不足道，過去的我可能會受「系統性羞愧」影響，慚愧自己貢獻得太少，但現在我不僅不會感到慚愧，更為自己能為這場巨大變革貢獻一份心力而感到驕傲。

一旦確定生活中最重要的優先事項，下一步就是問自己：我要如何獲得幫助來履行這些承諾？接著，評估是哪些責任或社會期望讓你偏離重要目標，並尋求可以放下這些負擔的方法。

我可以放下什麼？

當我們放慢腳步，整個世界就在我們面前展開。當我們不必再分心，不必再為各式各樣「應該」要做的事拒絕眼前的現實，就可以更加細膩的欣賞周遭環境，並注意到我們真正需要的機會。當我們對那些無法打動和激勵我們的事情說「不」，才有時間與精力運用自己的力量，投入最重要的目標。辨識出什麼事情對我們最重要，就意味著確定我們應該放下什麼。放下本身同樣是一種「擴展性認可」的實踐，這意味著我們必須相信別人能夠完成他們負責的工作，並對他們心懷感激。

乍看之下，做得更少感覺好像很「懶惰」，似乎是可恥的行為，但實際上，當我們攬下太多事情時，就注定會永遠感覺自己做得不夠，陷入一個充滿重複性瑣事的狹隘世界。待辦事項清單愈長，就會覺得自己做得不夠，即使我們已經做得太多，甚至超過身體與大腦所能承受的範圍。在我們的文化中，被貼上「懶惰」標籤的人，正是被要求最多、卻獲得最少支持的人。[2]

上述情況同樣適用於「系統性羞愧」所造成的「失敗」。當我認為自己有責任靠一己之力改變社會對自閉症患者的歧視，結束高等教育中的白人至上主義，扭轉收入不平等及控制疾病蔓延時，我永遠都會覺得自己做得不夠，覺得自己是一個被困在垂死世界中的可悲失敗者。接受自己的渺小可以讓我更容易抽身，進而放棄或放鬆對特定事情的承諾。下面提供幾個能夠幫助我們卸下負擔的原則：

- 傾聽恐懼：如果某些空間或活動總是讓你感到痛苦，這可能表示它們並不適合你。
- 當你覺得自己做得不夠時，試著讓自己做少一點：這是個有趣的悖論，當人們愈是被任務壓得喘不過氣來，就愈難覺察自己已經做了多少事。
- 每當增加一項任務，就刪掉另一項任務：避免將時間與精力花在對你而言並不重要的活動上。

- 問問自己，最後期限是否真的重要：如果你試著休息一下或花點時間反思，是否真的會有人受到傷害？
- 你可以信任其他人幫忙處理哪些事情？請務必記得，大多數任務實際上並不需要做到完美，也不一定要完全按照你的方式來做。

認清自己的極限往往不是件容易的事情，因為我們將被迫承認有些問題無法完全解決，至少現在辦不到。這為我們引出下一個需要反思的問題。

我該如何哀悼並接受那些我無法承擔的事情？

在《科學人》（*Scientific American*）雜誌的一篇文章中，環境研究者莎拉·賈奎特·雷（Sarah Jaquette Ray）指出，氣候焦慮主要出現在白人身上[3]。她的意思並不是指只有特權階級、富裕的白人自由主義者，才有餘裕去關心他們的堆肥箱或飲用咖啡的永續性。她的意思是，資本主義與殖民主義對地球造成的傷害並非新鮮事，幾十年甚至幾世紀以來，世界上大多數人每天都在面對這個問題。

「系統性羞愧」處理氣候變遷、大規模流行疾病等全球性問題的方法，是基於一種不斷否認現實的信念，認為如果每個人都正確行事，一切就能恢復「正常」。然而，曾經存在一個該被恢復的「正常」時期，本身就是一個虛構的故事。世界一直在變遷，而且還會繼續變遷，從被完全摧毀的文化，到已經消失的物種，有些損失我們永遠無法彌補。在個人層面上，我們許多人永遠無法恢復到新冠疫情前的生活方式，也永遠無法成為一個從未經歷跨性別歧視或性侵的自己。我們確實需要設法減少損失，並正視這些問題的嚴重性，但更重要的是：接受並哀悼過去，才能讓我們頭腦清醒、繼續前進。

黑人酷兒研究者、治療師暨作家海登．道維（Hayden Dawe）是「根本性許可」（radical permission）治療法的發明人。這種治療法會請患者每天寫一張「許可單」給自己，以釋放不合理的標準及其他揮之不去的負擔。[4]海登為需要幫助的人免費提供一套圖文並茂的許可單，幫助他們學會放下。例如其中一張許可單上寫著「以戲劇性的方式做出改變」，或「允許自己休養生息」等。其中一張圖卡描繪一隻鳥的頭骨，鼓勵使用者允許自己思考死亡、結束與失去，也允許自己哀悼。[5]

在社群媒體上，海登分享人們與他分享已完成的許可單。最近有張許可單寫著：「今天，我對自己很溫柔，因為我滿足不了自己的高度期望。」[6]另一張則是：「今天，我允許自己以本來的面目出現，一個沒有完全領悟或完全成形的面目。」[7]把「根本性許可」運用在悲傷上，意味著允許生活與世界成為它們本來的樣貌，而不是期望透過某種方式，努力將一切恢復原狀。

有些人一想到自己再也無法像罹患新冠肺炎之前那樣有體力長時間工作，或是知道無論我們多麼努力，都無法讓氣溫和海平面回到過去的狀況，就會感到無比沮喪。然而，一旦我們允許自己與現實共存，就更能有效的規畫及引導未來努力的方向。過去確實無法挽回，但如果我們願意對自己誠實，就會知道人類的過去並不是那麼美好，幾個世紀以來，人類一直在系統性濫用地球並漠視他人健康。身為共同體的一份子，我們可以把現在當成未來嶄新的起點。

什麼才是真正適合你的生活方式？

當我還在努力讓一個直男繼續愛我的時候，任何能讓我產生性別愉悅的事，都會引起我強烈的羞愧和警惕。我會對著鏡子欣賞自己變厚的斜方肌，但一想到尼克看到我並感到噁心，就讓我感到畏縮。當我發現自己舒服豪邁的擺出男性化姿勢時，我就會緊張起來，然後設法把自己的舉止調整到一個平衡點，一個符合社會期待，但又不至於讓一個直男會產生興趣的姿態。我生活在一個尷尬的中間地帶，在自己的心理健康與我眼中尼克的欲望之間尋求平衡，總是透過他愈來愈冷漠的眼神來審視自己。

與尼克分手後不久，有天我去一間名為蒸氣工坊（Steamworks）的男同志澡堂，並在那裡經歷完全相反的體驗。男人們如饑似渴的上下打量我，靜靜跟著我，希望能引起我的注意。這些人都非常友善，願意尊重我的身體界線，同時又毫不掩飾的表達個人欲望。在這裡，性是公開商量的，不像異性戀世界那樣充滿尷尬與暗示。我得到的關注都是愉悅與肯定的。沒想到像我這樣身形矮小、沒有男子氣概的跨性別男性，會在男同志尋覓一夜情的地方被廣泛接納。我也很意外自己能夠在蒸氣工坊中如此自在，使我多年來的羞愧感就此煙消雲散。多年來，我一直拚命讓錯誤的生活正常運轉，這一刻我才發現，正確的生活竟來得如此容易。

清教主義道德觀、對性抱持負面態度及「系統性羞愧」，讓我們害怕自己渴望快感。我們將愉悅與邪惡畫上等號，並假設人生最有意義的努力必須是艱難的。然而，我所經歷的一切告訴我，情況恰恰相反。我生命中最有影響力、最美好的經驗不必然來自痛苦與艱難，甚至彷彿是命中注定。我最受歡迎的一篇論文，只寫了一個半小時；我在羅耀拉大學的職位，是我參加過最輕鬆的求職面試；我最喜愛、持久的人際關係，是自然而然形成的。儘管許多過程有違文化預設，我還是慢慢學會信任令我感到愉悅的正確事物。

說到相信內心感受所帶來的解放力量，我總會想起賈奈兒．夢內（Janelle Monae）的歌曲〈粉紅〉（Pynk）。這首歌溫柔卻充滿活力，講述賈奈兒自身的泛性戀，將酷兒的欲望視為一種不可抗拒、充滿生機的力量。她輕聲吟唱：「粉紅色就像內心的祕密，粉紅色是你無法隱瞞的真相」，她以如此迷人的方式，描繪酷兒的真實自我並非艱苦的掙扎，而是自然而然的溫柔歸屬。我不是像夢內那樣的泛性戀女性，但這根本無關緊要，正如那句歌詞「在內心深處，我們全都是粉紅色」，我們都是會流血、有心跳、有渴望的人類，給予彼此正向的情感，會讓我們聚在一起。

邱比特是我撰寫本書過程中採訪的一名黑人跨性別女性，二十多歲的她來自克里夫蘭，從見到她的那一刻，我就對她的想法與觀點深感欽佩。當我問她，如何拒絕生活中的「系統性羞愧」時，她告訴我其中一個關鍵因素，就是要擁抱「無意義」

（frivolity）。

她告訴我：「這個世界上充滿虛無主義，也充滿理想主義，它們就像是一枚硬幣的兩面。我不斷提醒自己，我們都是動物，我們是自然界的一部分。衝突不會消失，我們暨混亂又愚蠢，而且生活有時候是可怕的。儘管如此，這個世界就是你的遊樂場。」

在丘比特眼中，人生看起來就像是在花園裡嬉戲，有時你會來不及準時抵達一個不重要的會議，有時你會想花點時間逛街，順便吃個脆皮蜂蜜小麵包。邱比特開了一個資料夾，裡頭存了許多人們對她的讚美，她會記錄下來，找時間重讀。她是個嚴肅但富有哲思的人，非常關心許多社會議題（我之所以知道這一點，是因為我們是透過討論這些議題而結識），但也知道如何毫無愧疚感的盡情享樂。

她說：「沒錯，我們的遭遇既艱難又可怕，讓人覺得似乎無力去改變些什麼，我在許多跟我差不多年齡的人身上，看到這種厭世與憤世嫉俗的態度。但我真心希望酷兒社群成為一個歡樂、有活力的空間。」

我很贊同擁抱無意義的簡單快樂，是實踐「擴展性認可」的絕佳方式。「系統性羞愧」把我們每個人都變成一個符號，對我們進行道德審判，剝奪我們體驗個人生活的機會；讓我們漠視自己的內在聲音，告訴我們「什麼是對的」的簡單感受，讓我們陷入由矛盾規則和外部假設所構築的複雜網絡中。相反的，讓自己變得快樂（有時帶點愚蠢），反而為我們帶來難以置信的解放。欲望與無意義迫使我們回到當下，讓那些告訴我們必須隱藏或修正自我的外部聲音安靜下來。謙遜不必然是嚴肅的，它也可以是輕鬆自在的。

如果要我送給正在與「系統性羞愧」對抗的人們一個建議，那就是：學會判斷什麼才是真正適合你的生活方式。只要願意相信讓生活變得更輕鬆、更光明的事物，我們就不會被羞愧感所操控。

我能原諒別人和自己的什麼行為？

在本書中，我們已經詳細探討「系統性羞愧」如何摧殘我們的自我概念，但值得再次強調的是：它同樣會損害我們與他人的關係。當我們將道德價值觀強加在人們的行為上，我們就會不斷指責沒有做出「正確」選擇的人，造成彼此的對立，導致無法相互扶持、共同對抗奪走我們掌控權的社會系統。如果我們希望將「擴展性認可」當成取代「系統性羞愧」的新價值體系，就必須原諒自己的不完美，並以同樣的標準善待並寬恕他人。

我總是在回顧自己與母親的關係中，發現我們竟是如此不同，但我一直努力學習如何好好愛她。時至今日，我仍然經常將母親視為保守運動的象徵，但她其實並未積極參與政治，只是受到無孔不入的宣傳資訊所誤導。

例如，幾個月前，母親告訴我，戴外科口罩來減少新冠病毒傳染是不安全的，因為戴口罩會讓你吸入過多二氧化碳，反而有害身體。我聽得一頭霧水。母親當了幾十年的口腔衛生師（dental hygienist），每次輪班都要戴上外科口罩八小時。我無法相信這樣一個前醫療專業人員會突然認為戴口罩很危險，因此忍不住咆哮的脫口而出：「你他媽的是從哪裡聽來的？」我的憤怒傷害了她。但把我的挫敗感發洩在她身上，並不能解決任何問題。事實上，羞辱她只會讓事情變得更糟。

最近，母親、妹妹和我一起去迪士尼樂園遊玩。我決心陪他們好好度假。然而，當我獨自在樂園裡走動、等待家人時，卻感到不太自在。我從來沒有以成年男子的樣貌去這些地方，我擔心家人會覺得我在那裡顯得格格不入。我也擔心會與母親出現尷尬的局面，她之前跟我互動時總是特別謹慎，或許是害怕一不小心說錯話，又會激起我的憤怒。我甚至懷疑自己是否來錯地方，這個糖果色的幻想世界，只屬於快樂的孩子和他們充滿著愛的家庭。

然而，在母親和妹妹抵達園區後，一切都好起來了。儘管經過長途飛行，他們看起來都很放鬆，心情也很好。排隊等候時我們一起合照，母親靠了過來，把臉抵在我的臉頰上。照片中的她散發著愛與溫暖，即使像我這樣抑鬱的人也無法否認這個事實。

當我們漫步在仿紐奧良建築風格的大街上，圍欄上有個可愛的胖男孩一直盯著我看。當我們走過時，他飛快追了上來：「先生，打擾一下，先生！你想要交換徽章嗎？」

他指著我腰包上的一個徽章，那是《獅子王》裡的狐獴丁滿，是妹妹送給我的。「喔，當然沒問題！你要跟我換哪個徽章？」我邊說邊取下徽章，然後遞給男孩。男孩向我展示他的徽章們，有《怪獸電力公司》（*Monster's Inc*）的大眼仔、《獅子王》的沙祖、《美女與野獸》（*Beauty and the Beast*）的葛士華。然後，他指著大眼仔對我說：「除了那個，其他都可以選。」最後，我拿了葛士華。

「謝謝你，先生！」他說完，便跑回父親身邊。

我心中雀躍不已！一整天我都很害怕，覺得自己是樂園裡一個可怕的存在，害怕跨性別的身體讓自己像是個危險的異類。但是，一個正在收集徽章的男孩毫不遲疑的肯定我的性別，也提醒我與別人有如此多的共通點。這個孩子和我相差幾十歲，彼此卻共享許多文化符號。他不怕我，我也不是怪胎，我們都是和家人一起享受假期的人，都戴著家人送給我們的可愛徽章。

當我回到母親身邊時，她高興的重複道：「先生！他叫你先生！」母親意識到這一刻對我來說有多麼重要。當一個人第一眼就看出真實的你，尤其這個人是個真誠直率的孩子，那種感覺多麼美妙！

「是啊！他真的很可愛。」我靦腆的說。

母親平時都叫我和妹妹為「寶貝」，但在整整四天的假期中，她都叫我「寶貝先生」。我們一起度過一段美好的時光，沒有無謂的爭吵，只是將注意力放在彼此的共同經歷上。

當我寫下這些文字時，內心仍會感到些許「系統性羞愧」。也許有人會對於我們去迪士尼玩而有所批判，因為迪士尼經常嚴格審查酷兒角色，不讓酷兒角色出現在製作的影片中。也許我那些政治立場鮮明的朋友會認為我是叛徒，因為我和政治觀點相左的母親相處融洽。我永遠無法停止透過別人的眼光來看自己，但我已經清楚知道生命中真正重要的事物是什麼，也知道自己有時會有所偏離。我正走在治癒強烈羞愧感的路上，同時修復我對親人與陌生人的信任。

我無法修復世界，也無法改變過去（儘管我常常希望自己擁有這樣的能力），但至少現在的我，已經找到自己存在的意義。多年來，我的人生一直被痛苦與自我憎惡所左右。現在，我終於學會追尋能讓我感到快樂、連結且正確的事物。

謝詞

感謝傑斯．懷特（Jess White）提出「羞愧的反面是認可」這個觀點，傑斯多年來和我進行無數次對話，這些對話加深我的思考，讓我覺得自己不會太過瘋狂。感謝我的編輯米歇爾．恩尼可萊里科（Michele Eniclerico）支持我的寫作計畫，並幫助我聚焦，在他的專業建議下，讓我的作品提升到另一個層次。感謝我的經紀人珍妮佛．埃雷拉（Jennifer Herrera），謝謝你無數次修改本書提案，並提出對本書銷售至關重要的犀利問題，也因為你的鼓勵與協助，讓我能在出版的廣闊世界游刃有餘。謝謝Octopus出版集團的馬拉．桑蓋拉—華倫（Mala Sanghera-Warren），真正「理解」我寫這本書的意義，為本書催生一個既實用又不失政治性的英文副標題。衷心感謝企鵝藍燈書屋團隊給予我和這本書的所有支持，讓我上一本書順利出版的琳賽．甘迺迪（Lindsey Kennedy）與瑪雅．史密斯（Maya Smith），以及負責審稿並將草稿去蕪存菁的艾莉森．克爾．米勒（Alison Kerr Miller），謝謝你們的耐心與細心。

謝謝史考特．謝拉特（Scott Sherratt）、安珀．比爾德（Amber Beard）、達琳．

史特林（Darlene Sterling）與賈德·皮特里（Jade Pietri），你們讓有聲書的錄製成為一種享受，希望下次能再次合作。特別感謝史考特與賈德給予我的鼓勵與關注。感謝我的神經多樣性作家朋友群：艾瑞克·賈西亞（Eric Garcia）、傑西·梅多斯（Jesse Meadows）、里斯·派珀（Reese Piper）與瑪爾塔·羅斯（Marta Rose），他們對我那龐大的書稿與採訪深表同理，也和我一起慶祝完工的喜悅，能認識你們並與你們共度時光，讓我的生活變得無比豐富。我想念你們每一個人，希望我們能儘快聚聚；補充一點，我的行程表其實不滿，只是有點瘋狂而已。我非常感謝每位同意為本書進行訪談的受訪者，謝謝你們和我分享你們的智慧與脆弱，每一個訪談都拉近了我們的距離，我真的很喜歡這樣的對話。你們的珍貴見解與坦誠，讓訪談工作順利進行，我很榮幸能認識你們每一個人，讓我們保持聯絡。

感謝芝加哥的酷兒機構讓我不再孤單：Genderqueer Chicago在我生命中留下不可磨滅的印記。感謝Steamworks、Cell Block、FKA、Big Chicks、the Leather Museum、International Mister Leather、Beguiled、Mister International Rubber以及Midwest Furfest，是你們讓我找到自己。感謝約翰·史崔克（John Stryker）消除我對服用荷爾蒙的恐懼。感謝勞倫斯·伊特爾德（Lawrence Iteld）為我進行生命中最重

要、也最愉快的醫療手術。

謝謝我的朋友們，無論我遇上多麼沮喪的事情，都能支持我、愛我。馬蒂與梅根，謝謝你們向我敞開家門，過去幾年間，我感到最寧靜的時刻，就是睡在你們的客房裡，聽著樓下熙熙攘攘的社交活動。也謝謝馬蒂促成我成年以後最有意義的一次創意合作。感謝迪奧總是對我如此坦誠，是他教會我學習開誠布公。

奧古斯特，謝謝你陪我散步，與我分享深刻的反思。伊娃，謝謝你在過去幾年不斷維繫我們的友誼，這讓我受益匪淺。德文，謝謝你創造一個社交中心，讓我可以輕易忘掉煩惱，也謝謝你那絕妙的笑聲。伊瑪妮，謝謝你敏銳的觀察與每一個真誠對話的瞬間。謝謝凱蒂與我共同沉浸在守護寵物鼠的喜悅中，你是我見過思想最開放、求知欲最強的人。

感謝布萊爾，在這個充滿焦慮的世界，你就像冷靜的燈塔，為我指引方向。感謝莉亞幫助我了解芝加哥當地的情況，她也是一位真正的社會改革哲學家，我在她身上學到很多。感謝潔西卡在我生氣時與我同仇敵愾，你是最棒的傾訴對象。感謝查莉總是鼓勵我深入思考，並當面與我腦力激盪。奧蕾莉，謝謝你帶我認識深具歷史價值的皮革檔案館（Leather Archives）。戴文．P，我非常感謝能和你一起成長，謝謝你推薦給我的書和語音留言，你是我遇見過最棒的同名搭檔。非常感謝我的朋友梅蘭妮，我喜歡你冷冷的幽默機智、原則，以及綜合堅毅與敏感的可愛特質。我知道我們都討厭「自選家人」的老套比喻，但我希望我們能成為一輩子的朋友。詹姆斯，謝謝你教我如何進行有建設性的衝突，讓我不必害怕表達自己，逐漸融化多年來將我團團圍住的內在冰山。史黛西，謝謝你始終無所顧忌的愛著你所熱愛的一切（包括我）。最後，感謝潔姬和葛雷格，是你們讓這個生命成為可能。

各章注釋

下方連結為本書各章注釋電子檔，惠請讀者下載參考，做進一步的延伸閱讀。

https://bookevent.cwgv.com.tw/topic/pdf/BBP504.pdf

國家圖書館出版品預行編目（CIP）資料

擺脫羞愧的練習：拒絕有毒的社會評判，活出眞實的自己 / 戴文．普萊斯 (Devon Price) 著；林潔盈譯．-- 第一版．-- 臺北市：遠見天下文化出版股份有限公司，2024.12
400 面；14.8×21 公分．--（心理勵志；BBP504）
譯自：Unlearning shame : How we can reject self-blame culture and reclaim our power.

ISBN 978-626-417-090-1（平裝）

1.CST: 自我肯定 2.CST: 自我實現

177.2 113018472

心理勵志 BBP504

擺脫羞愧的練習

拒絕有毒的社會評判，活出眞實的自己

Unlearning Shame

How We Can Reject Self-blame Culture and Reclaim Our Power

作者 — 戴文・普萊斯 Devon Price
譯者 — 林潔盈

副社長兼總編輯 — 吳佩穎
財經館總監 — 蘇鵬元
責任編輯 — Jin Huang（特約）
封面設計 — 江孟達工作室

出版者 — 遠見天下文化出版股份有限公司
創辦人 — 高希均、王力行
遠見・天下文化　事業群榮譽董事長 — 高希均
遠見・天下文化　事業群董事長 — 王力行
天下文化社長 — 王力行
天下文化總經理 — 鄧瑋羚
國際事務開發部兼版權中心總監 — 潘欣
法律顧問 — 理律法律事務所陳長文律師
著作權顧問 — 魏啟翔律師
社址 — 臺北市 104 松江路 93 巷 1 號
讀者服務專線 — 02-2662-0012｜傳眞 — 02-2662-0007；02-2662-0009
電子郵件信箱 — cwpc@cwgv.com.tw
直接郵撥帳號 — 1326703-6 號　遠見天下文化出版股份有限公司

電腦排版 — 立全電腦印前排版有限公司
製版廠 — 東豪印刷事業有限公司
印刷廠 — 祥峰造像股份有限公司
裝訂廠 — 聿成裝訂股份有限公司
登記證 — 局版台業字第 2517 號
總經銷 — 大和書報圖書股份有限公司｜電話—02-8990-2588
出版日期 — 2024 年 12 月 25 日第一版第一次印行

定價 — 500 元
ISBN — 9786264170901 (平裝) ｜ EISBN — 9786264170857 (PDF)；9786264170840 (EPUB)
書號 — BBP504
天下文化官網 — bookzone.cwgv.com.tw